नागार्जुन : एक लम्बी जिरह

नागार्जुन

एक लम्बी जिरह

विष्णुचंद्र शर्मा

वाणी प्रकाशन

वाणी प्रकाशन
ज्ञान के विविध आयामों के प्रकाशक

वाणी प्रकाशन का 'लोगो' विख्यात चित्रकार मक़बूल फ़िदा हुसेन की कूची से

वाणी प्रकाशन, 4695, 21-ए, दरियागंज, नयी दिल्ली-110002
वाणी प्रकाशन, अशोक राजपथ (पटना कॉलेज के सामने), पटना (बिहार)

NAGARJUNA : EK LAMBI JIRHE
by Vishnu Chandra Sharma
Approach/Letters/Cross Question

ISBN : 81-7055-795-X

प्रथम संस्करण : 2001
द्वितीय संस्करण : 2009
मूल्य : 295/-
वाणी प्रकाशन
फोन : 0091#11#23273167, 23275710
फैक्स : 0091#11#23275710
वेबसाइट : www.vaniprakashan.in
ई-मेल : vaniprakashan@gmail.com
vani_prakashan@yahoo.com
जयभारत प्रिंटिंग प्रेस द्वारा दिल्ली-110032 में मुद्रित

‘संकट के बावजूद’
डॉ. मैनेजर पांडेय को

अनुक्रम

यथार्थ एक व्यावहारिक जिरह है

नागार्जुन यथार्थवादी आलोचक स्व. शिवदान सिंह चौहान से अधिक मार्क्सवादी आलोचक स्व. डॉ. रामविलास शर्मा के संघर्ष और स्थापना का आधार रहे हैं। चौहान 'नारे' या 'लोकप्रिय' कविता के रूप में नागार्जुन को कम 'क्लासिक प्रगतिशील' कवि मानते हैं। 'क्लासिक प्रगतिशील कविता' की उनकी कसौटी से नागार्जुन जैसी जिरह करते हैं, वह भी चौहान के यथार्थवाद में कम पहचान में आई है। नागार्जुन की कथा और कविता, सौंदर्य और यथार्थ—सभी एक-दूसरे के हिस्सेदार और पूरक रहे हैं। शिवदान सिंह चौहान 'यथार्थवादी आलोचना' पर सोचते हुए बताते हैं, 'उन्नीसवीं शताब्दी में यथार्थवादी आलोचना-सिद्धांतों के विज्ञान का प्रमुख श्रेय महान रूसी विचारक वेलिंस्की और चार्निलेव्सकी को है। इसके बाद कार्ल मार्क्स, मैथ्यू आर्नल्ड और तॉल्स्तॉय ने यथार्थ चिंतन की धारा का विकास किया। इस संबंध में हमने फ्रांस के प्रसिद्ध आलोचक सैंत ब्यूव (1804-1869 ई.) का नामोल्लेख नहीं किया, यद्यपि वह भी युग की वैज्ञानिक विचारधारा से प्रभावित था। लेकिन उसकी आलोचना प्रणाली एक जीवशास्त्री की प्रणाली थी—कृति का मूल्यांकन करने के लिए कृतिकार की जीवनी का अध्ययन करने पर आधारित—जिस तरह वनस्पतिशास्त्री फल का स्वाद जानने से पहले उस फल के वृक्ष की जाति और जीवनी को जानना पसंद करता है। इसलिए उसकी आलोचना-पद्धति केवल प्रत्यक्षतः ही वैज्ञानिक लगती है, उसकी उद्‌भावनाओं में अधिक तत्व नहीं है। 'क्लासिक' किसे कहते हैं, इस संदर्भ में उसका निबंध अवश्य महत्वपूर्ण है क्योंकि उसमें फ्रैंच अकादमी द्वारा प्रचारित इस संकीर्ण धारणा का खंडन किया है कि केवल प्राचीन और बहु-प्रशंसित या आदर्श-रूप स्वीकृत रचनाएँ ही क्लासिक कही जा सकती हैं। उसने कहा कि एक क्लासिक स्रष्टा वह होता है, "जिसने मानव-मन को समृद्ध किया हो, उसके ज्ञान-भंडार की अभिवृद्धि की हो, और उसे एक कदम आगे बढ़ाया हो, ...जिसने नैतिक सत्य का अन्वेषण किया हो, या उसे हृदय में, जहाँ सब-कुछ अभिज्ञात और अनावृत्त प्रतीत होता था, की शाश्वत भावना का दिग्दर्शन कराया हो...। यह अभिव्यक्ति किसी भी रूप में

हुई हो, पर वह अपने-आपमें उदार और महान, परिष्कृत और युक्तियुक्त, स्वस्थ और सुंदर होनी चाहिए, जिसने अपनी विशिष्ट शैली में सबको संबोधित किया हो—एक ऐसी शैली में, जो संपूर्ण विश्व की शैली प्रतीत होती हो...जो किसी एक युग की भी शैली हो, और युग-युग की भी।'' तात्पर्य यह कि सैंत ब्यूव ने हर युग और काल की महान कृतियों को 'क्लासिक' पद का अधिकारी माना और क्लासिक कृतिकार और उसकी कृति के गुणों की व्याख्या करके उसने साहित्य की महान कृतियों को साधारण रचनाओं से अलग करके उनके क्लासिक रूप को पहचाना। लेकिन सैंत ब्यूव की ये स्थापनाएँ जितनी व्यावहारिक हैं, उतनी तात्विक नहीं। (आलोचना के सिद्धांत पृ. 1216-26)

व्यवहार से ही, भाषा और काव्य का बोध नागार्जुन ने सीखा था। इस प्रसंग में, डॉ. रामविलास शर्मा के आलोचक और कवि की बनावट कहीं, नागार्जुन के भीतरी जिरह को खोलती है। अपनी 'आत्मकथा' के दूसरे खंड : 'देर सबेर' में डॉ. रामविलास शर्मा ने अपनी कविता के परिवेश को बताते हुए जैसे दो काम किए थे। एक खोज की थी, कवि के 'घर-बाहर' की। दूसरे मार्क्सवाद की बुनियाद का आधार भी बताया था। लिखा है : 'जैसे कविता लिखते समय मेरे ऊपर फ्रांसीसी कवियों का प्रभाव था, वैसे ही इस पुस्तक को लिखते समय मेरे ऊपर फ्रांसीसी आलोचकों का प्रभाव था। इनमें से एक थे सेंत जेव (अंग्रेजी उच्चारण सैंत ब्यूव)। वह अपने लेख इस तरह लिखते थे मानो कोई कहानी कह रहे हैं। पहले लेखक के जीवन के बारे में कुछ बताते थे, फिर वह कथा कहते-कहते उसके साहित्य का विश्लेषण करने लगते थे। पूरा निबंध कलात्मक होता था और पढ़ने में बहुत अच्छा लगता था। (अपनी धरती अपने लोग 2/112) नागार्जुन की कविता और कलात्मक दिलचस्पी का यही सूत्र रहा। वह कहानी कहते हुए अपने चिंतन के सूत्र खोलते चलते हैं और भीतर अपनी कविता, चित्रण, कलात्मक सौष्ठव और लोकप्रियता जैसे मुद्दों पर जिरह भी करते चलते हैं।

नागार्जुन सेंत जेव के अनुसार मूलतः क्लासिक कवि थे। वह कालिदास से जिरह करते हुए वेलिंसकी और चार्निलेव्सकी की यथार्थवादी आलोचना का हवाला चाहे न दें, पर वह मार्क्स और अपने समय के व्यावहारिक यथार्थ-चिंतन की बुनियाद में 'उदार और महान, परिष्कृत और युक्तियुक्त, स्वस्थ और सुंदर' की कसौटी को अपने एकांत या सामूहिक अनुभव में जिरह करते हुए निर्धारित जरूर करते रहे। कालिदास जिन मूल्यों के स्थायी सौंदर्य का महान कवि है, या राजतरंगणी का कल्हण जिस इतिहास-दृष्टि के नाते क्लासिक कवि है—नागार्जुन, छंद और भाषा में—उनसे जिरह करते हुए—अपने युग और काल की उसी क्लासिक की चुनौती का कवि है।

एक स्थापना है कि मुक्तिबोध और नागार्जुन की क्लासिक की कसौटी में फर्क है। एक युग तक अभी यह बहस चलती रहेगी। जैसे निराला आज कविता

और गद्य—'राम की शक्तिपूजा', 'सरोज स्मृति', या 'चतुरी चमार', 'बिलेसुर बकरिया' में क्लासिक कृतिकार हैं—यह डॉ. रामविलास शर्मा ने स्थापित कर दिया है। नागार्जुन ने शुक्लजी और वेलिंस्की की कविता की परिभाषा पर जिरह भीतर कहीं जरूर की होगी, यह वेलिंस्की की बात से जाहिर हो जाता है कि 'कविता वास्तविक और सत्य विचारों की कला है, न कि कृत्रिम संवेदनाओं की।' व्यवहार और चिंतन सेंत जेव और नागार्जुन के जिरह का आधार रहा है।

1960 तक नागार्जुन ने अपनी कविता और उपन्यास से 'मानव-मन को समृद्ध किया', पर केंद्रीय अकादमी और सेठिया अखबारों ने उनके क्लासिक की लगातार उपेक्षा की। जब वह वॉल्ट ह्विटमैन के बाद बर्तोल्त ब्रेख्त के 'ज्ञान-भंडार की अभि वृद्धि' से अपने युग और काल पर जिरह करते हुए क्लासिक लिख या रच रहे थे, तो उनका और उनकी जनता का मजाक उड़ाया गया था। सेंत जेव की स्थापनाएँ जितनी व्यावहारिक थीं, नागार्जुन का क्लासिक आज की कविता की वास्तविकता और सत्य विचारों के लिए उतनी ही स्वाभाविक कला है। मैंने अलग-अलग लेखों में नागार्जुन की वास्तविकता और सत्य विचारों पर चर्चा यहाँ की है। यहाँ मैं लोककला, लोकरंग, लोकभाषा के भीतर निहित नागार्जुन के 'कलात्मकता' पर एक बात वेलिंस्की को दुहरा रहा हूँ। बात चौहान साहब की है :

''कलात्मकता'' का स्रोत जीवन है। वह रचना में बाह्य उपायों द्वारा पैदा की हुई चीज नहीं है। विज्ञान और कला का भेद स्पष्ट करते हुए वेलिंस्की ने कहा कि ''लोगों को यह तो दिखाई देता है कि कला और विज्ञान एक ही चीज नहीं है, लेकिन वे यह नहीं देखते कि यह भेद उनकी विषय-वस्तु के कारण कतई नहीं है, बल्कि किसी वस्तु के प्रत्यक्षीकरण की विभिन्न प्रणालियों तक ही सीमित है। दार्शनिक तर्क और अनुमान की भाषा बोलता है, और कवि बिंबों और चित्रों की भाषा...'' (वही)।

नागार्जुन की रचना का कलात्मक स्रोत—1935 से 1991 तक—क्या रहा है, यह बताना 'कार्ल मार्क्स : कला और साहित्य चिंतन' के संपादक नामवर सिंह ने जरूरी नहीं समझा। संपादक के जरूरी न समझने के बावजूद लोकप्रिय कविता और क्लासिक कविता पर बहस डॉ. रामविलास शर्मा कालिदास और नागार्जुन के माध्यम से करते रहे हैं। त्रिलोचन के 'चित्रण' और नागार्जुन के 'वर्णन' में फर्क देखने वाला जार्ज लुकाच की तरह 'सौंदर्यशास्त्र के बारे में मार्क्स और एंगेल्स के विचार' पर सोचना भी जरूरी नहीं समझते हैं। मार्क्स अपने प्रिय लेखक वॉल्जाक, शेक्सपियर पर क्या सोचा करते थे, उस दृष्टिकोण से नागार्जुन की मार्क्सवादी पद्धति और त्रिलोचन के गैर-मार्क्सवादी सारतत्व और मूल्य पर बहस भी आलोचकों ने नहीं की। रामविलास शर्मा आज के घर, समाज और साहित्य में पैसे के मानव विरोधी प्रभाव पर चर्चा तो करते हैं, पर 'पैसे वाला रह जाता है केवल छिलका' त्रिलोचन के पैसे के इस सारतत्व और नागार्जुन के पैसे की पहचान 'अन्नहीनम्' में नहीं की गई है। गेटे और

शेक्सपियर की कुछ खास कृतियों का विश्लेषण करके मार्क्स ने पैसे के उस मानव विरोधी प्रभाव पर प्रकाश डाला है जो मानवजाति को विद्रूप और भ्रष्ट बनाता है :

'शेक्सपियर पैसे के दो पहलुओं पर बल देता है :

(1) यह है दृश्यमान (विजिबल) दिव्यता, समस्त मानवीय और प्राकृतिक गुणों का उनके विपरीत तत्व में रूपातंरण, वस्तुओं का सामान्य विरूपण और विपर्यय, यह असंभाव्यताओं को संभव बना देता है। (2) यह एक सार्वभौम वेश्या है, मनुष्य और राष्ट्रों का सार्वभौम दलाल है। (उद्धृत पृ. 37)। यहाँ मुक्तिबोध के रूपांतरण और नागार्जुन के 'अन्नम' के सारे पहलुओं को समेटना आसान नहीं है। फिर भी लुकाच जिसे आभास और यथार्थ का प्रश्न कहते हैं, ऐसा कई 'विरुद्धों की द्वंद्वात्मकता' के लिए नागार्जुन और मुक्तिबोध के सौंदर्यबोध पर बहस या जिरह का यही एक बिंदु है जिस पर जिरह संभव है। केदार या त्रिलोचन मार्क्सवाद के 'आभास और यथार्थ' पर मुक्तिबोध और नागार्जुन की तरह जिरह अपनी कविता में कम करते हैं। नागार्जुन से अधिक गहराई में जाते हैं मुक्तिबोध 'विरुद्धों की द्वंद्वात्मक एकता' में ही अपने काव्य स्थापन्न का वह राष्ट्रीय साँचा तैयार करते है, नागार्जुन 'विरुद्धों की द्वंद्वात्मकता' पर जोर देते हुए अलग-अलग प्रसंगों में पक्षधर कविताएँ लिखते हुए जनता से जिरह करते हैं।

स्तेफन मोरास्की समस्या के एक पहलू पर नागार्जुन की कविता के अच्छे व्याख्याता नजर आते हैं : 'निष्कर्ष के रूप में कहा जा सकता है कि चरित्रों और स्थितियों की एक ताजा और विशिष्ट प्रातिनिधिकता ही अच्छे यथार्थवाद का प्रतिमान होगी। यथार्थवादी कृतियों का मूल्यांकन उनमें निहित प्रतिनिधिकरण की मात्रा के आधार पर किया जा सकता है।' (वही, पृ. 79)।

मैंने कई निबंधों में इसी 'ताजा और विशिष्ट' प्रातिनिधिकता से नागार्जुन का मूल्यांकन किया है। मैंने लिखा था, 'अभी तक मुक्तिबोध के मार्क्सवादी सौंदर्य-दृष्टि या सौंदर्याभिरुचि का (रामविलास शर्मा के निराला जैसा) वैसा मूल्यांकन नहीं हुआ है। हाँ, पराजयवाद की प्रवृत्तियों से लड़ते हुए कविता, कहानी और इतिहास में मुक्तिबोध सौंदर्य पर जो सूत्र छोड़ गए हैं, उसे विकसित करने पर 'उत्तर आधुनिकता' का पूरा ढाँचा ही चरमराकर बैठ जाएगा। लिखा है : 'सौंदर्यशास्त्र, नीतिशास्त्र, आदि मूल्य शास्त्र होने के कारण वे मूलतः सिद्धांत प्रणालियों के समवाय के रूप में प्रस्तुत रहते हैं। अंतिम निर्णय करने का भार हम पर ही रह जाता है कि उनमें से कौन-सी बात हमारे लिए स्वीकारणीय है और कौन सी त्याज्य। आधुनिक सौंदर्यशास्त्र के क्षेत्र में तो सिद्धांतों का जंगल खड़ा हो गया है।'' (89/5 मुक्तिबोध रचनावली)

इस जंगल में कालिदास के 'सौंदर्य का स्थायीतत्व' की खोज डॉ. शर्मा ने की है, वह कहाँ डॉ. हजारीप्रसाद द्विवेदी के कालिदास के 'लालित्य' सें भिन्न है, (या नागार्जुन का 'भस्मांकुर' और उसकी टिप्पणियों में दोनों का क्या सारतत्त्व है!)

यह भी अभी तक नहीं परखा गया है। आधुनिक सौंदर्यशास्त्र के इसी जंगल में प्रवेश किया है– *'कार्ल मार्क्स : कला और साहित्य चिंतन'* (संपादक नामवर सिंह, 1991) और *'संकट के बावजूद'* (डॉ. मैनेजर पांडेय 1998) ने। यहाँ भी विदेशी मार्क्सवादियों की एक प्रदर्शनी ही लगाई गई है, मुक्तिबोध और नागार्जुन पर कुछ सूत्र उनसे खोजे जरूर जा सकते हैं।' (पहल : मार्क्सवादी आलोचना विशेष : मुक्तिबोध के मार्क्सवाद के बहाने डॉ. रामविलास शर्मा से संवाद, पृ. 245)।

मैंने इस पुस्तक में 'संकट के बावजूद' नागार्जुन पर कुछ संवाद-विवाद में हिस्सा लिया है। चौहान साहब के 'यथार्थवादी आलोचना' का भी यह एक पहलू है जिसे मैंने कहीं-कहीं देखा-परखा है। नागार्जुन पर, उनके साथ इस तरह जिरह किया है इसी पुस्तक में।

नागार्जुन से लोग 'नाराज' हैं, पर वह खुद नाराज क्यों रहते हैं, इस पर गंभीर विवेचन आज तक नहीं हुआ है, मानव स्वभाव का पुनर्गठन एक जटिल प्रक्रिया है। डॉ. रामविलास शर्मा ने इस पर एक बात कही है जिसे ध्यान में रखकर नागार्जुन के स्वभाव के पुनर्गठन पर विचार होना चाहिए। वह जिरह करते हुए कविता में यह काम करते है :

'जब कोई आदमी परेशान हो तो उसकी बात का बुरा न मानना चाहिए। दो मनुष्यों के बीच वास्तव में प्रेम है या केवल बचकाना आकर्षण, इसकी परख दुख और परेशानी में ही होती है। जिन्हें हम प्यार करते हैं, उनकी दो बातें सह लेने के लिए हमें तैयार रहना चाहिए।' डॉ. रामविलास शर्मा। (खत 23.2.75 घर की बात स्वाति के नाम खत) बिना नागार्जुन के क्रोध को सहे विजय बहादुर सिंह 'नागार्जुन संवाद' पर सोच भी नहीं सकते थे।

दूसरी बात है नागार्जुन जनता में और सफेदपोश भद्र लोगों में आलोचक की तरह कैसे फर्क करते थे और उससे ही वह आलोचना का पुनर्गठन क्यों करते थे, यह भी देखा नहीं गया है। डॉ. रामविलास शर्मा ने यह देखा था और लिखा था, 'पाश्चात्य आलोचना जहाँ शास्त्र है, वहाँ दरिद्र है। जहाँ कवियों के अनुभव प्रस्तुत करती है, वहाँ वह मनन के योग्य है।' (खत 6.4.78 मित्र संवाद पृ. 541)

नागार्जुन खुद अपने क्रोध, अपनी कविता, अपने चिंतन की हर धरातल पर जिरह करते हैं, और जिरह करते हुए वह पुराने स्वभाव को पुनर्गठित करते चलते हैं। जैसे व्याकरण में अध्यापक लकीर का फकीर होता है और आचार्य किशोरीदास वाजपेयी एक चुनौती के स्वर में सोचते हैं। नागार्जुन की शंका और जिरह में वही पद्धति काम करती है। डॉ. शर्मा ने लिखा है 'ऐसी शंकाएँ आचार्य किशोरीदास वाजपेयी किया करते है, विश्वविद्यालयों के प्राध्यापकों ने बड़े परिश्रम से आर्यभाषाओं के विकास की जो सीढ़ियाँ बनाई हैं, उन्हें उलट देते हैं।' (भारत के प्राचीन भाषा परिवार और हिंदी-1, पृ. 134) मार्क्सवाद, काव्यशास्त्र, आदि-आदि पर जिरह करते

हुए नागार्जुन ने क्या उलट दिया है, यह देखने के लिए ही यह पुस्तक मेरे मन में बनती चली गई।

यहाँ 'कुबेर टाइम्स' में छपी 1 मई, '98 की एक खबर का तराशा दे रहा हूँ जिसे उसके संवाददाता राधेश्याम तिवारी से (टेलीफोन पर हुई) हमारी हुई बातचीत के आधार पर लिखी थी।

नागार्जुन के नाम पर भीख क्यों माँगी जा रही है

'हिंदी के हर बड़े प्रकाशक राधाकृष्ण, राजकमल, वाणी आदि ने नागार्जुन की पुस्तकें छापी हैं। पता नहीं उन्हें वार्षिक रॉयल्टी या अग्रिम रॉयल्टी किस रूप में मिलती है, पर यह एक पीड़ाजनक स्थिति है कि आज नागार्जुन दवा के लिए मोहताज हैं। बहुत से लेखकों के पास व्यक्तिगत पत्र उनके बड़े पुत्र शोभाकांत ने भेजे हैं और दवा के रोजाना के खर्च की सूचना भी दी है।

जिसे उत्तर प्रदेश, बिहार, साहित्य अकादमी के अच्छे पुरस्कार जो कई लाख के हैं, मिल चुके हैं, वह आज न देख पाता है, न सुन पाता है, बल्कि अपने क्षीण शरीर से शायद अपनी कविता ही याद कर रहे हैं :

भीतर झुरा गई है ठठरी बाहर झुलसी चाम।

नागार्जुन जैसे जन के लिए यह स्थिति वाकई चिंताजनक है। प्रकाशकों को भी यह स्पष्ट करना चाहिए कि वे कितनी रॉयल्टी उनकी पुस्तकों पर दे रहे हैं और किसे दे रहे हैं।

शोभाकांत का एक पत्र विष्णुचंद्र शर्मा के यहाँ भी आया है और प्रसिद्ध हिंदी लेखक कमलेश्वर के यहाँ भी। विष्णुजी के यहाँ जो पत्र आया है उसमें शोभाकांत ने लिखा है कि 'आप तो हमेशा मेरे साथ हर जगह हैं। इसी कारण तो मैं जो सोचता हूँ, खासकर नागार्जुन को लेकर लिख देता कि बाबूजी (नागार्जुन) अब खड़े नहीं हो पाएँगे।

संभवतः आवाज भी गायब हो जाए या दो-चार माह में। पहले उनके क्षीण होने का क्रम धीमा था, अब तेज है। कई महीनों से दवाएँ चल रही हैं।' ये दवाएँ किस डॉक्टर की चल रही हैं इसका पत्र में जिक्र नहीं है क्योंकि जो दवाएँ दी जा रही हैं उनमें अधिकांश टॉनिक ही हैं। उन्होंने पत्र में आगे लिखा है कि आहार में कॉम्प्लान वाली दूध-रोटी, संतरे का रस, शहद, शीतोपलाद, थोड़ा चावल, मछली आदि।

दरअसल अधिक उम्र के कारण तुरंत ही रक्त-अल्पता के शिकार हो जाते हैं। 'प्रोटीन की कमी से इन्फेक्शन शीघ्र हो जाता है। हड्डियों के संधि में जकड़न आ गई है। सबसे बड़ी बात यह है कि वे अब मान चुके हैं कि अब उनकी आवश्यकता नहीं है। उन्हें कष्ट होता है। उनकी तमाम जरूरतों को मैं पूरा करता हूँ—यह मेरे लिए आवश्यक है और मेरा कर्तव्य भी है। संभवतः मेरा पत्र आपको ज्यादा परेशान करता है।'

इस पत्र पर अपनी प्रतिक्रिया व्यक्त करते हुए विष्णुचंद्र शर्मा ने बताया

कि हम सभी नागार्जुन के लिए चिंतित अवश्य हैं, लेकिन सवाल है कि नागार्जुन के नाम पर भीख क्यों माँगी जा रही है ?

शर्मा ने यह भी कहा कि आखिर रॉयल्टी के रुपए, पुरस्कारों के रुपए एवं लोगों द्वारा सहयोग के नाम पर दिए जाने वाले रुपए का भी हिसाब होना चाहिए जिसने इसे लिया है उसका यह दायित्व बनता है कि वह नागार्जुन की देखभाल की पूरी व्यवस्था करे।

उन्होंने यह भी कहा कि प्रकाशकों को भी उनकी बाकी सारी रॉयल्टी तत्काल भेजनी चाहिए तथा यह ब्यौरा भी देना चाहिए कि उनकी पुस्तकों के जो नए संस्करण आए उसकी रॉयल्टी किसे दी गई।

सरकार से, खासकर मानव संसाधन मंत्रालय से दवा के लिए कुछ माँगना प्रगतिशील नागार्जुन का मजाक ही होगा।

जो व्यक्ति जीवन-भर अपने गोत्र की, अपनी पीढ़ी की, दोहरे चरित्र के बुद्धिजीवियों की आलोचना करता रहा, आज वह अपने प्रकाशकों के नाते क्यों कटघरे में खड़ा है।'

यह 'संवाद' या खबर खुद में एक त्रासदीय जिरह है। बहरहाल ! आभारी हूँ, नवभारत टाइम्स, जनसत्ता, वर्तमान साहित्य, आमुख, युवकधारा, सम्बोधन, आजकल, पहल, कृति, जैसे पत्रों का जहाँ यह लेख छपे और उन पर बहस का विषय बने।

इस पुस्तक का एक हिस्सा निकटता है, जहाँ मैंने कई रूपों में नागार्जुन को करीब से देखा है।

दूसरा हिस्सा है, नागार्जुन की रचना, चिंतन और समय पर खुद में एक लंबी जिरह।

वाणी प्रकाशन के बंधु अरुण महेश्वरीजी का आभारी हूँ कि वह इसे छाप कर हिंदी में जिरह की एक नई शुरुआत कर रहे हैं। यह जिरह डॉ. रामविलास शर्मा के बाद आज और भी जरूरी हो गई है। फिर कवि केदारनाथ अग्रवाल और नागार्जुन दोनों जनकविता के जन सांस्कृतिक के स्रोत थे। दोनों आज नहीं हैं, पर एक बुंदेलखंड की, बाँदा की संस्कृति का जनकवि था, दूसरा मिथिला की जन संस्कृति का स्रोत था। वह परंपरा सजीव है आज तक। दोनों के बीच मार्क्सवाद का एक आधार थे स्व. डॉ. रामविलास शर्मा और स्व. शिवदान सिंह चौहान।

यह पुस्तक जैसी भी है अब आपके पास पहुँच रही है। इस संकट के बावजूद आपकी राय से बहस कहीं नया रूप लेगी ऐसी आशा है।

ई-11 सादतपुर, दिल्ली-110094
फोन 2260180

–विष्णुचंद्र शर्मा

निकटता

याद आए ख़त

नागार्जुन के झोले में एक भरा-पूरा हिंदुस्तान है। झोला एक ओर टाँगकर वे मुझसे कहते हैं, 'मैं एक ऐसा जानवर हूँ जिसका सिर भोपाल की ओर है, पूँछ लखनऊ में। इस जानवर की पीठ पर सब अपने-अपने ठप्पे लगा रहे हैं। घर के लोग भी ठप्पे लगाने में लगे हैं।' (8.3.89 डायरी)

यह झोला वैद्यनाथ मिश्र ने, यात्रीजी के कंधे पर अभी टाँगा और मुझसे कहा है, 'यह काम पहले एक प्रतीक गढ़ता है'। फिर... बाबा और वैद्यनाथ मिश्र के बीच झोला है एक प्रतीक की तरह अटका हुआ झोला। आँखें बाबा की जरा चमकती हैं। आँखों में एक बड़ा आईना मैंने देखा है। वे अपनी हथेली में मेरी उँगलियाँ दबाकर खुश हो रहे हैं। ऐसे ही खुश होने पर सोमदत्त से एक शिकायत बाबा ने दर्ज की थी। शिकायत उनके झोले में थी, 'मध्यप्रदेश में प्रेमचंद सृजन पीठ है, मुक्तिबोध सृजन पीठ है, निराला सृजन पीठ है, पर जिसने मध्य प्रदेश का निर्माण किया, माखनलाल चतुर्वेदी की कोई सृजन पीठ वहाँ नहीं है।' यह कहा बाबा ने और झोला सोमदत्त के कंधे पर टाँग दिया। सोमदत्त ने कहा, 'आप वहाँ आकर यही कह दें।'

यात्रीजी केवल मिथिला के कवि नहीं हैं। वे जहाँ जाते हैं, एक मिथिला का स्थापत्य जरूर वहाँ छोड़ आते हैं। फिर यात्रा में एक पोस्टकार्ड पर मेरा पता लिखते हैं। करावल नगर, दिल्ली-94। आँखें टँगी हों, जैसे ऊपर कहीं। वे लिखते हैं, 'प्रियवर विष्णुजी, आशा है, यह पत्र आप तक पहुँच जाएगा। सिंगापुर कब तक जा रहे हैं ? पहुँचकर वहाँ से हमें पत्र डालना...।' पत्र पर तारीख है 8.5.85।

मैं देख रहा हूँ। वह 'बाघ आया उस रात' कविता वाचस्पति के बेटों को सुना रहे हैं। शकुंतला कह गई है, 'बाबा, पानी ठंडा हो गया है।' वे झोले को शकुंतला को देते हैं और सिंगापुर की सैर पर निकल पड़ते हैं।

झोला लेकर शकुंतला को 'सुबह-सुबह' कविता की चार पंक्तियाँ सुनाते हैं :

'सुबह सुबह
गँवई अलाव के निकट
घेरे में बैठने बतियाने का सुख लूटा
सुबह सुबह
आँचलिक बोलियों का मिक्स्चर
कानों की इन कटोरियों में भरकर लौटा
सुबह-सुबह।'

शकुंतला और पुष्पा। जाने कितने किचनों की कटोरियाँ हैं बाबा के झोले में। बाबा आईने के सामने खड़े हैं और अपने पिता को लथेड़ रहे हैं, 'अजी वाह, आप रो रहे हो ? मेरा बस चलता तो इस अधेड़ उम्र में भी आप दोनों की नई शादी करवा देता।' यह बाबा के झोले में दस-ग्यारह साल के बालक वैद्यनाथ मिश्र का बयान है। कटघरे में खड़ा है। बाबा पूछते हैं 'मातृहीन, रोगी और डरपोक हो न।'

मैं पुस्तकों, चिट्ठियों और कतरनों को फैलाकर बैठा हूँ। एक सपना देखता हूँ। दूसरा सपना उसी सपने को काटता है। बाबा को सपने में खोजता हूँ। 7.5.72 का खत है, 'प्रियवर विष्णु, बुढ़ापे में लोग क्यों मठों में रहना पसंद करते थे ? क्यों संन्यास या वानप्रस्थ अपना लिया जाता था ? परिवार की तरफ से निर्लिप्तता और एकांत सेवन के प्रति हमारे पूर्वजों का क्यों इतना आग्रह था ?

ये कुछ सवाल बहुत तीव्रता से उठते हैं पिछले वर्षों में। उम्र बढ़ने के साथ-साथ यदि पारिवारिक व्यामोह भी बढ़ता जाए, जैसा कि हमारे मित्रों में अधिकतर देखा जा रहा है, तो कितना बड़ा अनर्थ होगा ? इत्मीनान से यदि किसी समस्या पर कुछ सोच न पाऊँ, यदि दूरदृष्टि खोकर हमेशा इर्द-गिर्द ही अपनी निगाहें दौड़ाता रह जाऊँ, अशांत-उद्विग्न-उद्भ्रांत बना रहूँ। यदि...

यह 'यदि' अकसर सिने रील की तरह चक्कर काटती, अपनी परछाइयों की झलक में अंतर्मन को चितकबरे तौर पर उद्भासित करती आगे निकल जाती है और फिर वापस लौट आती है...

यह मेरा देखा, वह देश है जहाँ सदैव अशांत-उद्विग्न-उद्भ्रांत बना यात्री और वैद्यनाथ मिश्र दोनों घूमते हैं। इत्मीनान से दोनों को किसी समस्या पर सोचना जो है। यहाँ है पारिवारिक व्यामोह। यहाँ है दूरदृष्टि खोए हुए लोग। यहाँ उम्र बढ़ने के साथ-साथ नागार्जुन हँसकर अपना कार्टून बना रहे हैं। मनमोहन ठाकौर से एक सरल हृदय उत्तर था नागार्जुन का 'यार, वह मेरा हौलूपन था।'

एकांतवास खलने पर लिखा, 'प्रियवर विष्णु, बहुत व्यस्त हो क्या ? 23.1.72 को मेरी व्यस्तता का खयाल आया था उन्हें। 11.3.72 को वे कितने व्यस्त थे, आप खुद देखें, 'अभी घंटा भर बाद यहाँ मतदान आरंभ होंगे... सारा दिन घूम-घूम कर

पोलिंग बूथ देखने का इरादा है। दो-तीन रोज बाद विस्तारपूर्वक लिखने की स्थिति में रहूँगा।'

जोधपुर विश्वविद्यालय ने हिंदी विभाग की तरफ से निराला के नाम पर काव्य संध्या आयोजित की। तदर्थ नागार्जुन को 'चीफ गेस्ट' के तौर पर नामवरजी साथ ही दिल्ली से जोधपुर ले आए थे। यात्रीजी के अंतर्मन को सिंहल और तिब्बत के बाद का सिंधु प्रदेश उद्भासित कर रहा था। सिंधु सीमा के अंदर तक जाने का प्रलोभन। सिंधु सीमा के अंदर नहीं जा सके।

पर मुझे पास बिठाकर एक दूसरी सीमा को लाँघ रहे थे। 2.2.72 को, 'अपने पत्र में तुमने प्रकाशकों के दुर्व्यवहार का उल्लेख किया था। महाजनी सभ्यता की छत्रच्छाया में अपन यथाकथंचित जी रहे हैं... बड़े पदों पर पहुँच जाने वाले अवसरवादी साहित्यकार इन चतुर प्रकाशकों से 'संयुक्त मोर्चा' जमाए हुए यत्र-तत्र अपनी नकली हमदर्दी की फुहारें झाड़ने को तत्पर नजर आते हैं। हमारा बुद्धूपन उनके लिए आह्लाद का स्रोत खोलता है। हमारा निष्फल क्रोध उन्हें आश्वस्त ही करता है...' जहाँ नकली हमदर्दी नहीं है, जहाँ अवसरवादियों का 'संयुक्त मोर्चा' नहीं कामयाब हो रहा है...

वह मेरे बाद जिस कमरे में है, उसकी भी एक झलक देख लें। 30.4.70 के खत में लिखते हैं, 'विष्णु, मैं वहाँ से वापस आ गया हूँ।... बस, दो दिन और दो रात। छत दिन में 11 से 5 तक इतनी अधिक तप जाती है कि लगा, 15 दिन यदि सारा दिन यहाँ रहा तो पीलिया हो जाएगी... शशीजी बराबर कहती रही कि आप दुपहर का (समय) नीचे गुजारा करें, मगर मैं वैसा नहीं कर सका।'

क्या-क्या नागार्जुन नहीं कर सके। झोला टँगा है, आप देख लें।

'उच्चपदस्थ आफिसर, साहित्यकार उतने घातक नहीं होते जितने कि दलाल गोत्र के और विभागाध्यक्ष गोत्र के साहित्यकार...।' ऐसी बातें करने के लिए बाबा केशवदास पर हँसते हैं, क्योंकि केशवदास दरबारी थे, उन्हें 'चंद्रवदनि मृगलोचनियाँ' 'बाबा' कहती थीं और वे जल-भुन जाते थे। नागार्जुन ने आईने के सामने देखा है, बार-बार अपना चेहरा। वह कैसे बाबा हैं।

दस अप्रैल उन्नीस सौ साठ के दिन वे ऐसी ही कुछ बातें इत्मीनान से मुझसे करना चाहते थे। लिखा, 'भाई अरसे से सोच रहा हूँ कि इत्मीनान में बैठकर तुम्हें लंबा पत्र लिखूँगा, तफसील में... मगर नहीं, हो नहीं सका ऐसा। 19 मई को गाजीपुर (किसान सम्मेलन) रहना है। अ.भा. किसान कान्फ्रेंस है न ? शायद दो- तीन रोज वहाँ रह जाऊँ। सिर्फ कविताओं की नीयत से वहां नहीं पहुँचना है, बल्कि विभिन्न राज्यों से आए हुए किसान साथियों से परिचय हासिल होगा। बहस के दरम्यान उनकी जागरूकता का स्पष्ट आभास मिलेगा, मेरे लिए उसका भारी महत्व होगा...'

'...ततः परं ? आगरा। ततः परं ? दिल्ली। और सब ठीक है। हाँ 'ठीक' है ...भला और क्या लिखूँगा ? कि, ठीक नहीं है ? नहीं भाई, सब ठीक है...'

कुछ खुलते हैं नागार्जुन, वैद्यनाथ मिश्र से, कुछ यात्री से छिपा भी लेते हैं। यात्री मैथिली समाज से बाहर कब निकला। वैद्यनाथ मिश्र 1943 के दिसंबर में काशी की गंगा को याद कर रहे थे। मणिकर्णिका घाट पर पिता का प्राणांत हुआ था। और यात्री नागार्जुन तब तिब्बत के पश्चिमी प्रदेश में घूम रहा था। अंतिम समय में पिता ने कहा था, 'उस आवारा का नाम ही मत लो' और वैद्यनाथ मिश्र ने पिता का तर्पण करते हुए अपना नाम मिथिला में पीछे छोड़ दिया था।

अब झोले में भारतवर्ष को लिये हुए नागार्जुन घूम रहे हैं। यहाँ दो हड्डियों के नागार्जुन की हँसी है—बेलाग, निश्छल हँसी। यहाँ बादल को घिरते देख रहे हैं नागार्जुन। यहाँ कालिदास से बतिया रहे हैं। यहाँ विद्यापति की ऐंद्रीय संवेदना का सुख लूट रहे हैं। जब बांग्ला कविताएँ सुना रहे थे और शोभाकांत उनकी प्रेस-कॉपी तैयार करने को उतावले थे, मुझे देखकर कहा था—'कभी अपन शांतिनिकेतन रहेंगे साथ-साथ, बादल देखेंगे। रवींद्रनाथ से बतियाएँगे एकांत में। कुछ बांग्ला सुनने का सुख मिलेगा कानों को। क्यों, है न ठीक विष्णु।'

मुझे 30.10 का खत याद आया। लिखा था, 'विष्णु... अपने बारे में क्या बतलाऊँ ? कोई 'नागार्जुन अंक' निकालना ही चाहेगा तो मैं उसका क्या कर लूँगा ? मुझे यह सबकुछ फार्स प्रतीत होता है।... राजनीति में जितने भी त्यागवीर आए, उनकी चाटुकारिता में लगे रहनेवाले साहित्यिकों को अभिनंदित होने की बेकली सताती रही। इस संक्रामक रोग से जितनी भी दूर रह सकें, गनीमत होगी।'

वे उसी खत में बताते हैं, 'अगले वर्ष जापान अपने खर्च से जाने का इरादा है (जलमार्ग)। न होगा तो लंका-बर्मा फिर से घूम आएँगे। 30.7.70 की शाम है, शाम का झुटपुटा उतर आया है, कलम भी प्यासी लगती है। उठकर स्विच आन करूँ ? फिर से स्याही भर लूँ इसमें ? नहीं, अब रहने दूँ...'

यह खुद से बतियानेवाला कबीर है, जिसे विष्णु भी नजर आता है। फिर एक बात उसे महानगर की सभ्यता में अखर जाती है, 'लिखने की तरफ से जी मुकर रहा है...' मगर 'जी' को तो ठोक-पीटकर वहाँ लाना होगा न ?'

विष्णु ने कुछ कहा था, वह याद आने पर लिखा, 'तुमने ठीक लिखा है, संन्यास लेने पर तो चलेगा नहीं। तुमसे जमकर दरअसल हमारी बातें हो भी कहाँ पाईं। यह बहुत जरूरी है, यानी लगातार आठ-दस घंटे बातचीत... अपनी पीढ़ी में अब हमें कोई नजर नहीं आता। हाँ, रामविलास और त्रिलोचन जरूर नजर आते हैं, बाकी सभी ने किनारे थाम लिये हैं। ऐसे समय में हमें नए सिरे से लूशुन की रचनावली का परायण करने का जी करता है। दाढ़ी बढ़ाकर मठवासी बनने की लालसा नहीं होती।'

मैं खतों के बीच बैठा हूँ। दाढ़ी बढ़ाकर बाबा कहीं हँस रहे हैं। कहीं बेहद नाराज है। कहीं महेंद्रू-पटना में एक कोठरी में बैठे हैं, 8.6.94 को 'प्रियवर शर्मा

'मराल' का नया अंक आज ही मिला है। उग्रजी पर अपनी कलम चलाकर आपने बहुत अच्छी तरह स्वधर्म का पालन किया है। आखिर ई जानिब भी तो आपकी पैनी निगाहों में तैर चुके हैं न...। पिछले दो-तीन दिन से मैं नेहरू पर भिड़ा हूँ। कई पहलुओं से उन्हें देखा है। एक-आध रचना ऐसी भी उतर आई है जो तत्काल शायद ही कहीं छपे। न होगा तो पैंफलेट भी निकल आएगा।

बाबा को श्रीश्री का हाथ थामे, स्पर्श-ज्ञान करते कवि केदारनाथ सिंह ने भी देखा था। मैं तब बनारसीदास चतुर्वेदी के यहाँ था, बाबा का इंटरव्यू लिया था चतुर्वेदी जी ने। एक बड़े पत्र के संपादक से पूछा था, 'यात्रीजी बैठे हैं, उनकी बातचीत क्या आप छापेंगे।' संपादक रसिक थे। कहा 'खालिस कोकशास्त्र भेज दो सचित्र छाप दूँगा...।' मैं उसके बाद के खाली स्थानों का गवाह हूँ।

तभी 19.6.70 का बाबा का यह संकल्प याद आया था, 'सेठाश्रयी प्रकाशनों में न छपने का संकल्प ले लिया है। मगर अपनी रुचि से तैयार सामग्री को प्रकाशित करने का तरीका निकालना होगा न ? 'बिल्कुल संन्यास' ले लेना हमारा उनको तो अच्छा ही लगेगा न ? यह तो जान-बूझकर लकवाग्रस्त हो जाना होगा ?

ऐसे ढेरों सवालों पर एकमात्र चर्चा करने वाले थे मेरे नागार्जुन, जो आदिवासियों से संवाद करते थे, हरिजन गाथा लिखते थे। 'नेवला' का नाटक देखते थे और मेरी हथेली दबाकर कहते थे, 'एक कमरे में बंद कर दो मर जाएगा ये नागार्जुन।'

सादतपुर में हर गली उनकी थी। यह घर उनका था। वह बच्चे उनके थे। यह बच्चे उनके दोस्त थे। सईद जब पूछता है, 'बिछावन पर पड़े हैं बाबा, आपने बताया नहीं' तो मैं अपने बाबा की छड़ी थामकर चलता हूँ। 2-2-96 की बात है। मैंने बाबा की छड़ी थामी। हाथ थामा। बाबा ने कहा, 'यह गति मंदाकांता छंद की है। वह अपने कार्यक्रम बताते गए। सहस्रनेत्र खोले अपने बाबा को' फिर तरौनी में खोजता रहा। पर वहाँ आग जल चुकी थी। बस झोला दरभंगा में टँगा है। बची है जिरह। जन कविता की कैसी कसौटी है नागार्जुन !

2-5-98 : टेलीफोन पर बात :

'बाद मरने के मेरे घर से ये सामां निकला'

मैं बाबा के घर का एक ऐसा ही सामान था। दीवारें देखती हैं। कहा जाता है, दीवारों के कान होते हैं। मैं बाबा के घर की ऐसी ही दीवार हूँ। जिस पर रात में जब उन्हें नींद नहीं आती थी तो मैं उनकी खाँसी यानी दमे की रेखा या ग्राफ बनाता था। उन रेखाओं के पीछे मैं यात्रा करता था। एक घर की ड्योढ़ी पर मुझे वह ले जाते थे। मैं जब अंदर जाने से कतराता था तो वह कहते थे 'किसी का घर ड्योढ़ी के बाहर नहीं होता।' फिर मैं बाबा के पीछे एक अदृश्य कान की तरह किचन में बहू से बातचीत सुनता।

ऐसे इस देश की अनेक बहुओं के बाबा अभिभावक थे। हिंदी का कोई लेखक शायद ही ऐसा हो जिनके सारे देश में अपने घर हों जिनका वह अभिभावक रहा हो।

अगर मैं भीतर से उस अपनी दीवार को हटा भी दूँ तो देखनेवाली आँखें मेरी बनारस, पटना, कलकत्ता, मुंबई दिल्ली आदि में बाबा के घरों की पूरी कहानी लिख सकती हैं।

टैगोर पार्क में एक घर है। 8 × 8 की कोठरी। एक ओर किताबों का अंबार, दूसरी ओर किचन। और बाबा मुझसे सारे देश-जहान की बातें कर रहे हैं। फिर वे इंदुकांत शुक्ल के घर जाते हैं। उनकी पत्नी से मेरा परिचय कराते हैं और अमेरिका में इंदुकांत शुक्ल की कहानी मुझे सुनाने लगते हैं। इंदुकांत शुक्ल के पास आज भी बाबा के अनगिनत टेप सुरक्षित होंगे ऐसा मेरा विश्वास है। फिर वे मुझे इंदुकांत शुक्ल के पुत्र अमित शुक्ल की कहानी सुनाने लगते हैं। वो जापान में है। और बाबा के साथ उनके बचपन के अनेक चित्र एलबम में सुरक्षित हैं। मैं ऐसे कई घरों में बाबा के साथ रहा हूँ। आखिर मैं बाबा के घर के सामान की तरह रहा हूँ। ग़ालिब ने कहा भी है 'बाद मरने के मेरे घर से ये सामां निकला।'

मैं दरभंगा में एक घर देख रहा हूँ। लंबा कमरा। एक ओर चौकी पर बाबा लेटे हैं। शोभाकांत की बेटी स्कूल से आई है और मुझे कई तरह के चूड़े खिला

रही है और बाबा मुझे दरभंगा की कहानी बता रहे हैं।

राजकमल का घर, विद्यापति के पद, रेणु की काव्य की दुनिया और दरभंगा के वे तालाब जिनके पीछे मिथिला की संस्कृति (महाभारत से लेकर नागार्जुन तक) नजर आ रही है। वे तांत्रिक और मिथिला के पंडितों की कहानी बता रहे हैं और मैं 'रतिनाथ की चाची' उपन्यास के रति को आमों के बगीचे में देख रहा हूँ।

मैं पटना पहुँच गया हूँ। आखिर मैं अदृश्य कान हूँ। और पटना में एक छोटा कमरा है। दीवार के एक हिस्से में अम्मा यानी अपराजिताजी हैं, दूसरे हिस्से में बाबा नलिनविलोचन शर्मा के किस्से सुना रहे हैं। आज की भाषा में मैं बाबा का एक खाली टेप भी हूँ और कैमरा भी।

मेरे बगल में खड़ी हुई मेरी पत्नी हिचकी लेकर रो रही है और मैं सोच रहा हूँ 87 वर्ष का यह इतिहास क्या मैं टेप पर उतार सका हूँ। क्या मैं कैमरे की आँखों से मुंबई में नागार्जुन की जिंदगी की फिल्म बना सका हूँ। क्या मैं विद्यापति की कहानी लिखनेवाले नागार्जुन से मिथिला की संस्कृति का सजीव आख्यान लिख सका हूँ। नहीं, मैं बाबा के अनेक घरों का एक खाली टेप हूँ। एक रील निकला हुआ कैमरा हूँ जो कुछ नहीं करता। बाबा के घर के बाद मैं बहुत से चेहरे देख रहा हूँ। कहानियाँ सुनाते हुए। अपने पाखंड का आख्यान सुनाते हुए और मैं देख रहा हूँ बेडसोर से बीमार नागार्जुन मेरे कान के पास फुसफुसा रहे हैं—'कबीर को देखा है।'

बाबा संसद में कभी नहीं गए, पर 1911 से 1947 तक का एक टेप बाबा की कविता में सुरक्षित है। और दूसरा टेप आजादी के बाद की विडंबना, विरोध, भ्रष्टाचार और घोटाला की रोजमर्रा की कहानी सुना रहा है। मैं वाकई बाबा के घर के बाहर नागार्जुन में छिपे एक कबीर को खोज रहा हूँ जो टुकड़े-टुकड़े में हिंदुस्तान की कहानी सुना रहा है।

उस दिन वे मेरे साथ रानी भवानी गली से आ रहे थे। एक मोड़ पर उन्होंने मुझे रोका था और कहा था 'विष्णु, यहीं बैठकर वैद्यनाथ मिश्र ने पुराण की, जातक की, महाभारत की, बाल्मीकि की कहानियाँ सुनायी थीं और कथा खत्म होने के बाद गमछे में एक दिन की रोजी रोटी बाँध ली थी।'

उस दिन शाम को बनारस में मैंने एक गोष्ठी की थी। यात्रीजी अपनी पुस्तकों का सेट लेकर आए थे और मैं विस्मित था। जिन लोगों ने कभी नागार्जुन को नहीं पढ़ा वे यात्री प्रकाशन का पहला सेट खरीद रहे थे। कुछ व्यक्ति जिनमें संपादक थे, प्रोफेसर थे, पत्रकार थे, लेखक थे, वे मुझसे आग्रह कर रहे थे कि एक सेट मेरे लिए सुरक्षित रखना।

मेरे पास आज कई प्रकाशक नजर आ रहे हैं जो नागार्जुन की लाश पर फूल चढ़ा रहे हैं। शायद अपनी आय का एक कच्चा चिट्ठा भी उनके पायताने रख रहे

हैं। लेकिन उनमें से किसी के पास नहीं है : एक नागार्जुन-विपक्ष का कवि। आजाद देश का एक सजग नागरिक। और मेरा आत्मीय बाबा भी नहीं है। कोई बलचनमा की तरह, लालू की सरकार पर हँस रहा है, कोई नवतुरिया की तरह अटल सरकार पर हँस रही है।

तलाश सादतपुर की

28-8-82 के खत से बाबा के सादतपुर आने की कहानी शुरू होती है। खत है–

"प्रियवर विष्णु,

श्रीकांत ने दो कमरोंवाला यह फ्लैट जून के तीसरे सप्ताह में लिया। लेकिन मैं 9 अगस्त के दिन यहाँ आया। आप दोनों तक पहुँचने के लिए एक दिन शाम को मामूली रिक्शा लिया। सादतपुर के नाम पर रिक्शावाला हमें लोनीवाले रोड पर काफी दूर ले गया... अंततः हम बस से लौट आए। 2 को हापुड़ से लौटूँगा। तब सादतपुर अपने आप पहुँच जाऊँगा... आजकल श्रीकांत की माँ आई हुई है।

तुम्हारा नागार्जुन

बाबा उस समय यमुना विहार, सी-ब्लाक 3/169, दिल्ली-53 में रहते थे। यहीं, जहरीखाल से आने के बाद बाबा ने जहरीखाल में लिखी अपनी ताजातरीन कविताएँ सुनाई थीं। बांग्ला कविताएँ भी थीं। और कहा था 'विष्णु अपन छह महीने शांतिनिकेतन में रहेंगे, फिर कविताएँ लिखेंगे। बाउल सुनेंगे भी।'

बाबा टैगोर पार्क से यहाँ आए थे। यह घर साफ-सुथरा और बड़ा था। यहीं सादतपुर आने की उनकी योजना बनी थी। वह 'सब्जबाग' देख रहे थे–राजकमल प्रकाशन से इतने हजार, राधाकृष्ण प्रकाशन से इतने हजार, वाणी प्रकाशन से इतने हजार मिलेंगे।

एक दिन मैं उन्हें घर ले आया था। पुष्पा ने उनसे पूछा था, "बाबा यह मंडल क्या है ?" बाबा हँसे थे। धीमी-मंद हँसी, उनके चेहरे पर खिल उठी थी। कहा, "यह मंडल और आत्मदाह तो एक लड़ाई का हिस्सा है। यह दलित और औरत की लड़ाई एक दिन में नहीं लड़ी जाएगी। तुम जैसे गैस धीमी और तेज करती हो, ठीक ऐसे ही मंडल की लड़ाई, उनके हक की सामाजिक न्याय की लड़ाई है। वह कहीं धीमी होगी, कहीं तेज।"

उसी दिन मैंने रमाकांत के साथ गली में जमीन का वह टुकड़ा दिखाया था

बाबा को। बाबा खुश नजर आए थे। एक दिन वे तीस हजार रुपए लेकर श्रीकांत के साथ आए और कहा, ''बाकी अट्ठाइस हजार प्रकाशकों से ले लूँगा।'' कुछ दिन बाद बाबा मेरी सीढ़ी पर छड़ी बजा रहे थे। मैंने देखा उन्हें, हाथ पकड़कर घर लाया। वे कहने लगे 'शर्माजी वो जमीन...।' उनकी बात अधूरी रह गई। उन्हें कहीं से और रुपए नहीं मिले थे। मैंने कहा, ''अब मैं और श्रीकांत बाकी रुपए जुटाएँगे।'' और यही हुआ भी।

बाबा यहाँ आकर रहने लगे थे। श्रीकांत की बेटी का नाम 'कणिका' उन्होंने रखा था।

उस दिन तेरह दिसंबर, छियासी, मंगलवार का दिन था। कमरे के बाहर खटिया निकाल दी थी, उस पर चादर बहू ने बिछाई थी। श्रीकांत ने दो-एक मूढ़े रखे थे। वह दिन सादतपुर के लिए अविस्मरणीय दिन था। बाँदा के कवि केदारनाथ अग्रवाल आए थे। गाजियाबाद में उनकी बेटी थी। वो अपने दामाद के साथ कार में सादतपुर आए थे। डॉ. रामविलास शर्मा और उनके भाई कामरेड मुंशी भी साथ थे। अपने आने की सूचना डॉ. शर्मा ने दे दी थी, पर उन्हें आशंका थी घुमक्कड़ नागार्जुन कहीं 'सटक' न जाएँ। कभी कोई बात रमाकांत शुरू करते, कामरेड मुंशी उस प्रसंग पर एक खुली हँसी हँसते। केदारनाथ अग्रवाल कनटोपे में ढके नागार्जुन को देखते रहे थे। काफी देर तक बात चलती रही थी। पर उस दिन अंत तक बाबा चुप रहे, जाने क्यों ?

बाद में जब सादतपुर से रमाकांत भी चले गए। उन्हें निगमबोध घाट पर सब अंतिम विदा दे रहे थे। तो मुझे रमाकांत की यह बात याद आई थी, ''सादतपुर बाबा का गाँव है।''

यहाँ दाढ़ी बनाते हुए सईद बाबा से बतियाता है। ढेर सारी बातें। अपनी और देश-विदेश की। पंतजी की दुकान तब लबे-सड़क थी। सईद की दुकान से उठकर पंतजी की दुकान पर खीरा-मूली खाते थे रमाकांत और बातें बाबा के सादतपुर की करते थे।

उस दिन सईद ने बाबा की दाढ़ी थोड़ी तराशी थी। एक ओर सईद, दूसरी ओर पंतजी बाबा को सड़क पार करा रहे थे। मैंने देखा था, बाबा के चेहरे पर अजब-सी स्फूर्ति और खिला हुआ रंग। सुबह वह घर से छड़ी लेकर निकलते थे, यह उनके सादतपुर प्रदक्षिणा की सुबह होती थी। या तो यह 'वृद्ध शिशु' महेश दर्पण के दरवाजे पर अपनी छड़ी से दस्तक देता था। और फिर वह घर बाबा का घर हो जाता था। या वीरेंद्र जैन के घर में उसकी बेटी की रचना सुनते थे। या कृषक और विजय सोंधी से बातचीत करते थे। आखिरी पड़ाव या तो मेरा घर होता था या हरिपाल त्यागी का घर या सुरेश सलिल का।

उस दिन उन्नीस सौ इक्यासी यानी ज्येष्ठ मास की पूर्णिमा थी। बाबा नहीं

थे। त्रिलोचनजी हम लोगों से बाबा की ही बात कर रहे थे। आज सतहत्तर बसंत पार किए थे बाबा ने। हम सब उनके भीतर छिपे किसान के अनुभव पर सोच रहे थे।

उसके कुछ दिन बाद बाबा घर आए थे। *हजार हजार बाँहों* वाली पुस्तक उनके हाथ में थी। मैंने चाय बनाई थी। एक खाली कटोरी स्टूल पर रखी थी। छड़ी और झोला बाबा ने चौकी पर रक्खा था। इधर आँखों की रोशनी कम होने पर वे 'आई ग्लास' झोले में रखते थे। झोले में बांग्ला, मराठी, अँग्रेजी की नई पुस्तकें या पत्रिकाएँ निकालकर देखते थे। यह झोला उनकी यात्रा का संगी था।

चाय मैंने कटोरी में उलट दी थी। बाबा *हजार-हजार बाँहों वाली* पुस्तक पर कुछ लिख रहे थे। आज वह पुस्तक मेरे सामने खुली हुई है और उनके लिखे हुए दृढ़ अक्षर, उनका एक 'पोट्रैट' (रेखाचित्र) बना रहे हैं—गतिशील सादतपुर की यात्रा की तस्वीर। उस दिन पुस्तक भेंट करते हुए बाबा ने लिखा था, 'अगली पीढ़ी के अग्निगर्भ रचनाकार विष्णुचंद्र शर्मा के लिए।' नीचे तारीख थी 7/12/81। मैं उस समय से आज तक जन-जीवन को आलोड़ित करनेवाले सादतपुर के इस 'वृद्ध शिशु' को याद कर रहा हूँ। जिसने यहाँ के हर रचनाकर के भीतर छिपे अग्निगर्भ चरित्र की खोज की थी।

उस दिन करुणा (चित्रकार करुणा भी अब नहीं रहे) के घर वे जा रहे थे। छड़ी मैंने ले ली थी उनसे। मिट्टी चिकनी थी। मैंने कहा, ''बाबा इस रास्ते पर खड़ा पानी जमा हुआ है।'' वे मेरा हाथ पकड़कर चारों ओर देखने लगे थे। छोटे-छोटे कमरों के मकान। बाहर गोबर पाथा हुआ। गोबर पथी हुई दीवारें...। थककर लस्त-पस्त हो गए थे बाबा, पर कहा था, ''यही तो है सादतपुर में बचा हुआ अपना तरौनी गाँव।''

करुणा के घर जाते ही वह ढेर सारी बांग्ला पुस्तकें और पत्रिकाएँ टेबल पर बिछा देते थे, उस पर बतियाते रहते। अपना आई ग्लास झोले से निकालते थे। और मैं करुणा से कहता था, ''बाबा एक सजीव शब्दचित्र हैं।'' फिर कहानी, मार्क्सवाद, उपन्यास पर बातें चलती रहती थीं। हम में से हर आदमी सादतपुर के इस नागार्जुन का साथी रहा है। जीवन व्यवहार के धरातल पर वे कुछ ज्यादा ही दुस्साहसी और अनौपचारिक रहे भी हैं।

केवल उस दिन जब सादतपुर में एक और बैठक हुई थी। शामियाना लगा था, आँगन में कुर्सियाँ लगाई गई थीं। और बाबा को 'साहित्य अकादमी' का 'फैलोशिप' देने वाले सज्जन अंग्रेजी में वक्तव्य दे रहे थे।

मैंने बाबा से कहा, ''अब सरकार आपकी ड्योढ़ी तक आ गई है।'' सजा-सँवरा बाबा का चेहरा अचानक बिगड़ने लगा था। क्रोध से कहा था, ''सरकार पानी भी देती है, बिजली भी देती है'', मुझे हँसी आ गई थी, ''बाबा, सरकार गोली भी चलाती

है।'' पूरी गोष्ठी-भर मैं बाबा का चेहरा ही देखता रहा था। वे बेहद अनौपचारिक लगे थे। जब शामियाना उखड़ गया था और बाबा उसी तरह खिन्न रह गए थे। मैंने कहा था, ''शासन के कुछ और सत्य हैं, जनता के कुछ और।'' बाबा ने खुश होकर मेरी हथेली दबाई थी और कहा था, ''अपन लोग जनता के कुछ और सुख के लिए ही सादतपुर के निवासी हैं।'' उस दिन भगतसिंह पर एक गोष्ठी थी। बाबा ने वाजिब बात कही थी कि ''भगतसिंह के समय क्रांति का एक राजपथ था, आज हम सब क्रांति की टेढ़ी-मेढ़ी पगडंडियों पर खड़े हैं।''

जब-जब रमाकांत के खाली मकान, अकेले खड़े पेड़ को बाबा देखते थे, मुझे सादतपुर की एक पगडंडी याद आ जाती थी। और बाबा उसाँसें लेकर कहते थे, 'अभी उसे (रमाकांत) नहीं जाना था।'

आज बाबा का घर खुला है, पर बाबा की टेढ़ी-मेढ़ी पगडंडियों की यात्रा खत्म हो गई है। वे हर बार इस पगडंडी पर चलते हुए सादतपुर से आजादी के बाद की क्रांति की पगडंडी की तलाश करते रहे थे। वे व्यक्ति-व्यक्ति के बीच में बढ़ती हुई दूरी को देखकर इनसानी समता के लिए बेचैनी से सोचते थे। वो मुझसे कहते थे, ''वाम पार्टियाँ और उनके लेखक संघ कहाँ तक जनवादी हैं विष्णु।'' आज बाबा के शब्द मेरे सामने हैं, किंतु उनका अर्थ खोलनेवाला नागार्जुन नहीं है।

अपने हर पत्र में वे लिखते थे, ''भाई अरसे से सोच रहा हूँ कि इत्मीनान से बैठकर तुम्हें लंबा पत्र लिखूँगा, तफसील में... मगर नहीं, हो नहीं सका ऐसा।''

इत्मीनान उन्हें इस लंबे संघर्ष में कहीं नहीं मिला। न राहुल के साथ की वह कहानी तफसील से लिख सकें। न अपराजिताजी के बाद तफसील से अपनी सादतपुर की कहानी लिख सके। आज हम सबके भीतर वही तफसील से अनलिखी उनकी कहानी, बसी हुई है। कहीं रेणु के 'दर्दी किसान' का 'ध्वनि चित्र' है, कहीं क्रांति, समता और जनवाद का अलिखित इतिहास।

आज कबीर को फिर मुखाग्नि दी गई

एक बार फिर कबीर को मुखाग्नि दी गई। वह कबीर बनारस से लड़ता हुआ बाहर निकाला गया था। यह कबीर घर और प्रतिष्ठान से बाहर लावारिस की तरह पड़ा है। एक बार अपनी ही बिडंबना पर बाबा ने कहा था, "विष्णु, एक अघोरी इधर रात-दिन मेरे सामने आता है—नंग-धड़ंग। कुछ उसकी नंगई पर हँसते हैं, कुछ उसके मल-त्याग पर नाक-भौंह सिकोड़ते हैं।" आज जब बाबा नहीं हैं, न कलकत्ता के चौरंगी बाजार में वह दो हड्डी का कबीर किसी को दिख रहा है, पर उनके भीतर व्यंग्य की तीखी कविताएँ फूट रही हैं। बाबा कलकत्ता में अपनी जेब देख रहे हैं, जो रुपयों से भरी हुई है। एक बार बाबा ने कहा था, "बंबई और कलकत्ता में जाने कैसा जादू मुझ पर छा जाता है कि मेरी जेब रुपयों से खनखनानी लगती हैं।"

मैं बाबा के साथ बंबई जानेवाला था। मैं पहले ही पहुँच गया था और बाबा शम्सुल इस्लाम *(बिल्ट्ज)* के कार्यालय में मेरी तलाश कर रहे थे। फिर एक फोन आया था। आयोजन और रुपयों के साथ बाबा की तस्वीर। मैं नहीं गया था आयोजन में क्योंकि मैं कबीर को सेठों के जुलूस में दाँत निपोरते देख नहीं सकता था। बाबा बहुत नाराज हुए थे मुझसे। मैंने आने-जाने का भाड़ा भी आयोजकों से नहीं लिया। पता नहीं, कबीर के काशी के पक्के महाल (अग्रवाल, खत्री, सारस्वत ब्राह्मण, जिनके हाथ में पक्के महाल के किले की चाबी रहती थी) में तुलसीदास को तो वैष्णव मठ के एक कोने में पनाह मिल गई थी, पर कबीर पक्के महाल के बाहर ही रहे। जहाँ तालाब था; घना जंगल था, वहीं गूँजती थी कबीर की वाणी। बाबा की वाणी मैथिल समाज में भी गूँजती है और इंदिरा गाँधी में देश की धूरि देखने वाले हजारीप्रसाद द्विवेदी के मन में भी। द्विवेदीजी छंद को झंकार कहते थे। नागार्जुन ने कबीर के बाद आजाद भारतवर्ष के फटेहाल इनसानों को भीतर तक झकझोर दिया था। सादतपुर में रास्ता रोककर बूढ़े, जवान औरतें, लड़कियाँ इशारे से कहती थीं कि यह बाबा हैं। किसी को स्कूल में बाबा की पढ़ी हुई कविता याद आती थी, किसी के घर में वे भूँजा खा चुके थे। उस दिन सेठानी, जो कई घरों के बर्तन माँजती है, ने बाबा

को प्रणाम किया था। बाबा ने कोट की जेब में हाथ डाला था और 20 रुपए उसे दिए थे। सेठानी के लिए बाबा सबसे बड़े दाता थे।

मेरे घर में वह आकर अलमारी की सारी पुस्तकें निकाल लेते थे। मैं पूछता था, "बाबा, सहस्र नेत्र तो मैंने सुने थे, आज सहस्रनेत्रों से आप ये सारी पुस्तकें पढ़ रहे हैं।" वह मेरी हथेली दबाते हुए कहते थे, "कुछ लोग पोथी पंडित होते हैं, कुछ मेरी तरह ढाई आखर पढ़ते हैं। इन्हें छूते ही एक-एक पुस्तक मुझसे बोलने लगती हैं। इसे मैं स्पर्श ज्ञान कहता हूँ।"

आज सारी पुस्तकें चुप हैं। शायद इनमें से ही किसी ने मुखाग्नि दी है। मैं सोच रहा हूँ, बेटों को बिरादरी में भोज देना होगा। मैं या मेरे जैसे असंख्य बाबा के भक्त कबीर की मौत के बाद बाबा की मौत पर पीड़ा से सोच रहे हैं। बिरादरी ने अपराजिताजी को क्या दिया ? मैथिल ब्राह्मणों ने हड्डी के क्षय रोग पर बाबा के बेटे के लिए दवा नहीं दी थी। बाबा ने खुद को एक कोठरिया में बंद कर दिया था और रात-दिन कलमघिसाई के बाद 'बलचनमा' बेचा था, रेडियो के लिए, प्रकाशन के लिए, पता नहीं किसके लिए। जो राशि मिली थी, उससे बेटे का उपचार तक नहीं हो सकता था।

उस दिन पुरस्कार मिलने पर बाबा के उसी बेटे ने पाँच हजार की राशि लौटा दी थी और मुझसे कहा था, "क्या है बाबा ! मैंने एक-एक पुस्तकें खोजीं और संपादित कीं और बाबा को एक आसन दिया।" मैंने उससे कहा था—"तुम मेरे घर से बाहर चले जाओ, यही काफी है।" बाबा की बीमारी पर उसी बेटे ने पटना से दिल्ली तक हाय-हाय मचा रखी थी। मैंने पूछा था, जिस रचनाकार की रचनाएँ दिल्ली के चार बड़े प्रकाशक छाप रहे हैं, उसे भीख माँगने की जरूरत नहीं है। आज बाबा की आखिरी इच्छा को लेकर घर में 'अलगौझा' कहानी फिर से लिखी जा रही है और नागार्जुन के भीतर का कबीर अघोरी की तरह नंगा खड़ा है इस विशाल हिंदी क्षेत्र में और गा रहा है, 'हम न मरै, मरिहैं संसारा।'

चिता के आस-पास सरकारी बैंड बज रहा होगा। प्रधानमंत्री, मुख्यमंत्री की मालाएँ एक ओर पड़ी होंगी और मैं सोच रहा हूँ कि आजादी की लड़ाई का सिपाही आजादी के बाद संसद में क्यों नहीं गया। चाहे चोर दरवाजे से ही जाता। कम-से-कम बंगला-कोठी या रचनावली तो होती ही उसकी।

फिर बाबा की कविता का वैताल मेरे सामने आता है और कहता है 'कबीर का कोई मठ नहीं था।' तुलसीदास सफाई देते रहे, 'तुलसी गुंसाई भयो, भोड़े दिन भूल गयो।' अभी लाश दरभंगा में पड़ी थी और साहित्य के लफ्फाज बाबा पर साहित्य अकादमी में शोक प्रदर्शित कर रहे थे। शुक्लजी ने ऐसे व्यक्तियों को *'प्रदर्शन-प्रिय'* कहा है।

वैताल ही शायद हिंदी क्षेत्र में नागार्जुन का उत्तराधिकारी है। वह नंगा है,

बहरा नहीं। अंधा भी नहीं। नागार्जुन ने जीवन-भर सबकी सुनी और अपनी कही। खुद पर दो व्यक्ति हँसते थे, एक कबीर दूसरे नागार्जुन।

लंबे समय में विशाल हिंदी की परंपरा में गरीबी रेखा के नीचे जीवन जीने वाला वैताल फिर चुनाव में खजड़ी हाथ में लेगा और नागार्जुन की तरह गली में, सड़क पर कविता बूकेगा। और मैं सोच में पड़ा हुआ हूँ कि हिंदी विश्वविद्यालय में नागार्जुन पीठ पर कौन कवि धुले हुए कपड़ों में आएगा। वैताल शायद इस पर कुछ जवाब दे। मैंने मुट्ठी-भर राख उठा ली है और नागार्जुन की ढेर सारी पुस्तकों पर टीका लगाता जा रहा हूँ, राख का टीका। कल लोग इन पुस्तकों पर शोध करेंगे। उस समय भी प्रतिष्ठान के बाहर संपूर्ण क्रांति का सपना देखते हुए नागार्जुन के मेरे जैसे पाठक उनकी 'पक्षधर' कविता गुनगुनाएँगे। फूल मेरी ही तरह उनके पास नागार्जुन के होंगे, ऐसा मुझे विश्वास है जिस पर किसी बेटे का कापीराइट नहीं होगा। एक बार बाबा ने राहुल की मौत पर ऐसी ही कविता लिखी थी। आज मैं चुप हूँ—हजार आँखों से चुप हैं लोग।

विदाई के वक्त रतिनाथ और बलचनमा मिले थे नागार्जुन से

नागार्जुन यदि खुद 'रतिनाथ' या 'बलचनमा' रह जाते, भुच्च देहाती, तो वह बहुत कुछ गाँव की मुस्तैदी में ही खो जाते। फिर *रतिनाथ की चाची* या *बलचनमा* उपन्यास न वह लिखते, न आज उनके सामने आकर मुस्तैदी से 'रतिनाथ और बलचनमा' दोनों उनकी 'ईमानदारी' से काम करने की प्रवृत्ति पर बहस करते।

नागार्जुन बताते रहे : "लेकिन कभी-कभी झुकना भी पड़ता ही है। अभी वह जमाना कहाँ आया है कि खाली ईमानदारी से काम निकल जाए। चालाक और चाँई लोगों की चालबाजियों से बचने के लिए चौकस रहना जरूरी हो जाता है भैया !"

मुस्तैदी के बावजुद जमाने ने नागार्जुन के साथ *रतिनाथ* और *बलचनमा* को भी थोड़ा 'चालाक' बना दिया था।

'चालाक और चाँई' लोगों के बीच नागार्जुनजी आप 'ईमानदार' कैसे रहे ?' यह सवाल कागज पर लिखकर उसने वाचस्पतिजी को उस दिन दे दिया।

वाचस्पति ने इशारा किया 'अभी गर्म पानी में गीले गमछे से उनकी देह पोछी जा रही है; आप बाहर बैठें।' बात 15 अक्तूबर, 99 की थी। कानों से और आँखों से काम लेने की उनकी क्षमता अब बेहद घट चुकी थी। पैर घुटनों से इतने मुड़ गए हैं कि सीधे नहीं होते। यह सब उम्र की अधिकता और उससे मिली दुर्बलता है, उस पर से उम्रदराज दो आदमी सामने बैठे हैं। मकान के बाहर ठीक सामने एक बड़ा कब्रिस्तान है, वहीं दोनों खैनी बनाकर इंतजार करते रहे हैं।

बलचनमा ने रतिनाथ से कहा, "तूने गाँधी महात्मा को नहीं देखा होगा।"

— कहाँ देखा, नागार्जुन ने मुझे बीच में मार जो दिया।

— तब काँग्रेस के बारे में मैं भी सोचने लगा था कि लोग आज मालिक बने बैठे हैं आगे भी तर माल वही उड़ावेंगे ! हम लोगों के हिस्से सीढ़ी-ही-सीढ़ी पड़ेगी।

— तुझसे ही मालूम हुआ कि काँग्रेस के अंदर ही इन लोगों का अब अलग

दल बन गया है।

– फिर भी मैंने सुना है, नागार्जुन और गाँधी महात्मा नोकसान किसी का नहीं चाहते, न गरीब का, न अमीर का।

तभी कब्रिस्तान के पास बाबा नागार्जुन का संदेश लेकर एक लड़की आई। – बाबा बुला रहे हैं। रतिनाथ ने बलचनमा को देखा और खैनी की पीक थूक कर चल पड़े।

– मैं बलचनमा हूँ। आखिरी बार आपने सुना ही था– "बलचनमा, माफी माँग चल के मालिक के यहाँ।" आपने ही सिखाया था, 'जिंदगी अनमोल चीज है भैया।' उस समय मौत को सामने देखकर किसी भी तरह मेरा दिमाग नाच रहा था। आपने मुझे जाल में बँधा छोड़ दिया था। हाँ, दाँतों से एक की कलाई को चाबे हुए था।

पहले ने अब मेरे सिर पर जोर से लाठी मारी–एक नहीं, दो बार... मैं बेहोश होकर जमीन पर लुढ़क गया।

"बलचनमा तुझे देख रहा हूँ। कागज से उठकर यहाँ आया, बड़ा अच्छा लग रहा है।" बाबा नागार्जुन ने कहा और बलचनमा के सिर पर हाथ रखा, जैसे लाठी के घाव को सहला रहे हों।

बलचनमा सोचता रहा, "बूढ़े सीसम के झुके सिर की छाँह से दिल को एक किसिम की तसल्ली मिलती; लगता कि कोई अपना ही पुरखा मुझे आसिरवाद दे रहा है–ऐन माथे पर झुककर, जिस नए रास्ते पर मैंने कदम बढ़ाया था बराबर उसी पर चलते जाने का इतना साफ इशारा पाकर और उसे अच्छी तरह समझ लेने के बाद मेरी रीढ़ एकदम सीधी हो गई। मैंने अपने आप में एक अनूठी ताजगी महसूस की, उठकर झटके से खड़ा हो गया। सीना तन गया था। बाँहों को फैलाकर कुछ देर में अपनी परछाईं देखता रहा...

– "बलचनमा तुझे छोड़ा कब था। मैं ही लाठी की मार जीवन-भर खाता रहा। आज तुझे देखकर अनूठी ताजगी महसूस कर रहा हूँ।" बाबा धीरे-धीरे बोले और रतिनाथ को अपने पास बुलाया। "बलचनमा ने भूकंप में देखा है पंद्रह-बीस मिनट के लगभग धरती उसी तरह डोलती रही। मैं भी ईंट की पुरानी दीवाल हूँ रतिनाथ, भहराकर गिरनेवाला हूँ। थोड़ी ही देर में अचेतन देह को बाहर निकाल देगें शोभाकांत।"

रतिनाथ को याद आई बहनोई की मृत्यु के बाद जयकिशोर ने चाहा कि गौरी हमेशा के लिए तरकुलवा ही रह जाए, मगर गौरी को यह प्रस्ताव स्वीकार नहीं हुआ। गौरी की प्रकृति में स्वाभिमान की मात्रा कूट-कूटकर भरी हुई है। इसी कारण पितृगृह की अपेक्षा पतिगृह में रहना उसने पसंद किया।

रतिनाथ को याद आया यह अचेतन देह का नागार्जुन तब कितना खुश हुआ

था। उसके स्वभाव में भी कूट-कूटकर स्वाभिमान भरा था।

जमींदार चुनाव में हारकर अपने अंधकारमय भविष्य की कल्पना करते हुए कछुए की भाँति दुबके पड़े थे। बस नागार्जुन अंधकारमय उस वक्त में भी सोच रहे थे, 'दुनिया-भर में बदनामी फैल गई कि बिहार की काँग्रेस पर जमींदारों का असर है।' जवाहरलाल तक ने खुल्लम-खुल्ला यह बात कही अचानक नागार्जुन की चेतना लौट आई थी।

– रतिनाथ, मैं न भी रहूँ किसान संगठित होकर रहेंगे। इसी बिहार में आज भी उनका नारा याद रखना 'कमानेवाला खाएगा'। रतिनाथ सोच रहा था चाची ने ठीक नागार्जुन-सा मेरे हाथ को अपने कमजोर हाथ में लेकर क्यों कहा था : "बबुआ, कहीं कुछ हो जाए तो इस मुँह में आग तुम्हीं देना, हाँ।" रतिनाथ फिर जैसे किताब में खो गया। वह *रतिनाथ की चाची* के सत्ताईसवें अध्याय को पढ़कर 'बलचनमा' को सुनाने लगा :

"परसौनी से हैजा शुरू हुआ। शुभंकरपुर, केरबनिया, मकरंदा, ददौरा, पकड़िया, अमरितपुर इन आठ-दस गाँवों में फैल गया। वर्षा रुकी रही तो हैजा अपना नंगा-नाच नाचता रहा।

चाची साल-भर से बीमार थी। उसका कमजोर देह हैजे का धक्का बर्दाश्त नहीं कर सका। संयोगवश रतिनाथ मौजूद था।... अंतिम क्षण में रतिनाथ ने कहा–"चाची सिमरिया घाट चलोगी ?" "नहीं।" हाथ से हशारा किया, चाची ने और नजदीक बुलाकर कहा–"यही आँगन मेरे लिए भागीरथी गंगा है।"

कागज में फिर नहीं समा सका रतिनाथ। उसे लगा नागार्जुन इशारे से *सिंदूर तिलकिन भाल* कविता की अपराजिताजी को खोज रहे हैं। रतिनाथ ने पहचाना यह तो अपराजिता मिश्र है–'ठीक चाची की बेचैनी अति पर पहुँच गई थी।' बलचनमा का हाथ और रतिनाथ की हथेली थामकर नागार्जुन ने कहा : "मरने का यह अवसर अपने हाथ से जाने देना नहीं चाहता, मैं इस जीवन से ऊब गया हूँ, अब विराम चाहता हूँ।" रतिनाथ और बलचनमा थोड़े सिहरे। पर नागार्जुन की आँखों की पुतलियाँ पलट गईं, मुँह से थोड़ा रक्त मिश्रित कफ निकला और बस।

रतिनाथ को लगा चाची पड़ी है अचेत। "साथ लाई आग को फूँककर उसने उस ऊक को धधकाया और चिता की परिक्रमा करके चाची के मुँह में अग्नि स्पर्श कराया। यह विधि तीन बार की गई। अंत में ऊक को चिता पर छोड़ दिया गया आग लाश को पकड़ चुकी थी।"

बलचनमा ने रतिनाथ को कागज से बाहर निकाला। 'सब राख हो गया रतिनाथ। अब उनकी ईमानदारी और स्वाभिमान ही हमारे लिए उनकी थाती है।'

मैं उपन्यास पढ़ते हुए कब बलचनमा और रतिनाथ के साथ नागार्जुन से आखिरी बार मिलने चला गया था, वह भी कल्पना में। वह फेदेरीको गार्सिया लोर्का की

'विदाई' (अनुवादक मूल से **प्रभाती नौटियाल,** लोर्का जून 1999) पढ़ रहे थे चुपचाप :

अगर मैं मरूँ,
खुली छोड़ देना बालकनी
बच्चा नारंगियाँ खा रहा है
देख रहा हूँ अपनी बालकनी से।
किसान काट रहा है गेहूँ
महसूस करता हूँ अपनी बालकनी से...

मैंने महसूस किया, 'नागार्जुन नगर में है रतिनाथ और बलचनमा। उस पंक्ति को ही दुहरा रहे हैं। एक पंक्ति है, 'खुली छोड़ देना... जिंदगी।' सादतपुर अब दिल्ली की नागार्जुन बस्ती है, खुली हुई बाबा के स्वभाव-सी।

कवि (1957-58) से बाबा का लगाव

मैं इलाहाबाद गया था। सामान शमशेर के घर पर रखा। रिक्शे से निरालाजी से मिलने गया था। यही मेरा इलाहाबाद आने का मुख्य उद्देश्य होता था। (देखें 'ग़ालिब और निराला : मेरा काव्यानुमान) 'कवि' का पहला अंक यही अवसर था। शमशेर को दिया था कवि। बाबा नागार्जुन वहीं थे। अंक देखकर वह खुश हुए थे। जेब से 5 रु. निकाले थे, शाबाशी दी थी और दोनों ने एक साथ कहा था ''कवि अपना पत्र है।''

मैंने निराला से भेंट का एक प्रसंग सुनाया था। उन्होंने पूछा : कहाँ रह रहे हो ? मैंने कहा शमशेरजी के यहाँ। उन्होंने छंद की तरह पढ़ी यह पंक्ति : 'जस्ट फिट/शमशेरबहादुर सिंह/ जी.टी.रोड।' यह छंद सुनकर शमशेर मंद-मंद हँस रहे थे, नागार्जुन ने मंकी कैप उतारी थी, कोट के बटन ढीले किए थे और कहकहा लगाते हुए कहा था : ''वाह, अद्‌भुत।''

8/9 का पत्र मिला। पहला पत्र 1957 का यह था नागार्जुन का। 'कवि' पर शाबाशी देने के बाद पूछा था : 'कवि' निकालकर सचमुच तुमने भारी काम किया है। यह 113 बहादुरगंज, इलाहाबाद में अभी रह रहे थे। 'कवि' के पहले अंक के विशिष्ट कवि त्रिलोचन शास्त्री थे। मैं चाहता था दूसरे विशिष्ट कवि नागार्जुन हों। मैंने उन्हें पत्र लिखा था। ना. यानी नागार्जुन सोचने लगे थे विशेष कवि के लिए कविताएँ भेजनी हैं।

22/2 को वह दिल्ली में लोदी रोड में रह रहे थे। लेकिन उनके मन में 'कवि' था। लिखा था : 'रचनाएँ 5-7 दिनों के अंदर भेज रहा हूँ। शीर्षक हैं :

1. कोमल बोली
2. काश्मीर में बसंत
3. बहुत दिनों के बाद
4. और तू चक्कर लगा आया तमाम...
5. नई पौध का अचार...

6. नीम की दो टहनियाँ

इनमें चौथी और पाँचवीं 70 एवं 53 पंक्तियों की हैं। सारी-की-सारी इधर की रचनाएँ हैं।' ...अपने 'कवि' पत्र के योगक्षेम की उन्हें और कवियों से अधिक चिंता थी। ऐसी चिंता वा.ब. कारंत और जगत शंखधर को भी थी।

बाबा नागार्जुन इस समय कालिदास पर पिले हुए थे। 'मेघदूत' का उनका अनुवाद मैंने पढ़ा था। और केशवप्रसाद मिश्र और नागार्जुन के अनुवाद पर मित्रों से लगातार बातचीत कर रहा था।

'कवि' के नाते नागार्जुन से घना अपनाव अभी हो रहा था। लिखा भी नागार्जुन ने : 'कवि' का 'योगक्षेम' कैसे चलता है ? दूसरा अंक माचवे (स्व. प्रभाकर माचवे) के पास देखा—खूब अच्छा जा रहा है। अभी साल-भर पृष्ठ संख्या या आकार में परिवर्तन नहीं करना। ऐसी सलाह शमशेर या जगतजी ही अभी तक मुझे दिया करते थे। ये दोनों मेरे और कवि के योगक्षेम की भी राई-रत्ती बातें जानते थे।

नागार्जुन जैसे कालिदास से इस समय मुठभेड़ कर रहे थे, बनारस में चंद्रबली सिंह वाल्ट ह्विटमैन से हाथ मिला रहे थे। पहले अंक में ह्विटमैन की दो कविताएँ थीं, एक 'चुपके से सब पर सरकती है', दूसरी 'मैंने लुसियाना में एक जिंदा शालवृक्ष बढ़ते देखा'। यह वाल्ट ह्विटमैन की कविताएँ नागार्जुन की जमीन की थीं। वे इस समय तक 'केवल जिंदगी के गीत' गानेवाले कवि थे। हर वृक्ष या इनसान उनकी याद में बसा-रचा था, जो अपने समसामयिक कवियों से बता रहे थे, 'मुझे अपने दोस्तों की याद दिलाने की कोई जरूरत नहीं।' बाद में चंद्रबली सिंह ने जब नाजिम हिकमत की कविताओं का अनुवाद किया था, और 'संकल्प प्रकाशन' से मैंने 'हाथ' मात्र 1 रु. में छापा था, तो नागार्जुन उसके भी ग्राहक और प्रशंसक थे।

दूसरा अंक प्रेस में था। नागार्जुन यात्रा में यह भूल गए थे कि उन्हें 'कवि' के लिए कविताएँ भेजनी हैं। कवि केदारनाथ अग्रवाल ने अपनी कविताएँ भेज दी थीं। कवि केदारनाथ सिंह ने उन पर समीक्षा भी लिखी थी। (अब तानाबाना में वह उसी दर्द को भूल चुके हैं।) यह अंक भी प्रभाकर माचवे के पास नागार्जुन ने देखा था।

बाबा ना, दिल्ली में थे। उन्हें खयाल आया 'कवि' के लिए लंबी नहीं, छोटी-छोटी कविताएँ भेजूँगा। लिखा 23/2 को : विशिष्ठ कविवाला लेख और केदार की साथ वाली रचनाएँ देखकर लगा कि मैं भी छोटी-छोटी रचनाएँ ही भेजूँ। वर्ना दो रचनाओं में ही तुम्हारे तीन-चार पेज भर जाएँगे। पिछले पत्र में जिन रचनाओं के शीर्षक दिए हैं उनमें सबसे छोटी भी 16 पंक्तियों की है। अब बताओ क्या किया जाए ?' यह था नागार्जुन के रचनाकार का मनाधार।

जगतजी ने इसी समय त्रिलोचनजी का दिगंत कविता संग्रह छापा था। नागार्जुन ने दिगंत की एक प्रति मँगाई थी।

मार्च का अंक छप गया था, प्रभाकर माचवे 'कोणार्क' गए थे। कवि के लिए उन्होंने 'कोणार्क देखकर लौटते हुए' सॉनेट भेजा था। ठाकुर प्रसाद सिंह ने 'मीनाक्षी : सहस्र स्तंभ मंडप' देखकर कविताएँ दी थीं। विशिष्ट कवि थे नामवर सिंह। उनके कवि का पहली बार मूल्यांकन किया था त्रिलोचन शास्त्री ने।

नागार्जुन अभी दिल्ली में ही थे। 6/3 के खत में वह अपने मनाधार में छोटी और बड़ी रचना पर मुठभेड़ कर रहे थे। लिखा : "छोटी-छोटी रचनाएँ हैं नहीं और बड़ी भेजना बेकार लगता है। इतना वक्त नहीं कि बड़ी लिखकर भेजूँ और तुम उनका अचार बनाओ...फिलहाल कुछ नहीं भेज रहा हूँ।"

मुझे लगता है, केदार की छोटी कविताएँ—जिन्हें ऋचा कहा गया था—पढ़कर नागार्जुन ने अपनी कविताओं पर फिर से मनन किया और नामवर सिंह की कविताएँ पढ़कर उन्हें अपनी सत्ता की सामयिकता पर संदेह भी हुआ होगा। 'अचार' बनाने या 'कुछ नहीं भेजने' के पीछे यही नाराजगी और तुनुकमिजाजी की वजह थी। मैंने उनके कवि से लगाव पर प्रश्नचिह्न लगाया था। केवल 10 दिन बाद 15/3 के पत्र में नागार्जुन ने सफाई दी :

"11/3 का पत्र, किस अन्य कारण से 'अचार' वाला नहीं लिखा था... तुम्हारे पिछले पत्र से लगा कि तुम्हे 'कवि' का 'व्यक्तित्व' उभरनेवाली रचनाएँ चाहिए : लंबी रचनाओं से स्पष्ट वितृष्णा झलकती थी : खैर अभी तो मैं कुछ नहीं भेज सकूँगा।"

अज्ञेयजी इसी बीच बनारस आए थे। व्यक्तित्व बनानेवाली बात 'कवि' में होती तो 'कवि' की प्रशंसा करने पर मैं उनसे रचना माँग सकता था। (अभी 28. 7.2000 शिवदान सिंह चौहान के पत्रों का खजाना देखते हुए पता लगा कि स्व. जगत शंखधर ने श्री शिवदान सिंह चौहान को कवि (1958) के 'नयी कविता' अंक का संपादक बनने की दावत दी थी।) नामवर की तीन और चार कविताएँ पढ़कर नागार्जुन कहीं भीतर से बेचैन जरूर हुए थे, यह मेरा विचार है। उनकी नाराजगी के पीछे यही सत्य था, वे ऐसी कविताएँ इस समय नहीं लिख रहे थे। फिर 'निकष' निकला था। कवि मित्र ने लिखा था : "हमेशा की तरह मुक्तिबोध ने इस बार भी अपने 'सहचार-मित्र' को संबोधन करके विस्तार से जीवन की विवशताओं का चित्रण किया है। जिस ईमानदारी के साथ मुक्तिबोध आत्म-समीक्षा करते हैं, वह अन्यत्र दुर्लभ है और वही उनकी कविता का आकर्षण भी है।" निश्चित यह वाक्य काफी संवेदनशील नागार्जुन को याद रह गया होगा।

अप्रैल, मई, जून के अंक समय पर निकलते रहे। अप्रैल में नामवर सिंह ने जो बात कवि मित्र के नाम से लिखी थी उसे थोड़ा विस्तार से और व्यापक धरातल पर मुक्तिबोध की 'कविता' (बाद में उसका नाम मुक्तिबोध ने 'ब्रह्मराक्षस' रखा था) का विवेचन किया था।

यहाँ नामवर सिंह अपनी पूर्व स्थापना जैसे कि 'समझ में नहीं आता कि ये

बहुत सी कविताओं को एक कविता क्यों बना देते हैं।' का पुनर्मूल्यांकन कर रहे थे।

मई में 'कवि' ने प्रगतिशीलों की पाँत के बाहर के कवि केदारनाथ सिंह को लिया था विशिष्ट कवि के रूप में। नामवर सिंह ने उनकी एक मित्र आलोचक की तरह समीक्षा लिखी थी।

जून की विशिष्ट कवियत्री थी कीर्ति चौधरी और उनकी आलोचना लिखी थी डॉ. रामअवध द्विवेदी ने। जून में ही नागार्जुन का यह भ्रम भी टूटा था कि कवि को लंबी कविता से वितृष्णा है। इस अंक में मुक्तिबोध की लंबी कविता 'कई बार' और केदारनाथ अग्रवाल द्वारा अनूदित कीट्स के 'हाई पीरियन' के प्रथमांश का प्रकाशन हुआ था।

जुलाई के विशिष्ट गीतकार रामदरश मिश्र थे और उनके भावबोध की तीखी आलोचना चंद्रबली ने की थी।

नागार्जुन और रामविलास शर्मा अंत तक कवि के लिए कविताएँ नहीं भेज सके। कहीं उनका मनाधार 'कवि' की नई पीढ़ी से मेल नहीं खा रहा था, कहीं उनके विचार में 'नई कविता' पर गाँठ पड़ चुकी थी। प्रश्नचिह्न लग चुका था डॉ. शर्मा की आलोचना में नकेनवादी कवि थे नलिन विलोचन शर्मा। अगस्त के कवि के वह विशिष्ट कवि थे। न नागार्जुन की तरह उन्होंने कवि से शिकायत की थी, न रामविलास शर्मा (और शिवदान सिंह चौहान) की तरह कवि को विरोधी खेमें में फेंककर उससे अपना हाथ खींच लिया था। नलिनजी ने मुझे पटना आने पर बुलाया था और एम.ए. के विद्यार्थियों के बीच मेरी बात सुनी थी। त्रिलोचन ने समकालीन कविता के बीच नलिनजी की कविता पर बहस आयोजित की थी।

नागार्जुन का मनाधार इधर '57 में 'गाँव और भारतीय कविता' पर टिका था। वह पटना में थे और भीषण कष्टमय जीवन उनका था। 9/8 के पत्र में वह याद करते हैं : " 'कवि' भी दो महीने से नहीं देखा। देहात रहना पड़ा डेढ़ महीने। लिखना-पढ़ना छूट गया था अब भी झंझटों को ठेल रहा हूँ...."

नागार्जुन इस समय किस तरह की झंझटों को ठेल रहे थे, यह मेरे पास आए उनके पत्रों से अधिक उनके घुमक्कड़ी के अनुभव और कविताओं से जाना जा सकता है। 1957-58 में नागार्जुन 'अपमान' और 'बुद्धू की प्रतीक' थे। यह विडंबना-भरा था उनका जीवन। बाद में वह अपना मजाक उड़ाते समय 'बुद्धूपन' पर जो कार्टून अपना बनाते थे, वह उनकी कविता का एक विशेष पक्ष है : पक्षधर और आबद्ध पक्ष।

सिंध में घूम रहे थे। नागार्जुन ने देखा वहाँ 'भैया' कहकर बुलाया जाता है। इससे मैं स्वयं कई बार तिलमिला उठा हूँ, और बाद में ठंडे दिमाग से कई बार सोचा है। दोष उनका नहीं हमारा ही है। हजारों और लाखों की तादाद में होते हुए

भी गुजरात, महाराष्ट्र और सिंघ में 'भैया' अपमान और बुद्धू का प्रतीक बना हुआ है। जाहिल, जपाट और उजड्ड। कम-से-कम पैसा लेकर अधिक-से-अधिक काम कर देना, निरक्षर भट्टाचार्य होने के नाते जीवन पर अँगूठा निशान करते रहना, परिवार को साथ नहीं रखना फिर भी आजन्म प्रवास में हमें औरों की निगाह में हल्के बनाए रखता है। धोती पहनकर, कंधे पर चादर डालकर आचार्य कृपालानी करांची में एक बार भाषण कर रहे थे। श्रोताओं में सिंधियों की ही तादाद ज्यादा थी। सभा जब विसर्जित हुई तो कइयों के मुँह से सुना गया—असाँ जो कृपालानी भैया भी यो याहे (दूसरा कृपालानी भैया बन गया)। (अ. क्रि. पा. पृ., 41)

हिंदी में अभी तक यानी कवि काल 1957-58 तक सुमित्रानंदन पंत, महादेवी, अज्ञेय, बालकृष्ण राव, श्रीपत राय, प्रभाकर माचवे, नेमिचंद्र जैन, रामविलास शर्मा सभ्य और शिष्ट थे। निराला, उग्र, नागार्जुन, शमशेर, त्रिलोचन हिंदी के 'जाहिल, जपाट और उजड्ड' कवि और कथाकार माने जाते थे। यही अपमान और बुद्धू का प्रतीक बनने पर उग्र और निराला विद्रोह करते रहे जीवन-भर इस उच्च और सभ्य वर्ग के प्रति। नागार्जुन लगातार तिलमिला उठते थे, प्रकाशकों, प्रशासकों, राजनेताओं से मिले अपमान पर।

बाद में ठंडे दिमाग से नागार्जुन ने सोचा 'भैया' और 'दरबारी' जैसे अपमानित शब्दों पर। श्रीवधु की 'अंतहीन-क्रियाहीनम्' वाली बात ने मुझे उस वक्त अत्यंत गंभीर बना दिया। दिमाग इधर-उधर दौड़ने लगा। क्या सचमुच हमारा बिहार अंतहीन-क्रियाहीन है ?

और अंदर से बार-बार यही एक आवाज आने लगी कि जनता अंतहीन है और शासक वर्ग है क्रियाहीन... (योगी, 27 अक्तूबर '57) नागार्जुन, '57 के अंत तक जनता के अंतहीन वर्ग के लेखक रहे, वह कभी शासक वर्ग के कवि नहीं बने। अपनी कविता की कसौटी लिखी 'प्रतिबद्ध हूँ' कविता लिखकर। नागार्जुन से 1975 तक मैं नागार्जुन उनके पक्षधर और कवि से अटूट रूप से जुड़ चुका था। 'कवि' और 'मैं' इसी नाते अंत तक उनकी डोर से आबद्ध रहे।

> आबद्ध हूँ, जी हाँ, आबद्ध हूँ
> स्वजन-परिजन के प्यार की डोर में...
> प्रियजन के पलकों की कोर में...
> सपनीली रातों के भोर में...
> बहुरूपा कल्पना रानी के आलिंगन-पाश में...
> तीसरी-चौथी पीढ़ियों के दंतुरित शिशु सुलभ रास में...
> लाख-लाख मुखड़ों के तरुण हुलास में...
> आबद्ध हूँ, जी हाँ, शतधा आबद्ध हूँ।

यह 'पूस की रात' की कहानी का 'स्वजन-परिजन' का संसार है।

कवि ने भारतीय भाषाओं के कवियों का, एक ऐसा ही स्वजन-परिजन का संसार बसाया था। नागार्जुन के गोत्र के भारतीय कवि थे : कन्नड़ कवि पु.ति. नरसिंहाचार, द.र. बेंद्रे, वी. सीतारामय्या, उर्दू : जोश मलीहाबादी, पी. पयाम, सलाम मछलीशहरी, मराठी : वा.सी. मढेकर, सदानंद रेगे, म.भ. देशपांडे, काश्मीरी : महमूद गामी, असमिया : वीरेश्वर बरूआ, बांग्ला : सिद्धेश्वर सेन, रवींद्रनाथ ठाकुर, गढ़वाली : गोविंद चातक, भोजपुरी : परमहंस पाठक, भगवान सिंह, रूप नारायण त्रिपाठी, अवधी : श्याम तिवारी, चंद्रभूषण त्रिवेदी तथा रमई काका।

नागार्जुन आदि 28-8-57 को राष्ट्रीय प्रकाशन मंडल, मछुआ टोली, पटना-4 में काम कर रहे थे। भारतीय कवियों के परिवार में एक कवि उनके पास था जिसका परिचय वह कवि के सजग परिजन से जोड़ना चाहते थे। लिखा था : "अमृता पर मैं जरूर लिखना चाहता हूँ। उनके बारे में लिखने पर उनकी इधर की कुछ रचनाएँ अपेक्षित होंगी।"

हिंदी की तीसरी पीढ़ी के अभी दस अंकों तक अस्सी कवि, कवि परिवार से जुड़ चुके हैं। नागार्जुन भी चाहते थे उस परिवार में हिस्सेदारी। लिखा : "मेरी कापी में दस-पाँच रचनाएँ अप्रकाशित इधर की भी मिल जाएँगी। कोई मिले तो कापी कराकर भेज दूँ। खुद तो भेजने से रहा।"

खुद भेजने से अभी तक रामविलास शर्मा और नागार्जुन अलसियाए हुए थे। रामविलासजी ने अपने आलस की वजह भी बताई थी खतों में। नागार्जुन ने सितंबर '57 के अंक में दुष्यंत कुमार की विशिष्ट कविता और उस पर केदारनाथ सिंह की मित्र समीक्षा तथा अक्तूबर '57 के विशिष्ठ कवि भवानीप्रसाद मिश्र की कविताएँ और उस पर उसी शैली में पं. हजारीप्रसाद द्विवेदी की मित्र-आलोचना देखी थी। यही कवि का आखिरी अंक था।

पटना-4 में 17/10 को नागार्जुन ने लिखा : "पत्र मिला। तुम्हारा क्षोभ संगत है। दो पंचपदियाँ भेज रहा हूँ। इनका इस्तेमाल कर लेना। इधर इस किस्म की पंचपदियाँ कुछ-एक तैयार हो गई हैं।

दो पंचपदियाँ (जो कवि में नहीं छपी) : नागार्जुन

1. अभी-अभी उस दिन मिनिस्टर आए थे।
   बतीसी दिखलाई थी, वादे दुहराए थे।
   भाखा लटपटाई थी, नैन शरमाए थे
   छपा हुआ भाषण भी, पढ़ नहीं पाए थे
   जाते वक्त हाथ जोड़, तो भी मुस्कुराए थे
   अभी-अभी उस दिन मिनिस्टर आए थे

2. धरती की कोख जली, पौधों के प्रान गए
मंत्रियों की मंत्रशक्ति, अब तो मान गए
हालत हुई पतली, गहरी छान गए
युग-युग की ठगनी, माया को जान गए
फैलाकर जाल-जूल, रस्सियाँ तान गए
धरती की कोख जली, पौधों के प्रान गए।"

यह है संक्षिप्त नागार्जुन के 1957 में लिखे 6 पत्रों की स्मृति कथा। यह स्मृति, नागार्जुन के बदलाव की भी कथा है। इसी साल की उनकी 'आओ प्रिय, आओ' कविता आत्मसंघर्ष का जीवंत दस्तावेज है। '57 में उनके भीतर छिपे जयदेव की कला—यानी रग-रग में दौड़ गई बिजली का कामानुभव है। उनके आत्मपरक और राजनीतिपरक कविता का संधिकाल है 1957। जहाँ वह स्वीकार करते हैं : 'यह तुम थी' कविता प्रियवर/यही समय था जब 'घंटों के हिसाब से ढोए जा रहे रिक्शाचालक के 'खुरदुरे पैर' वह देख रहे थे बेचैनी से।

यह बेचैनी ही उनके उद्भ्रांत, अशांत कवि की आत्मकथा है। यही समय था, जब आलोचक नागार्जुन के रुचि-बोध पर नाक-भौंह चढ़ा रहे थे, और वह उनकी आँख के नीचे लिख रहे थे : जयति नखरंजिनी कविता। अभी तक नागार्जुन के परिमार्जित रुचि बोध पर आलोचकों ने ध्यान नहीं दिया था।

श्री नागार्जुन के पत्र/1957

193, बहादुरगंज,
इलाहाबाद
8/1

प्रिय शर्मा,

शाबाश *कवि* निकालकर सचमुच तुमने भारी काम किया है... मैं कोई रचना भेज दूँगा। 10 को फिर दिल्ली जा रहा हूँ। अगला पता फिर सूचित करूँगा।

—ना.

(2)

416, लोदी रोड
नई दिल्ली-3
22/2

प्रिय विष्णु,

19 का पत्र सामने है। रचनाएँ 5-7 दिनों के अंदर भेज रहा हूँ—शीर्षक हैं...

1. कोयल बोली
2. काश्मीर में बसंत
3. बहुत दिनों के बाद
4. और तू चक्कर लगा आया तमाम...
5. नई पौध का अचार...
6. नीम की दो टहनियाँ

इनमें चौथी और पाँचवीं 70 एवं 53 पंक्तियों की हैं। सारी-की-सारी इधर की रचनाएँ हैं। मेघदूत, तुम्हें पसंद आया, इससे तसल्ली हुई। चाहता हूँ—इसी शैली

में कालिदास के अन्यान्य काव्यांशों के भी रूपांतर कर सकूँ... अवकाश का सवाल है। मेघदूत ढाई महीने पी गया था। भूमिका में दो महीने लगे थे। खैर, इस प्रकार एक अच्छा माल तैयार हो गया। *कवि* का 'योगक्षेम' कैसे चलता है ? दूसरा अंक माचवे के पास देखा—खूब अच्छा जा रहा है। अभी साल-भर पृष्ठ संख्या या आकार में परिवर्तन नहीं करना...

—नागार्जुन, सस्नेह

(3)

416, लोदी रोड,
नई दिल्ली-3
23/2

प्रिय विष्णु,

एक पत्र मिला होगा। अभी-अभी *कवि* मिला। विशिष्ट कवि वाला लेख और केदार की साथ वाली रचनाएँ देखकर लगा कि मैं भी छोटी-छोटी रचनाएँ ही भेजूँ वर्ना दो रचनाओं में ही तुम्हारे तीन-चार पेज भर जाएँगे। पिछले पत्र में जिन रचनाओं के शीर्षक दिए हैं उनमें सबसे छोटी भी 16 पंक्तियों की है। अब बताओ। क्या किया जाए ?

—नागार्जुन, तुम्हारा

पुनश्च : 'दिगंत' की एक प्रति भिजवाओ—ना.।

(4)

416, लोदी रोड,
नई दिल्ली-3
6/3

प्रिय विष्णुजी,

छोटी-छोटी रचनाएँ हैं नहीं और बड़ी भेजना बेकार लगता है। इतना वक्त नहीं है कि बड़ी लिखकर भेजूँ और तुम उनका अचार बनाओ... फिलहाल कुछ नहीं भेज रहा हूँ।

—नागार्जुन

(5)

416, लोदी रोड,
नई दिल्ली-3
15/3

प्रिय विष्णु,

11/3 का पत्र मिला। किसी अन्य कारण से 'अचार' वाली नहीं लिखी थी ... तुम्हारे पिछले पत्र से लगा कि तुम्हें कवि का 'व्यक्तित्व' उभरने वाली रचनाएँ चाहिए : लंबी रचनाओं से स्पष्ट वितृष्णा झलकती है : खैर, अभी तो मैं कुछ नहीं भेज पाऊँगा। घोर व्यस्तता है। कल इला. जा रहा हूँ, वहाँ से बिहार। 31 तक लौटूँगा। होगा तो वापसी में चार-छै घंटे 'काशीवास' रहेगा—पीछे सही-सही सूचना दरभंगे से मिलेगी तुम्हें...

—ना. तुम्हारा

(6)

राष्ट्रीय प्रकाश मंडल,
मछुआ टोली, पटना-4
9/8

प्रिय शर्मा,

अभी-अभी त्रिलोचन को मुद्दत के बाद खत लिखने लगा कि तुम याद आ गए... 'कवि' भी दो महीने से नहीं देख पाया हूँ। देहात रहना पड़ा डेढ़ महीने। लिखना-पढ़ना छूट गया था अब भी झंझटों को ठेल रहा हूँ... शेष तुम्हारा पत्र पाकर—

—नागार्जुन, सस्नेह

(7)

राष्ट्रीय प्रकाशन मंडल,
मछुआ टोली, पटना-4
28/8

प्रिय विष्णु,

अमृता पर मैं जरूर लिखना चाहता हूँ। उनके बारे में लिखने पर उनकी इधर की कुछ रचनाएँ अपेक्षित होंगी।

मेरी कापी में दस-पाँच रचनाएँ अप्रकाशित इधर की भी : मिल जाएँगी। कोई

मिले तो कापी कराकर भेजूँ। खुद तो भेजने से रहा। शेष फिर—

—नागार्जुन, सस्नेह

(8)

पटना-4
17/10

प्रिय विष्णु,

पत्र मिला। तुम्हारा क्षोभ संगत है। दो पंचपदियाँ भेज रहा हूँ। इनका इस्तेमाल कर लेना। इधर इस किस्म की पंचपदियाँ कुछ-एक तैयार हो गई हैं।

जुलाई के बाद *कवि* नहीं निकला। या मैं ही नहीं देख पाया उसे ? शेष तुम्हारा पत्र पाकर...

—ना. के आशीर्वाद

(1)

अभी-अभी उस दिन मिनिस्टर आए थे।
बतीसी दिखलाई थी, वादे दुहराए थे।
भाखा लटपटाई थी, नैन शरमाए थे
छपा हुआ भाषण भी, पढ़ नहीं पाए थे
जाते वक्त हाथ जोड़, तो भी मुस्कुराए थे
अभी-अभी उस दिन मिनिस्टर आए थे

(2)

धरती की कोख जली, पौधों के प्रान गए
मंत्रियों की मंत्रशक्ति अब तो मान गए
हालत हुई पतली, गहरी छान गए
युग-युग की ठगनी माया को जान गए
फैलाकर जाल-जूल रस्सियाँ तान गए
धरती की कोख जली, पौधों के प्रान गए

—नागार्जुन

समकालीन दौर की विडंबना और नागार्जुन

आजादी के बाद नागार्जुन किसे देखते रहे। यह उनके 'देखने' की 'समझ' और देखे हुए चरित्र की दिक्कत से जाना जा सकता है। अचानक मुझे बनारस जाना पड़ा था, और नागार्जुन, प्रभाकर माचवे के घर से मेरे यहाँ आ गए थे। वहाँ वह 'गृहिणी' को देख रहे थे : 'वह कुशल है। एक बजे लौटती है (पौने सात बजे सवेरे उसे भागना होता है)... महरी नहीं आती है इन दिनों, इसमें बर्तन-बासन खुद माँजती है बेचारी... ।' यहाँ नारी-आजादी का कोई प्रचार नहीं है। है एक कामक़ाजी नारी की विडंबना का आख्यान। यह मुझे लिखे एक खत की कथा है।

दिल्ली की जिंदगी में क्या 'छूट' रहा है, क्या खटकता है संवेदनशील नागार्जुन को। इसे देखते हैं नागार्जुन। रहते हैं नागार्जुन मुंबई, कलकत्ता, दिल्ली में पर उनके स्थायी सौंदर्यबोध का आधार है : कसबाती टाउन। 30-4-70 को वह दिल्ली से गुड़गाँव आ गए थे। यहाँ उनकी विडंबना के दो स्तर थे, एक रचनात्मक एकाग्रता के लिए दिल्ली से अधिक उन्हें कसबाती टाउन खूब पसंद आया था। दूसरा, वह रोज लिखने-पढ़ने के लिए काफी वक्त निकालना चाहते थे। आज महानगरी की विडंबना इन्हीं दो बिंदुओं पर टिकी है।

दिल्ली-मुंबई में 'न लिखने की विडंबना' लेखकों को निराश बना रही है। वह अपने समीपवर्ती जीवन को या नाते-रिश्तों को दफनाकर साहित्य का एक 'द्वीप' बनाने के लिए विवश है। नागार्जुन अपने गोत्र के लेखकों और नाते-रिश्ते को कभी नहीं भूलते हैं, दूसरे गोत्र के वे लोग हैं, जिसे वह दलाल गोत्र के लेखक कहते हैं। नागार्जुन कविता में जिनका अकसर 'कार्टून' बनाकर पेश करते हैं।

आजाद भारत में कभी न नागार्जुन ने जीवन से 'संन्यास' लिया, न ही वह ज्यादातर शहरी लेखकों की तरह आजाद भारत में कभी 'लकवाग्रस्त' हुए। मुक्तिबोध जिसे 'मृत ज्वालामुखी' कहते थे, नागार्जुन ने अपने दूसरे खत में मुझे अपनी उसी संकल्पधर्मी भूमिका बताई है। वह 'इनसान' होने के नाते 'पारिवारिक झमेलों' से बचते भी हैं, और डरकर खुली राय भी देते हैं।

'महाजनी सभ्यता' प्रेमचंद के बाद कितनी मारक हुई है, यह मानसिकता भी नागार्जुन के दौर की विडंबना की कथा कहती है। तब वह इलाहाबाद में थे, और 19-6-70 को मुझे अपनी मनःस्थिति का (जीवन से एक उदासीन होने का सूत्र) बता रहे थे। लिखा था : ''लिखने की रुचि से जी मुकर रहा है, लगता है, लिखने की 'मजबूरी' को एक और झटका देकर खत्म कर दिया जाए।'' यह आधुनिक नागार्जुन की विडंबना का एक सूत्र है जहाँ लेखक की मजबूरी और लेखन की सार्थकता का गहरा बोध टकराता है। मुक्तिबोध की रचना प्रक्रिया का यह एक समकालीन सूत्र भी रहा था।

समकालीन दौर का लेखक दो संसार का लेखक होता है, वह जीता है, मानव संबंधों से कटे हुए महानगरों में, और उसे वहाँ अपने संसार से प्यार नहीं होता। नागार्जुन दो समानांतर संसार को करीब से देखते रहे हैं, पर जोर देकर यह भी बताते रहे हैं : 'अपनी रुचि से तैयार साहित्य सामग्री को अपने तंई 'बुकलेट... के तौर पर निकालने से' ही लेखक की पक्षधरता है। नागार्जुन का 'जान-बूझकर' 'लकवाग्रस्त' न होने का यह मानवी और पक्षधर सूत्र है। पटना में विद्यार्थियों ने हड़ताल की थी। नागार्जुन ने कविताएँ लिखी थीं, और 'खून और शोले' की प्रतियाँ मैंने बनारस में बेची थी। यहाँ बुलेटिन साहित्य की पक्षधरता और 'शाश्वत साहित्य' की हठवादिता का अंतर साफ होता है।

सामूहिक खेती और सामूहिक चेतना का वह दौर था जिसमें नागार्जुन ने अपनी रचनाकार की भूमिका तैयार की थी। मैं दिल्ली में था, नागार्जुन, 'अफ्रो-एशियाई लेखक सम्मेलन' में 13-11-70 को दिल्ली आए थे। वह कोरे लेखक बनकर नहीं आए थे। वह अफ्रो-एशियाई लेखकों के 'सेवादार' बनना चाहते थे। वह देख रहे थे—चाहने और करने में—कितनी बड़ी खाई होती है। अंततः उस सम्मेलन में वह 'डेलिगेट' 'सेवादार' और अपने रचनात्मक 'धंधे' का फर्क देख रहे थे।

तीसरे पत्र में बाबा की 'बुद्धूराम' बनने की भूमिका उन्हें बेचैन भी करती है, और यह भी बताती है सत्ता प्रतिष्ठान किस तरह असली राष्ट्रभाषा (इंग्लिश) को फैलाकर, एक नकली अत्याधुनिक गोत्र को पैदा कर रहा है।

पत्र लिखते समय जीवन के दूसरे पहलू से नागार्जुन खुला और अंतरंग संवाद भी करते रहे हैं। यह 'संवाद' अब खतों या 'मीडिया' या बड़े अखबारों में—लेखक का लेखक से, लेखक का पाठक से छूट चला है। इस दौर की विडंबना भी नागार्जुन की आँख से छिपती नहीं है। चौथे पत्र में यही है जिसे नागार्जुन ने मित्रों का 'मनलग्गू परिवेषण' कहा है।

नागार्जुन की यात्रा—एक नितांत परिचित वातावरण से अचानक हमें हमारे जैसे देश के दूसरे वातावरण से जोड़ देती है। एक परिवेश नई पीढ़ी के ललित शुक्ल और कर्ण सिंह चौहान का है, दूसरा समकालीन पीढ़ी शील, जगत शंखधर और

नागार्जुन की अंतरंगता का है। यही अंतरंगता का वह सूत्र है : 'इस युग में 'बिल्कुल' ठीक तो अपन कैसे रहें।' इसी सूत्र का भाष्य लिखते रहे जीवन भर मुक्तिबोध।

कबीर से तुलसीदास को लड़ानेवाले विभागाध्यक्ष किस्म के साहित्यकार यही जीवन के भाष्य के सूत्र 'बिल्कुल' भुला देते रहे हैं। इसके नाते विभागाध्यक्ष गोत्र के बुद्धिजीवी कभी जीवनधारा से नहीं जुड़ते। नागार्जुन जीवन में गहरे उतरते हैं, नचिकेता की तरह 'यम' से आज की 'विडंबना' पर संवाद भी करते हैं, दार्शनिकों की तरह आज की समस्याओं का सामना भी करते हैं, और रचनाकार के नाते गाँव, कस्बा, महानगर में लगातार घूमते हुए सदैव 'अशान्त, उद्विग्न-उद्भ्रांत' बने भी रहते हैं। यह नागार्जुन की रचना-दृष्टि का एक अनूठा पहलू है।

पाँचवें पत्र में थोड़े विस्तार से वह कलकत्ता से, मुझसे बातचीत करते हैं। यह टेलीफोन से की हुई, बातचीत की तरह, अंतरंग है। 7-5-72 का यह रचनात्मक चित्र है : यह 'यदि' अकसर सिने रील की तरह चक्कर काटती, अपनी परछाइयों की झलक में अंतर्मन को चितकबरे तौर पर उद्भासित करती आगे निकल जाती है और फिर वापस लौट आती है...

नागार्जुन का यह परंपरा से संवाद भी है, और उनका मनाधार भी। यहीं कालिदास, विद्यापति, रवींद्रनाथ, केदारनाथ अग्रवाल यानी अपने रचनाकार दौर से अलग-अलग ढंग से, उनकी विडंबनाओं पर वह अंतर्मन की कहानी कहते हैं। हजारी प्रसाद द्विवेदी ने 'बाणभट्ट' से और 'कालिदास' से—*बाणभट्ट की आत्मकथा* और *मेघदूत : एक पुरानी कहानी* में इसी जमीन पर अंतर्मन की कहानी लिखी थी। नागार्जुन इस समय शलभ श्रीराम सिंह को अपनी कहानी सुना रहे थे, और 'आईना' देख रहे थे। बाद में *आईने के सामने* सारिका में कमलेश्वर ने इसी नागार्जुन के अंतर्मन को उतारा था। यहाँ उनका मनाधार था।

नागार्जुन के अंतर्मन में सिर्फ निजी ऊहा-पोह का व्यक्तिवादी कथानक—अज्ञेय, जैनेंद्र, मोहन राकेश जैसा—बहुत कम मिलेगा। वह मुझे पत्र लिखते समय दो बातें एक साथ देखते हैं, एक बात है, 'मेरे जीवन में नाटकीय परिवर्तन आने वाला है।' दूसरी बात, यह समानधर्मा मित्र की—भवभूति की तरह—तलाश करते हैं, और चारों ओर की गिरावट, समझौता, ललित लोकायतन का नजारा देखकर स्वीकार भी करते हैं : 'बाहर कोई नहीं नजर आता जिसका अनुशासन मैं मान सकूँ।' यह बात प्रेमचंद, निराला, कबीर, तुलसी, मुक्तिबोध ने भी बेचैनी के साथ महसूस की थी। यह रचना प्रक्रिया है। आस्था की संस्कृति और अनास्था की अपसंस्कृति का इस रचना प्रक्रिया के मुठभेड़ से गहरा नाता है। कबीर और नागार्जुन इसी आस्था की संस्कृति में अनास्था के प्रवक्ताओं के लिए 'पागल', 'बुद्धू' रहे। इसी 'बुद्धूराम' का इसी दौर में एक घर-परिवार भी था। अपने पर हँसनेवाले पाँचवें और छठे पत्र से उसकी भी एक 'झाँकी' नागार्जुन रखते जाते हैं। इस झाँकी में—दो हड्डी का एक यात्री है जो दमा

उभरने पर रोज रात-भर सर्दी-जुकाम-खाँसी-हल्का बुखार का शिकार होता है। पर ऐसे समय भी उसे त्रिलोचन के 'इंटरव्यू' और चुनाव-पूर्व की तैयारियाँ भूलती नहीं हैं।

सातवें पत्र में नागार्जुन 'यातायात की असुविधा' को आम नागरिक की तरह झेलते हैं, और शहर के पिछड़े इलाकों में रहनेवालों को बताते हैं कि आधुनिक भारत में भी हम-तुम एक प्रकार की आरण्यक आँचलिकता—सूखे काठों और पत्थरों वाली हदबंदियों का वीरान जंगल—में जी रहे हैं। यह है जंगलतंत्र, आज के भारत, एशिया, अफ्रीका, लातिन अमेरिका का। इस 'आरण्यक आँचलिकता' में रहनेवाले कामकाजी आदमी को क्या छोटे कस्बे और छोटे शहर याद नहीं आएँगे ? जरूर याद आएँगे। पर वह इस 'जंगल' के गुलाम हैं, बंदी हैं, यहीं रहते हैं, नौकरी करते हैं, मरते हैं। गुमनामी सभ्यता का यह बड़ा हिंदुस्तान है, जिसके नागार्जुन वाकई अपने प्रिय लेखक हैं।

आठवें पत्र में—नागार्जुन पटना में हैं, और याद कर रहे हैं सादतपुर को। —दिल्ली के उपनगरों, उपग्रामों-उपकंठों में चलने वाला यह अ-नाटक है। यह है जीवन के नाटक को 'देखने' वाला नागार्जुन।

वह लगातार मेरी विडंबना और मेरी बस्ती की आरण्यक आँचलिकता पर सोचते हुए एक सपना भी देखते हैं। वह सपना है समाजवादी नव-निर्माण का। जहाँ 'नए शासक' (ताजा वोल्शेविक) भी कष्ट झेलते थे।

यह है जटिलतम होती जाती जिंदगी में सपने देखनेवाले नागार्जुन की आत्मकथा। वह बता मुझे रहे थे—करीब बैठाकर 'अपने को' स्थिर करो और घूम कर कह रहे थे आत्मकथा के अस्थिर होने के अपने क्षण की कथा। यह है संवेदनशील नागार्जुन का 'दर्पण के सामने' का कवि।

नौवें पत्र में 'तत्काल' (मेरी आपातकाल में लिखी एक कविता)। खतरे में जीना और खतरे में शेष जीवन अर्पित करते रहना, कोई नागार्जुन से सीख सकता है।

दसवें पत्र में है, नागार्जुन भी भटकते हैं अपनी यात्रा में। वह टैगोर गार्डन की कोठरी से, यमुना विहार की अच्छी बस्ती में रहने लगे थे और अंततः वह सादतपुर बस्ती के स्थायी निवासी बन गए। दस खतों की यह है पृष्ठभूमि या मनाधार।

नागार्जुन के दस पत्र

120, रवींद्र नगर,
नई दिल्ली-11

30-4-70

के-40/43, काल भैरव,
वाराणसी

विष्णु,

मैं वहाँ से वापस आ गया हूँ... बस, दो दिन और दो रात... छत दिन में 11 से 5 तक इतनी अधिक तप जाती है कि लगा, 15 दिन यदि सारा दिन यहाँ रहा तो पीलिया हो जाएगी... शशीजी बराबर कहती रहीं कि आप दुपहर का (समय) नीचे गुजारा करें, मगर मैं वैसा नहीं कर सका।

पुष्पा बहुत समझदार लड़की है, वह मेरी दिक्कत समझ गई। वह कुशल है। एक बजे लौटती है (पौने सात बजे सवेरे उसे भागना होता है) दुपहर का खाना खाकर नीचे ही आराम करती है। हम थे तो, रात को भी नीचे ही सोती रही। महरी नहीं आती है इन दिनों, इससे बर्तन-बासन खुद माँजती है बेचारी... दवा नियमतः लेती है। ठीक है। मैं परसों मिल आऊँगा।

हमने गुड़गाँव में 40/- पर तीन कमरोंवाला मक़ान ले लिया है। 16-5 से वहीं रहूँगा। बीस वर्ष से मेरे मामा का लड़का (श्री हरिदास झा शास्त्री) वहाँ अध्यापक हैं... मुझे वह कसबाती टाउन खूब पसंद आया। हर पंद्रहवें दिल्ली आकर दो रोज गुजार जाऊँगा... रोज लिखने-पढ़ने के लिए काफी वक्त निकल आएगा।

शेष फिर लिखूँगा।

ना.

148, कल्याणी,

इलाहाबाद

19-6-70

के 40/73 काल भैरव,

वाराणसी

विष्णु,

मैं यहाँ आ गया हूँ। आना पड़ा। शोभाकांत की शादी के सिलसिले में लड़की वालों के पत्र गए थे आदि-आदि। निश्चित नहीं है कि आप कहाँ हो...पत्र मिल ही जाए तो सूचित करना।

मैं पारिवारिक झमेलों से मुक्त होकर अब यहीं बैठने का इरादा रखता हूँ। लिखाई-पढ़ाई यहीं चलेगी। लिखने की तरफ से जी मुकर रहा है, लगता है, लिखने की 'मजबूरी' को एक और झटका देकर खत्म कर दिया जाए।

धर्मयुग—सा. हिंदुस्तान आदि सेठाश्रयी प्रकाशनों में न छपने का संकल्प ले लिया है। मगर अपनी रुचि से तैयार साहित्य सामग्री को अपने नई 'बुकलेट' आदि के तौर पर 16/7/70 तैयार करने के तरीके निकालने होंगे न ? 'बिल्कुल संन्यास' ले लेना हमारा उनको तो अच्छी ही लगेगा न ? यह तो जान-बूझकर लकवाग्रस्त हो जाना होगा न ?

मैं तुमसे इन सवालों पर चर्चा करना चाहूँगा। मगर तुम्हारा पता तो चले।

4/7 तक यहाँ हूँ। 6 को बाँदा, 13 को इंदौर। शायद 20/7 तक लौट आऊँगा। शादी दिसंबर तक के लिए टल गई लगती है।

पुष्पा जुलाई के शुरू में दिल्ली पहुँचेगी।
क्या वह पटना है ?

—नागार्जुन

8, फैज बाजार,
दिल्ली

13-11-70

बी-2/149 सफदरजंग इन्क्लेव

नई दिल्ली

प्रियवर विष्णु,

कल वहाँ, होटल जनपथ, 3 बजे तो नहीं पहुँच सका, हाँ 11 बजे ही जा धमका था। तीन-चार चुस्त नौजवान परम ऐक्टिव लगे। मगर एक भी वहाँ ऐसा नहीं था कि आनेवाले भारतीय लेखकों की संख्या या पहुँच की घड़ी आदि के बारे में मामूली-सी सूचना देता। मैं सवेरे निकला था और भोगेंद्र झा, कमला मिश्र मधुकर जैसे अपने सांसद मित्रों से बिहारी प्रतिनिधियों के ठहराने के सिलसिले में अनुकूल परामर्श लेकर दफ्तर में यह सब दर्ज कराने गया था...

12 बजे दिन में लौटा था, 1 बजा होगा तब... थकान चढ़ी और खाना खाकर ढेर हो गया।

अब मैं नहीं जाऊँगा वहाँ। अपना 'धंधा' करते जाना ही हमें मानसिक शांति प्रदान करेगा। उनके पास 'स्वेच्छा सेवकों' की पूरी फौज है। हम नाहक क्यों अपना वक्त जाया करें ? हाँ, इलाहाबाद-भोपाल-पटना-जयपुर से आए मित्र यदि मिल जाएँगे, तो अच्छा ही लगेगा... इस अ-नाटक में कौन दस रोज बर्बाद करे ?... बड़ी विरक्ति, बेहद वितृष्णा हो रही है। पिछले दो-तीन दिन तो मैं (बुद्धूराम) इसी 'ठुस' में घुलता रहा कि न सही, वालंटियर के तौर पर तो 'सेवादार' की ड्यूटी (यथाशक्ति) दे ही सकूँगा।... लो बेटा, बनो सेवादार।

अरे साहब, उनके अपने 'सेवादार' क्या करेंगे फिर ? एक प्रौढ़ बंगाली (साहित्यिक ?) एक प्रौढ़ा पंचनदीप अत्याधुनिका से घुल-घुलकर बातें कर रहे थे : भारत की असली राष्ट्र भाषा (इंग्लिश) में...

—ना. तुम्हारा

द्वारा राजकमल प्रकाशन
पटना

13-2-72

बी-2/149 सफदरजंग इन्क्लेव
नई दिल्ली

प्रियवर विष्णु,

उड़कर नहीं यहाँ पहुँचा हूँ। ट्रेन से 10 की शाम को (जनता एक्सप्रेस) पटना जंक्शन उतरा। बीकानेर से 5 की शाम को दिल्ली आया था। वहाँ के चार रोज दौड़-धूप में गुजर गए। पारिवारिक कारणों से पटना अकस्मात आना पड़ा। पटना पहुँचने का इरादा नहीं था, हाँ, कलकत्ता अवश्य जाना था। सीधे। अब यहीं से 25-2 के बाद वहाँ जाऊँगा। इलेक्शन की धमाचौकड़ी वहीं देखेंगे।

'कल्पना' में प्रकाशित रूपक (एकांकी) अंशतः देखा। नितांत परिचित वातावरण लगा, लेकिन काफी मनलग्गू परिवेषण है।

मार्च के अंत तक दिल्ली वापस पहुँचने का इरादा है। अप्रैल से दिसंबर तक जमकर लिखाई चलाएँगे। उस अवधि में कई पुस्तकें तैयार करनी हैं।

तुमने तो पिछले वर्षों में कई पुस्तकें तैयार की हैं। नेशनल बुक ट्रस्ट से एक छपी है, प्रकाशन-सूचक पत्रिकाओं में कहीं तुम्हारा नाम देखा है... नजरुल वाली कई पुस्तकें आ सकती हैं, तुम्हारे नाम के साथ। आएँगी, अवश्य आएँगी।

प्रकाशकों की तरह चालू साहित्यकारों की भी लीला अपरंपार है। उच्च पदस्थ आफिसर साहित्यकार उतने घातक नहीं होते जितने कि दलाल गोत्र के और विभागाध्यक्ष गोत्र के साहित्यकार... इस सिलसिले में तुमसे भला क्या छिपा है ?

'बंधुओं ने' तुम्हारी मशीन ले ली और आंशिक तौर पर भी ठिकाने से दाम नहीं अदा किया, यह उनकी दृष्टि से 'सहज' था... हाय, तुम किस-किससे कैसे-कैसे निपटोगे ? जगत मुझे तुम्हारा वह पत्र दिखला रहे थे जिसमें तुमने सेतु प्रकाशन वालों की बदसलूकियों पर आक्रोश जाहिर किया था...

हम जगत के साथ 3-4 घंटे रहे। 16-1 के अपराह्न में। यानी उस दिन 'किंग्सवे कैंप से शादीपुर' वाला '21-10' डबल डेकर रूट/यथावत चालू था। अतः कर्ण सिंह चौहान और मैं शीलजी—जगतजी के लिए उधर ही पहुँच गए थे। शील से मुलाकात नहीं हुई। हाँ, ललित शुक्ल अवश्य मिले। 25-2 के बाद कलकत्ता पहुँचना है। चुनाव की धमाचौकड़ी वहीं देखेंगे। यदि संभव हुआ, ढाका भी पहुँचने का इरादा है। अगला पत्र कलकत्ता से लिखूँगा।

पुष्पा के भाई का यहाँ वाला पता लिखना। पुष्पा के स्वास्थ्य का क्या हाल

है ? तुम्हारी अपनी तंदुरुस्ती ?

मैं लगभग ठीक हूँ। इस युग में 'बिल्कुल' ठीक तो अपन कैसे रहें। अभी और क्या लिखूँ ? सुमन को मेरा आशीर्वाद कहना।

—ना.

कलकत्ता-7
7-5-72

प्रियवर विष्णु,

बुढ़ापे में लोग क्यों मठों में रहना पसंद करते थे ? क्यों संन्यास या वानप्रस्थ अपना लिया जाता था ? परिवार की तरफ से निर्लिप्तता और एकांत सेवन के प्रति हमारे पूर्वजों का क्यों इतना आग्रह था ?...

यह कुछ-एक सवाल बहुत तीव्रता से उठते रहे हैं पिछले वर्षों में। उम्र बढ़ने के साथ-साथ यदि पारिबारिक व्यामोह भी बढ़ता जाए, जैसा कि हमारे मित्रों में अधिकतर देखा जा रहा है, तो कितना बड़ा अनर्थ होगा ? इत्मीनान से यदि किसी समस्या पर कुछ सोच न पाऊँ, यदि दूरदृष्टि खोकर हमेशा इर्द-गिर्द ही अपनी निगाहें दौड़ाता रह जाऊँ, यदि सदैव अशांत-अद्विग्न-उद्भांत बना रहूँ, यदि...

...यह 'यदि' अकसर सिने रील की तरह चक्कर मारती, अपनी परछाइयों की झलक में अंतर्मन को चितकबरे तौर पर उद्भासित करती आगे निकल जाती है और फिर वापस लौट आती है...

लगता है कि मेरे जीवन में नाटकीय परिवर्तन आनेवाले हैं। बाहर कोई नहीं नजर आता जिसका अनुशासन मैं मान सकूँ। प्रखरतम वामपंथी दल (सीपीएम) का नेता वर्ग भी मुझे 'सठियाया' हुआ प्रतीत होता है। हमारी अपनी उम्र के बौद्धिक बंधु मुझ पर तरस खाते हैं और मैं उन पर तरस खाता हूँ—'ओझा के लेखे गाँव पागल, गाँव के लेखे ओझा पागल।'

इस वक्त रात के नौ बजने वाले हैं। शलभ के क्वार्टर में (बेलूड़की मजदूर कालोनी में) बैठकर तुम्हें संबोधित कर रहा हूँ। सारिका के ग्राम्यांक के लिए शलभ इस व्यक्ति से इंटरव्यू ले रहा है... कल तक पूरा होगा। यद्यपि बीच में शलभ कविता-पाठ के लिए कहीं निकल गया है। तीन घंटे की छुट्टी लेकर गया था, छै घंटे हो चुके हैं। कमलेश्वर के तीन तार आए थे, चार पत्र। मैंने आज तक 'सारिका' के लिए कमलेश्वर को कुछ नहीं भेजा। अब इंटरव्यू ही सही, कुछ तो मिले उसे।

20-5 तक यहाँ हूँ। जुलाई में तुमसे मुलाकात होगी। 15-7 के बाद दिल्ली पहुँचने का इरादा बना है। वहीं बैठकर लिखाई करेंगे। यहाँ स्वास्थ्य साथ नहीं देगा। दो महीने हुए हैं, कमजोर हो गया हूँ। खाँसी-जुकाम... अंदेशा है कि बरसात शुरू

होते ही दमा उभर आएगा। खैर, इसके बारे में फिर लिखूँगा।

शोभाकांत फिर से इलाहाबाद रहना चाहता है। वहाँ काम मिल रहा है उसे 250/- का। ठीक है, बिहार में मन उचट गया है। सुकांत (नं. 2) कलकत्ता रहने लगा है, काम भी करेगा, पढ़ेगा भी। बी. ए. का इंतहान देकर (भागलपुर से) परिणाम की प्रतीक्षा में है। अर्थशास्त्र में ऑनर्स लिया था। 'राजेंद्र छात्र निवास' में उसे सीट मिल गई है। वहाँ मेस-वेस का भी अच्छा प्रबंध है। श्रीकांत (तीसरे) का जमशेदपुर में अंतिम वर्ष है, जुलाई में पूरी होगी ट्रेनिंग। चौथा (श्यामाकांत 17) परम स्वतंत्र यानी उदीयमान अवतार है...उसे भी मेरे आशीर्वाद हासिल हैं।

मैं पाँच वर्ष से तरौनी नहीं गया हूँ। तुम बनारस कब तक रहोगे ? पत्र शीघ्र देना। ढेर सारी बातें अगले पत्र में लिखूँगा।

साथ में है शलभ का नोट।

—नागार्जुन तुम्हारा

आदरणीय भाई ! श्री बाबा बैठे हैं। लिख रहा हूँ। मेरा सलाम कबूल करें और भगवान भाई को मेरी याद दिलाएँ। कभी-कभार दो आखर लिख भेजें। यही बहुत है।

स्नेहाधीन

शलभ[1]

शलभ श्रीराम सिंह
एस-4/21

सी2ए/15-38, जनकपुरी
नई दिल्ली-18

933, तिलक गली
कश्मीरी गेट
दिल्ली-6

प्रियवर विष्णु,

पत्र मिला। मैं आकुल था कि कैसे हालचाल मालूम करूँ... त्रि (त्रिलोचन)

---

1. स्व. शलभ श्रीराम सिंह जब तक विदिशा में रहे, यानी रामकृष्ण प्रकाशन के साहित्यिक सलाहकार रहे, मैंने उन्हें पत्र नहीं लिखा। उनके बाद मैं मिला था श्री सिलकारीजी से। पर वह 'शलभ' और मेरी आत्मीयता का हिस्सा है, जिसके नाते 'शलभ की कविता' पर भगवान सिंह ने सर्वनाम में लिखी थी टिप्पणी।

घर पहुँच गए, यह खुशखबरी रही। लेकिन उनका तो 13 को 'इंटरव्यू' होने वाला था न ? जैसा कि असगर वजाहत बतला रहे थे। खैर, त्रिलोचन के लिए यह सब क्या है...

रमाकांतजी ने का. हा. (काफी हाउस) में बतलाया था कि तुम एक कमरा तैयार करवा रहे हो... हो गया रहने लायक ? तुमने लिखा है, 'पुष्पा अकेली रह रही है' कहाँ ? सफदरजंग इन्क्लेब में ? मैं फरवरी के आरंभ में 5-7 रोज काशी रहने का इरादा बना चुका हूँ। 25 की रात को इलाहाबाद के लिए निकलना है। 2 रोज इलाहाबाद, 2 रोज पटना और फिर उ.प्र. चुनाव-पूर्व तैयारियाँ निकट से देखना है... 2 मार्च के बाद ही दिल्ली लौटना होगा। पोलिंग तो हम 'आदि हिंदी' के क्षेत्र में देखना चाहेंगे यानी मेरठ-मुजफ्फरपुर में... गुरुवार-शुक्रवार (24-25) को यदि शाम को मो. पै. (का.हा.) आ सको तो 3-4 की अवधि में दिन में दक्षिण भा.पु.स. के दफ्तर में दिल्ली इंपोरियम के पास।

—ना.

21-1-74 ... सर्दी-जुकाम-खाँसी-हल्का बुखार। लगता है, पाँच-सात दिन नहीं निकल सकूँगा। इला. कैसे जाऊँगा यदि यही हाल रहा ? पुष्पा की मौसी और मौसा से मेरा नमस्ते कहो।

—ना.

टैगोर पार्क, दिल्ली-9

25-1-74

933, तिलक गली,
कश्मीरी गेट,
दिल्ली-6

प्रियवर विष्णु,

कल रात 9 बजे के लगभग रमाकांतजी से कश्मीरी गेट (बस स्टैंड) में मुलाकात हुई। पता चला तुम्हारा कमरा अभी महीना-पंद्रह रोज और लेगा तैयार होने में। तुमने लिखा था—'पुष्पा अकेली रह रही है' क्या अब भी तुम सफदरजंग इन्क्लेव (कृष्ण नगर) को लौट नहीं पा रहे हो ? शाहदरा से तिलक नगर तो करीब पड़ता ही है। कल जे.एन.यू. कैम्पस में हमारा काव्यपाठ था... अभी और क्या लिखूँ ? पत्र तो जल्दी-जल्दी डाला करो। इस बार यातायात की असुविधा चरमबिंदु पर पहुँच गई है... किससे मिलूँगा, कैसे मिलूँगा, कैसे लौटूँगा...

यह एक प्रकार की आरण्यक आँचलिकता—सूखे काठों और पत्थरोंवाली हदबंदियों का वीरान जंगल। छोटे कस्बे और छोटे शहर याद नहीं आएँगे ?

—नागार्जुन

शास्त्री भवन
महेंद्रू
पटना-6 (बिहार)
30-3-74

सादतपुर नई कालोनी
करावल नगर, पी.ओ. शाहदरा
दिल्ली

विष्णु,

14 वाला पत्र कल मिला। इधर लगभग दस-पंद्रह रोज डाकखाने बंद रहे हैं। छात्रों के नाम पर जनता पर अपना आतंक जमाने का रिहर्सल इधर भी होना था न। सो, तुम्हारा पत्र 15 रोज बाद मिला। कोई बात नहीं।

तुमने नई जगह के पक्ष में 'खुला आकाश' और 'मुक्त जीवन' वाली पारिपार्श्विक स्थितियों का बखान किया है... अच्छा लगा। मगर बेचारी पुष्पा के लिए तो नित्य का झमेला जानलेवा हो गया न। तुम महीना-दो महीना कहीं घुमक्कड़ी में निकालोगे तो पुष्पा कैसे रहेगी उस बस्ती में ? और, जैसा कि लगता है, यातायात की दुरावस्था भी तो और भी जटिलतम होती जाएगी। परिवेश में गुंडातंत्र और भी अधिक जोर पकड़ता जाएगा। नव-निर्माण के युग में आज से पचास वर्ष पहले, रूस में जनता के साथ उसके नए शासक (ताजे वोल्शेविक) भी कष्ट झेलते थे। यातायात या राशन की गड़बड़ियाँ सभी साथ-साथ झेलते थे... और यहाँ ? कौन किसको देखता है। हाँ, रमाकांतजी, सच्चिदा शर्मा, गिरिजा बाबू आदि की तरह यदि तुम्हारा भी 'प्रचुरतम' मासिक आय बँधा होता, या कि चौधरी के तुम साढ़ू होते, या कि ब्लैकमार्किटियर अथवा काँग्रेसी के बहनोई होते, तो सादतपुर क्या हिमालय की चोटी पर भी अपना काटेज बनवा लेते। एक मामूली अध्यापिका-साधारण वेतनवाली कैसे चलाएगी। रोज-रोज स्कूटर करना पड़ता है क्या ? दिल्ली के उपनगरों-उपग्रामों-उपकंठों में आपाधापी का जो 'अ-नाटक' हमने देखा है, वह अवर्णनीय रहा।

खैर, अब करो यह कि खुद अपने को 'स्थिर' करो... गो, इस युग में कोई भी संवेदनशील प्राणी 'स्थिर' भला कैसे होगा ? लेकिन 'स्थिरता' से मेरा मतलब इतना ही है कि 'काटेज' तैयार होने पर चार-छह वर्ष उसमें जमे रहो। ऐसा नहीं कि कोई कहे : 'विष्णु, इसे बेच दो, वहाँ फला जगह एक दूसरा प्लाट मिल रहा है, अपन वहीं चले—और तुम्हारा चित्त फिर 'दोलायमान' हो उठे। कृपया ऐसा न करना। क्षेमचंद्र सुमन, रमाकांतजी या अन्य किसी की तरह तुम्हारी मासिक आय दो हजार रुपए की नहीं होगी...

खैर, पुष्पा की परेशानी ही मेरी चिंता को बढ़ा रही है। ऐसे, तुम्हारे लिए अनुभव

संचय के लिए और संघर्ष की एक तीसरी किस्म की अभिनवता से साक्षात्कार करने की दृष्टि से यह प्रयोग (सादतपुर कालोनी में जमना) बहुत स्फूर्तिप्रद या तुष्टिकर हो सकता है। लेकिन, पुष्पा के पैरों की मजबूरियों से मैं अ-परिचित थोड़े हूँ ?

अभी और क्या लिखूँ ? बृजेश आदि से मिलने नहीं आ सकता हूँ। जुकाम-सर्दी-खाँसी पिंड नहीं छोड रहे हैं... 'सर्वनाम' का क्या सोचा ?

—ना.

द्वारा राजकमल प्रकाशन
8, नेताजी सुभाष मार्ग
दिल्ली-6

2-10-76

सादतपुर
पोस्ट करावल नगर
शाहदरा
दिल्ली-32

प्रियवर बिस्नू,

बस वो लंबी कविता रह गई है। लगभग तीन-चौथाई देख गया हूँ...

अद्‌भुत कोटि की प्राणवंत एवं संघर्षधर्मी रचनाएँ हैं यूँ तो।... विस्तारपूर्वक पत्र लिखनेवाला हूँ। इस संकलन के बारे में। बस चले तो मैं शेष आयु तुम्हें ही अर्पित कर जाऊँगा।

—नागार्जुन तुम्हारा

सी-3/169, यमुना विहार
दिल्ली-110053

28-8-82

ग्राम : सादतपुर
डाक : गोकलपुर
दिल्ली-94

प्रियवर विष्णु,

श्रीकांत ने दो कमरोंवाला यह फ्लैट जून के तीसरे सप्ताह में लिया। मैं लेकिन 9 अगस्त के दिन यहाँ आया...

आप दोनों तक पहुँचने के लिए एक दिन शाम को मामूली रिक्शा लिया। सादतपुर के नाम पर रिक्शावाला हमें लोनीवाले रोड पर काफी दूर ले गया... अंततः हम बस से लौट आए।

2 को हापुड़ से लौटूँगा तब सादतपुर अपने आप पहुँच जाऊँगा... आजकल श्रीकांत की माँ आई हुई हैं...

—ना. तुम्हारा

नागार्जुन यदि ब्रेख्त होते

क्या हुआ नागार्जुन बर्तोल्त ब्रेख्त से उम्र में छोटे हैं। क्या हुआ, वह अपने देश से कभी निर्वासित नहीं हुए। क्या हुआ श्रीलंका में नागार्जुन बेहद देशी इनसान लगता है और ब्रेख्त 'विदेशी' ? मैं यह अटकल लगा रहा हूँ। जब मोहन थपलियाल बर्तोल्त ब्रेख्त की 'इकहत्तर कविताएँ' मेरे पास रख गए हैं। और कात्यायनी 'अग्रज विद्रोही कवि' पर सोच रही है। उसकी आँखों में हँसी है ब्रेख्त-सी या सिंदूर तिलकित भाल-सी ? बस हँसी है चेहरे पर और मैं कात्यायनी के चेहरे के पीछे देख रहा हूँ अपराजिताजी (नागार्जुन की स्वर्गीया धर्मपत्नी) का चेहरा। मोहन थपलियाल, नीलाभ मुझे बता रहे हैं एक देश से निर्वासित ब्रेख्त पर।

30 जनवरी 1935 को जब हिटलर जर्मनी की सत्ता पर काबिज हुआ, तब तक यह साफ हो चुका था कि ब्रेख्त अब जर्मनी में नहीं रह सकेंगे। फलस्वरूप ब्रेख्त के जीवन में निर्वासन का लंबा सिलसिला शुरू हुआ। सबसे पहले वह जर्मनी से निकलकर डेनमार्क आए, जहाँ फिन टापू पर सेवेंडवोर्ग नामक कस्बे में उन्होंने अपना ठिकाना जमाया। (इकहत्तर कविताएँ और इक्कीस छोटी कहानियाँ—बर्तोल्त ब्रेख्त। मूल जर्मन से अनुवाद-मोहन थपलियाल। पृष्ठ-17)।

नागार्जुन के जीवन में निर्वासन का लंबा सिलसिला श्रीलंका से शुरू होता है। 1943 में लिखी थी कविता निर्वासन काल में नागार्जुन ने : 'घोर निर्जन में परिस्थिति ने दिया है डाल, याद आता तुम्हारा सिंदूर तिलकित भाल।' मुझे नीलाभ ने नहीं बताया ब्रेख्त किसे याद कर रहे थे फिन टापू में। हाँ, वह नागार्जुन की तरह खुद से प्रश्न जरूर कर रहे थे :

'कौन है वह व्यक्ति जिसको चाहिए न समाज ?
कौन है वह एक जिसको नहीं पड़ता दूसरे से काज ?
चाहिए किसको नहीं समाज ?
कौन है वह एक जिसको नहीं पड़ता दूसरे से काज ?
चाहिए किसको नहीं सहयोग ?

चाहिए किसको नहीं सहवास ?
कौन चाहेगा उसका शून्य से टकराय यह उच्छ्वास ?'

(सिंदूर तिलकित भाल' (कविता)—चुनी हुई रचनाएँ-दो : नागार्जुन। पृष्ठ-3)

ब्रेख़्त के 'शून्य' से टकराहटें सुनी थीं हरिश्चंद्र अग्रवाल ने। वह बता रहे थे : 'मुझे लगा कि एक बिंदु ऐसा भी हो सकता है जहाँ भाषा केवल भाषा हो और उसे हम गद्य और अगद्य के रूप में देखना जरूरी नहीं समझें।' (इतिहास बोध—अंक 30 : अप्रैल-जून 1998, पृष्ठ-22)

गद्य और पद्य एक बिंदु पर मिलता है, वह है प्रहसन, चंपू, नाट्य, कविता। कहाँ शेक्सपियर गद्य में हैं, कहाँ पद्य में, यह देखा है आलोचकों ने। नागार्जुन ने सिर्फ एक सफाई दी है 'मैं नहीं पाषाण।' ब्रेख़्त क्या कभी निर्वासन काल में 'पाषाण' हुए थे ? क्या शून्य से टकराया उनका अपना उच्छ्वास वह नहीं देखते थे कि उनके आत्मालाप में एक नागार्जुन नजर आता है ?

'हो गया हूँ मैं नहीं पाषाण
जिसको डाल दे कोई कहीं भी
करेगा वह कभी कुछ न विरोध।
करेगा वह कुछ नहीं अनुरोध
वेदना ही नहीं उसके पास
फिर उठेगा कहाँ से निःश्वास।
मैं न साधारण, सचेतन जंतु
यहाँ हाँ-ना-किंतु और परंतु
यहाँ है सुख-दुःख का अवबोध
यहाँ है प्रत्यक्ष और अनुमान
यहाँ स्मृति-विस्मृति के सभी के स्थान
तभी तो तुम याद आती प्राण,
हो गया हूँ मैं नहीं पाषाण।'

('सिंदूर तिलकित भाल' कविता वही)।

सचेतन कवि हैं नागार्जुन और 'सामाजिक और राजनीतिक चेतना को लेखन की पहली शर्त मानते हुए ब्रेख़्त ने मार्क्सवाद के द्वंद्वात्मक सिद्धांत को कविता में कायम रखा। व्यक्ति और समूह के बीच के वास्तविक तनावों को मजबूती से पकड़ते हुए उन्होंने खासकर छोटी कविताएँ ज्यादा लिखीं। शब्दों की भरमार से कविता को बचाया और भाषा के सजीले कपड़ों को उतारते हुए नंगी और ठिठुरती हुई भाषा को समाज के निचले वर्गों तक पहुँचाया, जहाँ यह म्यान रहित भाषा कविता को हथियार की शक्ल दे सकी।' (इतिहास बोध, वही-पृष्ठ 24)।

कैसे आस्तिक और नास्तिक के बीच नागार्जुन ने तनावों के बीच देखी थी

अपनी तस्वीर : नंगी और ठिठुरती हुई भाषा में ! कैसे ब्रेख्त थे भारत में : 'पछाड़ दिया मेरे आस्तिक ने'। कविता में दोनों कुछ स्वीकार करते हैं, कुछ जमे हुए भ्रम को तोड़ते हैं। नागार्जुन ने इस 'डेविएशन' के साक्षी रहे थे रत्नेश्वर। वह नौजवान 'पोस्ट-ग्रेजुएट' थे।

ब्रेख्त की खोज कभी करेंगे मोहन थपलियाल या डॉ. लालबहादुर वर्मा या नीलाभ। अभी सामने हैं नागार्जुन कन्फेस करते हुए :

'देखना भई रत्नेश्वर, जल्दी न करना।
लौटेंगे इत्मीनान से
पछाड़ दिया है आज मेरे आस्तिक ने मेरे
नास्तिक को
साक्षी रहा तुम्हारे जैसा नौजवान 'पोस्ट-ग्रेजुएट'
मेरे इस 'डेविएशन' का।
नहीं ? मैं झूठ कहता हूँ !
मुकर जाऊँ शायद कभी...
कहाँ ! मैंने तो कभी झुकाया नहीं था यह
मस्तक
कहाँ ! मैंने तो कभी दिया नहीं था अर्घ
सूर्य को !
तो तुम रत्नेश्वर, मुसकुरा भर देना मेरी
मिथ्या पर...'

('पछाड़ दिया मेरे आस्तिक' (कविता) : प्रतिनिधि कविताएँ : नागार्जुन। पृष्ठ-16)।

मेरे कान में कह रहे हैं : हरिश्चंद्र अग्रवाल : 'इस मामले में आधुनिक हिंदी के सर्वाधिक महत्वपूर्ण और सशक्त कवि मुक्तिबोध की याद आना स्वाभाविक है जो खुद इनसानियत की समस्याओं से इतना बेचैन रहता है।... शायद इसीलिए मुक्तिबोध को अजब-अनजान प्रतीकों को गढ़ना पड़ता है। जबकि ब्रेख्त अपने वाक्य में अत्यंत जटिल और बहु-आयामी होते हुए भी अपनी अभिव्यक्ति में बिल्कुल साफ हैं।' (इतिहास-बोध–वही)।

नागार्जुन छड़ी खटखटाते हुए आए हैं। वह देख रहे हैं ब्रेख्त की तस्वीर को, और सुना रहे हैं अपनी कविता 'बर्तोल्त ब्रेख्त'–

'क्या नहीं है
इन घुच्ची आँखों में !
इस शातिर निगाहों में
मुझे तो बहुत कुछ
प्रतिफलित लग रहा है।

नफरत की धधकती भट्ठियाँ...
प्यार का अनूठा रसायन...
अपूर्व विक्षोभ...
जिज्ञासा की बाल-सुलभ ताजगी...
ठगे जाने की प्रायोगिक सिधाई...
प्रवंचितों के प्रति अथाह ममता...
क्या नहीं झलक रही
इन घुच्ची आँखों से ?
हाय, हमें कोई बतलाए तो !
क्या नहीं है
इन घुच्ची आँखों में !'

('बर्तोल्त ब्रेख्त' (कविता) प्रतिनिधि कविताएँ : नागार्जुन)।

मुझे याद नहीं '1984 के बाद' ब्रेख्त जन्म शताब्दी वर्ष 10 फरवरी 1998 तक मोहन थपलियाल ने या अप्रैल-जून 1998 (इतिहास बोध, अंक-30) में डॉ. लाल बहादुर वर्मा, नीलाभ, आदि ने नागार्जुन में किसी ब्रेख्त की खोज की है।

'कल्पना के पुत्र हैं भगवान' (चुनी हुई रचनाएँ नागार्जुन। पृष्ठ-42) से बात करते हुए नागार्जुन ने स्वीकार किया था : 'चाहिए संदेह, उलझन, भ्रांति, रहूँ मैं दिन-रात ही बेचैन।'

कोई मुझे बताएँ क्या ब्रेख्त ने जर्मनी छोड़कर कहीं 'ललित लोकायन' या कविता का आश्रय यानी निलय अपने लिए बनाया था ?

क्या कभी 'शांतिनिकेतन' बसाकर रवींद्रनाथ 'अकर्मण्य, आलसी, विलासी, भू-भारमात्र' हुए थे ? ब्रेख्त ने जरूर 'चाचा करीम' और रवि ठाकुर को देखा होगा : दाढ़ी सन-सी सफेद। यह देखी थी दाढ़ी नागार्जुन ने और 'चाचा' से कहा था : 'कवि ? मैं रूपक हूँ दबी हुई दूब का, हरा हुआ नहीं कि चरने को दौड़ते !!' ('रवि ठाकुर' (कविता), चुनी हुए रचनाएँ : नागार्जुन)।

मुझे नहीं पता ब्रेख्त को कब 'दूब'-सा चरा था निर्वासन में और कितनी बार। वह दूब-से हरे हुए थे, अपनी जमीन में। पता नहीं, कहाँ ब्रेख्त से पत्रकारों ने पूछा था 'करूँ मैं किस वर्ग में गिनती अपनी ! आटा-दाल-नमक-लकड़ी के जुगाड में।'

कब पत्नी और पुत्र ने पूछे थे सवाल उनके कवि से। और किसान ब्रेख्त ने उत्तर दिया था : 'कलम ही मेरा हल है, कुदाल है !!, बहुत बुरा हाल है।' ('रवि ठाकुर' (कविता) वही)।

ब्रेख्त ने 'बको में लिखे गए शोकगीत' (1958) में जरूर कालिदास से बातचीत की थी अपने एकांत में ! सच हमें जोड़ता है कविता शोकगीत (IX) है :

'दोस्त मैं चाहता हूँ तुम सच को जानो और उसे बोलो !
मैदान छोड़ते थके-माँदे सम्राटों की तरह नहीं
कि 'आटा कल पहुँच जाएगा।'
बल्कि लेनिन की तरह
कि कल रात तक सब चौपट हो जाएगा
यदि हम कुछ करें नहीं...
ठीक जैसे कि यह छोटा गीत
भाइयों किसके बारे में है
मैं तुमसे साफ-साफ कहूँगा
कि जिन मुश्किलात में हम आज फँसे हैं
उनसे बाहर निकलने का कोई रास्ता नहीं है
दोस्तो इसे दृढ़ता से स्वीकारो
और स्थिति का सामना करो, जब तक कि...'

(बर्तोल्त ब्रेख्त—वही-पृष्ठ-99)।

ब्रेख्त ने नागार्जुन से सुनी थी 'कालिदास' कविता और देखा था : 'थक-थक कर और चूर-चूर हो' कालिदास में बैठे, नागार्जुन को। और पूछा था एकांत में : 'रोया यक्ष कि तुम रोये थे ?'

फिर मैंने देखा था ब्रेख्त को नागार्जुन के साथ गाते : 'अमल धवलगिरि के शिखरों पर, बादल को घिरते देखा है।' देखा था : 'यह दंतुरित मुस्कान' पढ़ते हुए दोनों की। 'उँगलियाँ माँ की कराती रही हैं मधुपर्क।' दोनों ने अपने-अपने मन की बातें की थी : 'मन करता है : नंगा होकर कुछ घंटों तक सागर-तट पर मैं खड़ा रहूँ।'

देर तक दोनों ने बतकही की थी 'अपना त्रिशंकुपन छोड़ किस वर्ग के साथ खड़ा या अड़ा है 'मध्य वर्ग।'

दोनों ने सामंती अंतःपुर की यात्राएँ की थीं और स्वीकार किया था : 'टूट रहे हैं अंतःपुर के ढाँचे।' दोनों ने ढाँचे टूटने के बावजूद स्वीकार किया था :

'कलम घिसुओं का हमारा यह नया संसार
किसी भी श्रीमंत से क्या माँगता है भीख ? लेखनी ही है हमारा फार
धरा है पट, सिंधु है मसिपात्र
तुच्छ से अतितुच्छ जन की जीवनी पर हम लिखा करते
कहानी, काव्य, रूपक, गीत
क्योंकि हमको स्वयं भी तो तुच्छता का भेद है मालूम
कि हम पर सीधे पड़ी है गरीबी की मार

सुविधा-प्राप्त लोगों ने सदा-समझा हमें भू-भार
लिखूँ क्या प्रिय मित्र !'

(वही 'रवि ठाकुर')।

दोनों कवि 'पक्षधर' !! कविता पढ़ रहे थे। फिर पढ़ी थी 'सौदा' कविता ! फिर 'मास्टर'। फिर 'अमलेंदु एम.एल.ए.' से मिलाया था ब्रेख्त को और बाँदा में देखी थी : 'ओ जन-जन के सजग चितेरे' कवि केदारनाथ अग्रवाल को। दो क्षण ठिठक गए थे ब्रेख्त 'वह फिर जो उठी' कविता पढ़ते हुए। फिर से 'पा गए आईना अपना, जामुन और नीम और गूलर और पलाश' अपने-अपने आईने देखते दोनों 'बातें' करते रहे।

बस नागार्जुन एकांत में बहकते रहे : 'अच्छा किया उठ गए हो दुष्ट' बुदबुदा रहे थे नागार्जुन : 'झोंक दिया अपना जीवन, जल्दी-जल्दी ताबड़ तोड़।' ब्रेख्त ने सुनाई थी—'रात के लिए बिस्तर' कविता। अंतःपुर में नागार्जुन देख रहे थे अपना अंतः 'अपन तो भई, थेथर है..., निर्लज, बेहया, कठजीव..., मरेंगे नहीं जल्दी...' ('अच्छा किया उठ गए हो दुष्ट' (राजकमल चौधरी के लिए) चुनी हुई रचनाएँ-2ः नागार्जुन। पृष्ठ 185)।

इतिहास के दरवाजे पर : यात्री

तरौनी, आम, मछली और यात्री का इलाका है। इसके करीब ही विद्यापति का गाँव है—विस्पी। इस जिले से सटा हुआ राजकमल चौधरी का भी गाँव है—महिषी। मुझे रतिनाथ की चाची, बाबा बटेसरनाथ, नई पौध, उग्रतारा, बलचनमा और इमरतिया याद आ रहे हैं। शंभूनाथ मिश्र ने अपने गाँव नारायणपुर के उस स्टेशन पर मुझे रोहू, भुन्ना, सिंगी, कबई, माँगुर, हिलसा, बोआरी, पोठिया, झिंगा मछलियों और बीजू मालदह, जरदा, सिंदुरिया आमों की पहचान कराई थी। उस दिन स्टेशन से दरभंगा आया था। वहाँ हराही और दिग्घी पोखर के किनारे देर तक रुका था।

आज यात्री को अकादमी पुरस्कार मिला है और मुझे विद्यापति से यात्री तक और यात्री से राजकमल तक मिथिला की परंपरा याद आ रही है। एक मझोले कद का आदमी, खद्दर का पाजामा, उजला कुर्ता और कंधे से झूलता हुआ एक शांतिनिकेतनी झोला। बाबा बटेसरनाथ के चौपाल में यह आदमी अनेक किस्से सुना चुका है। एक बड़े बरगद के नीचे अपने सुख-दुख की हर आदमी कथा सुना रहा है और यह आदमी, यात्री, एक मैथिली गीत सुनाता है, एक तीखी सामाजिक कविता पढ़ता है और फिर यह आदमी कलकत्ते में ट्राम की यात्रा पर मिलता है। पसीने से लथपथ लोग। बहुत सारे लोग। अनेक गंध-रंग के पसीने। और वह भीतर से एक सवाल पूछता है—घिन तो नहीं होगी ? उसे अपनी बगल में खड़े आदमी से, उसके मटमैले चीकट कपड़े से घिन नहीं आती और वह एक कविता अपने झोले में रख लेता है। वह आदमी हिमालय को करीब से देखता है। हिमालय के कंधे पर फैली हुई झील से एक चुल्लू जल पीता है। दूर तक जल में खिली हुई कमल-पंखुड़ियों को देखता है और गाता है—'बादल को घिरते देखा है।' वह आदमी दिल्ली में कनॉट प्लेस में मिलता है। अकसर बातचीत करते हुए समीप के साथी का हाथ दबाता है और उसकी आँखें एक मायूस जंगल-सी अपने आप में उलझी रहती हैं।

उस दिन यात्री और नागार्जुन और वैद्यनाथ मिश्र, यानी एक आदमी के तीन अलग-अलग कद और रूप एक-दूसरे की जैसे तलाशी ले रहे थे। वैद्यनाथ मिश्र अपने

गाँव के खेत, पत्नी और बच्चों के लिए चिंतित थे। उनकी जिंदगी के पचासेक वर्ष देश के चप्पे-चप्पे में भटकते हुए बीते हैं। यात्री वैद्यनाथ मिश्र से अलग-थलग है। कहीं अपने अंतर में सजीव विद्यापति। खुली प्रकृति। दूर तक फैले हुए खेत। तालाब में मछलियाँ फँसाते हुए जाल। घने आम की गाछी में सिंदुरिया आम की लाली पहचानते हुए। यात्री के मन में मैथिल संस्कार कूट-कूटकर भरा है। और यह संस्कार तरौनी गाँव के मैथिल समाज का संस्कार है, जो एक साथ सहज है अपनी आत्मीयता में, ग्रंथिहीन है अपने पांडित्य में और औघड़ है अपने स्वभाव से।

यात्री राहुल सांकृत्यायन के साथ तिब्बत की यात्रा में रहा है और पालि भाषा के जानकार की हैसियत से श्रीलंका में भी बौद्ध विहारों में और विद्यालयों में घूमा है।

कनॉट प्लेस के उस चौराहे पर उस दिन जब नागार्जुन से उसके ही समानांतर वैद्यनाथ मिश्र और यात्री उलझ रहे थे तो मैंने नागार्जुन को गौर से देखा। वह बता रहे थे, कल यात्री को अकादमी पुरस्कार मिल रहा है और नागार्जुन को एक नया जन्म लेना पड़ेगा, पुरस्कार हासिल करने के लिए। नागार्जुन ने मन का यही सब तनाव अकादमी के समारोह में भी व्यक्त कर दिया था। हँसते हुए नागार्जुन सीधी चोट कर जाते हैं और पूरी महफिल, यानी, सभ्य लोगों की महफिल, किसी डर से इधर-उधर देखकर काँपने लगती है।

उस दिन नागार्जुन से बातचीत करने के बाद मैंने नागार्जुन की, यात्री की और वैद्यनाथ मिश्र की चीड़-फाड़ की थी। मुझे लगा था कि तीनों के भीतर एक-सा धड़कता हुआ दिल है, एक-सी खीझ है आज की व्यवस्था से, एक-सी मायूसी है और कहीं अंतर्विरोध भी है। नागार्जुन समाजवादी आंदोलन में जेल काट चुके हैं, नागार्जुन गाँव के किसानों की अगुवाई कर चुके हैं। खद्दर की मोटी पोशाक, मोटा दाना-पानी और न टूटनेवाला सजीव संघर्ष। यह समय राष्ट्रीय आंदोलन का था। नागार्जुन कम्युनिस्ट हो चुके थे और उनकी कविताओं में व्यंग्य तीखा हो रहा था। और फिर, देश की स्वाधीनता के बाद के पचास वर्षों में नागार्जुन एक ऐसा लेखक रहा है, जिससे मिलने पर मंत्री, नेता, दुमछल्लों में फँसे बुद्धिजीवी डरते थे। उनकी कविता की एक चुटकी बहुतों के कलेजों का छिलका उतार देती थी। यह नागार्जुन व्यंग्य-विनोद के बावजूद अपने भीतर एक करुण, मर्माहत आदमी है, जो 'जन-जन के जीवन में साहस' पैदा करना चाहता है।

कला और जीवन को अलग-अलग खातों में बाँटकर जो आलोचक बंदरबाँट की सीख देते हैं, वह अकसर रतिनाथ की चाची का लांछित जीवन, उनके प्रति घृणित कुचेष्टाएँ और उसकी अदम्य साहसिक आत्मीयता के संदर्भ में उस पूरे मैथिल प्रदेश की संस्कृति को पहचान नहीं पाए हैं। यह कला और जीवन को अलग-अलग खातों में बाँटनेवाले आलोचक अकसर नागार्जुन के उपन्यासों पर प्रगतिवादी खेमे की मुहर

लगाकर उनको एक ओर फेंक देते रहे हैं। वे अकसर 'बलचनमा', 'कुंभी-पाक', 'दुःखमोचन', 'उग्रतारा', 'बाबा बटेसरनाथ', 'नई पौध', 'इमरतिया' उपन्यासों के सांस्कृतिक संघर्ष की उपेक्षा करते रहे हैं। नागार्जुन के उपन्यास अतीव रोचक होते हैं। उनमें सांस्कृतिक तनाव का अहसास पाठक के मन में बना रहता है। उनके प्रतीक आँचलिक संस्कृति से भरे-पूरे होते हैं। 'बाबा बटेसरनाथ' एक गाँव का सजीव दरख्त ही नहीं है, नागार्जुन ने उसके जन्म और विकास की कहानी से बाबा के प्रति गाँव के आंतरिक लगाव का अनूठा सूत्र खोजा है और वह सूत्र गाँव के दुख-दर्द की एक-एक गाँठ खोलता चलता है। बाबा बटेसरनाथ जैसे खुद एक गाँव का प्रतिनिधि हो, सूत्रधार हो। नागार्जुन के प्रतीक जहाँ जिंदगी के सवालों को टटोलते हुए भविष्य की ओर बढ़ जाते हैं, वहाँ उनके चरित्र, चाहे रतिनाथ की लांछित चाची हो, चाहे चुभती हुए मूछों से तंग आई उग्रतारा और चाहे अपनी उधेड़बुन में परास्त इमरतिया हो, ये सभी चरित्र जिंदगी के दबाव से बार-बार उचटकर भविष्य की ओर बढ़ना चाहते हैं। यह नागार्जुन का आशावाद है, जिसने उन्हें 'नई पौध' यानी नई पीढ़ी, के प्रति आश्वस्त किया है। यह नई पीढ़ी स्वाधीनता के बाद की बलचनमा की पीढ़ी है, जिसे हर स्तर पर दुत्कार, उपेक्षा, बेकारी और हताशा के भीतर से अपने जीवित रहने के लिए प्रयत्न करना पड़ा है।

नागार्जुन के व्यक्तित्व की तरह सीधी, चुटीली और बेलाग है उनकी भाषा। अकसर उनकी भाषा के संस्कार मैथिल समाज की किसी आंतरिक संगति की याद दिला देते हैं। जैसे, एक शब्द खुद एक मैथिल चरित्र की तरह पाठक के सामने खड़ा हो जाता है और पाठक उस शब्द से यह समझ जाता है कि यह मेले में धर-दबोच कर कुछ छेड़खानी करने के लिए आया है। ये शब्द ठोंठियाकर अपना अर्थ पाठक से कबूलवा लेते हैं और इस क्रम में पाठक या लेखक के बीच एक आत्मीय नाता कायम हो जाता है। ऐसी आत्मीयता, गढ़ी हुई या तराशी हुई भाषा के संस्कारी लेखकों से नहीं मिलती।

मुझे याद है, नागार्जुन उस दिन अपनी कविता सुना रहे थे और एक शब्द पूरी कविता में जैसे खिलखिलाता हुआ हमारे बीच अटक गया था। नागार्जुन उस शब्द की खिलखिलाहट को अपने गाँव के दंतुरित मुस्कानवाले बच्चे की तरह देख रहे थे और मैं महसूस कर रहा था कि यह मिथिला के पोरबट का एक मखाना है—साफ, उजला। मुझे अकसर नागार्जुन से बातचीत करते समय उनकी कविता के लहजे याद आ जाते हैं। 'बहुत दिनों के बाद' में जैसे उन्होंने ताजा, टटके मखाने, आम, गन्ने चखे हैं और इस लहजे में सोचते हए तल्लीन हो गए हैं कि बहुत दिनों के बाद उनकी स्मृति में फिर उनका इलाका उनके पास सरक आया है। यह तल्लीनता हिंदी के बहुत कम लेखकों में मिलती है। लहजे की यह रवानी नागार्जुन की राजनीतिक कविताओं में भी एक खास अंदाज की नाटकीय तल्लीनता का सुख देती है, और

वह सुख नागार्जुन को गहरी यातना के समय में, आत्म-स्खलन की मनःस्थिति में, अंतर्विरोधों की भ खत्म होने वाली संशय की यात्रा में, अकसर अपनी ही पूर्ववर्ती रचना से आगे की ओर बढ़ने को प्रेरित करती है। नागार्जुन कहीं भी अकेले, आत्मनिर्वासित और आत्महीन नहीं हैं। जहाँ उन्हें राजनीतिक स्थितियों से अलग हटने का या अपने ही राजनीतिक विचारों के विरोध का मौका मिला है वहाँ ही वह अपनी उधेड़बुन की मनःस्थिति में एक बड़े सामाजिक संदर्भ के साथ अपने अंतर्विरोधों को जोड़ देते हैं। जैसे एक बिगड़ैल घोड़े को एक रथ में बाँध दिया गया हो। नागार्जुन ने चीनी आक्रमण के समय चीन का विरोध किया था। माओ की दाढ़ी में जूँ रेंगती हुई देखी थी और अभी चेक आक्रमण के समय रूसी सेना से उन्होंने खुद अपने आप को आहत महसूस किया था। यह आहत नागार्जुन बिगड़ैल घोड़े की तरह है जिसे विरोध के एक नए रथ, एक नई वास्तविकता में खुद को जोतना पड़ रहा है। अकसर नागार्जुन जब देश या अंतर्राष्ट्रीय राजनीति के सवालों का विरोध करते हैं, तो अपने पूर्व के सारे आत्मीयता के संबंध-सूत्रों को तोड़ते हुए लगते हैं। ऐसा कई बार नागार्जुन के साथ हुआ है। उसे अपने ही दायरे को लाँघना पड़ा है, अपनी ही नीतियों के बने हुए विश्वासों के दायरे को तोड़ना पड़ा है।

कई बार अपनी रचनाओं में नागार्जुन मुझे भावुक, रोमांटिक लगे हैं, कठोर मार्क्सवादी लगे हैं, और एक अज्ञात शक्ति चाहे वह प्रकृति की हो या काली या उग्रतारा की, वह आस्तिक संत भी लगे हैं। गो संत, मार्क्सवाद और रोमांस एक-दूसरे के विरोधी हैं, लेकिन जिंदगी इनमें भी बड़े विरोधों के जुड़ते और टूटते हुए संबंधों की अपनी रचनाओं में अनगिनत बार पहचान की है। यही उनकी जिरह है। चीजों को पहचानते समय वह जब उसके खिलाफ होते हैं तो उनकी पहचान नोकीले नेजों की तरह व्यंग्य की या कार्टून की एक विशाल प्रर्दशनी बन जाती है। जिन्हें केवल नागार्जुन के व्यंग्य या कार्टून-काव्य आघात पहुँचा सके हैं, अगर उनकी तस्वीर, उनकी वर्ग-स्थिति, यानी आज के संदर्भ में उनके व्यवहार की पहचान की जाए तो अपने समय की वास्तविकता का पूरा इतिहास केवल कार्टूनों के एक विस्तृत गलियारे में मिल जाएगा। लेकिन, नागार्जुन केवल आघात ही नहीं पहुँचाते, अकसर खुद आहत भी होते हैं। और उस समय उन्हें भूली हुई या पीछे छूटी हुई अपनें गाँव की घरती याद आती है। उसकी सोंधी गंध, उसके किसिम-किसिम के आम, मछली, मखाने याद आते हैं। और इस याद के साथ बँधी हुई यातनाओं का एक रेला (रतिनाथ की चाची, बलचनमा, दुःखमोचन की मुसीबतों का) उन्हें दबोच लेता है और वह प्रकृति के स्वाद, रस और गंध के सुख के साथ पूरे हिंदुस्तान की मुसीबतों को अपने समीप महसूस करते हैं।

नागार्जुन ऐसे समय वैद्यनाथ मिश्र से सवाल पूछते हैं और वैद्यनाथ मिश्र यात्री के औघड़पन की खिल्लियाँ उड़ाते हैं और नागार्जुन वैद्यनाथ मिश्र और यात्री के बीच

अपने पिछले पचास वर्ष का बिखरा हुआ इतिहास का संदर्भ टटोलकर एक नए रास्ते पर खड़े हो जाते हैं। उस दिन जब यात्री को मैथिल कवि के रूप में सम्मानित किया जा रहा था तो वैद्यनाथ मिश्र अपने बेटे शोभाकांत की सलाह याद कर रहे थे। शोभाकांत ने पुरस्कार की रकम से 'यात्री प्रकाशन' की एक योजना तैयार की है और वह उस योजना को पूरा करना चाहता है। नागार्जुन वैद्यनाथ मिश्र से सवाल पूछते हैं, "थोड़ी गाँव-शहर की खाक, थोड़ी धूप से बचने के लिए घर की छाँह, और तुमने अपने घर के लिए क्या किया है ?" वैद्यनाथ मिश्र यात्री से पूछते हैं, "इस लंबे पचास साल के यात्रा-पथ में जेल, फाके, समुद्र, नदियाँ और कंधे पर झोला लादे हुए हिमालय से तुमने क्या चाहा था ?" और, मैं देख रहा हूँ, नागार्जुन यात्री से और यात्री वैद्यनाथ मिश्र से अपनी ही पिछली जिंदगी पर उलझ रहे हैं।

नागार्जुन ने उस दिन यात्री को पुरस्कार लेते हुए देखा था और मुझसे कहा था, "नागार्जुन हिंदी के सम्मान के दायरे के बाहर है।" मुझे लगा यह आहत वैद्यनाथ मिश्र मेरी हथेलियाँ दबा रहा है और चाहता है कि वैद्यनाथ मिश्र को यात्री से, यात्री को वैद्यनाथ से, यानी हिंदी को मैथिली से, काटने का दौर समाप्त हो।

एक लंबा समय बह गया है और अभी विद्यापति, केवल विद्यापति हिंदी का कवि है और यात्री और राजकमल तक फैला हुआ मैथिली का विस्तृत इतिहास हिंदी के दरवाजे पर दस्तक दे रहा है। नागार्जुन दरवाजे पर खड़े हैं, यात्री दरवाजे के भीतर।

जिरह

एक जिरह समकालीन कवियों से

कौन है, समकालीन मेरा ? किससे मैं 'मैत्रीपूर्ण परामर्श' साफ-साफ लेना चाहता हूँ। यह मेरा निजी प्रश्न नहीं, यह सभी कवियों के मन में अपने-अपने समय में बार-बार गड़ता रहा है। केदारनाथ सिंह गाँव में आज किस से संवाद करते हैं, शहर में रघुवीर सहाय, श्रीकांत वर्मा, अशोक वाजपेयी, देवताले 'धीमी फुसफुसाहट में' किस वर्ग से 'सलाह मशविरा' ले रहे हैं ? देश-विदेश से 'अनुदान पोषित कला केंद्रों' में प्रशासनिक कवि किसके तजुर्बे सुन रहे हैं ? हमारे पड़ोसी देश का कवि सैनिक तानाशाही में कब 'तौसने तख्य्युल' यानी कल्पना के घोड़े पर सैर को निकलता है ? क़ब, अफ्रीकी कवि बेंजामिन मोलाइसे फाँसी पर चढ़कर गर्दे-अमल यानी विपत्तियों की गर्द में भी अपने देश की पहचान कराता है ? यह कई सवाल समकालीन विश्व के आर्थिक और राजनीतिक भूगोल का नक्शा हमारे सामने टाँगते हैं।

पाकिस्तानी उर्दू शायरी (राधाकृष्ण प्रकाशन) के पहले हिस्से में संपादक नरेंद्रनाथ ने शिकेब जलाली का परिचय दिया है : "जन्म : 1 अक्तूबर, 1934, जलाली, जिला : अलीगढ़, उत्तर प्रदेश। नाम : सैय्यद हसन रिज़वी; तख़ल्लुस : शिकेब, वह दस साल के थे, उनके पिता ने पागलपन के दौरे में शिकेब की माँ को रेल के आगे धक्का देकर गिरा दिया। खानदान का अकेला बेटा और चार बहनों का भाई पहले माँ की ममता से महरूम हुआ, फिर पिता पूरी तरह पागल हो गए... बत्तीस साल की उम्र में 12 नवंबर, 1966 को शिकेब जलाली रेल की पटरी पर यूँ कटा कि उसका धड़ अस्पताल में पहले पहुँचा, टाँगे बाद में लाई गईं।"

शिकेब जलाली ने खुदकशी की और 28 वर्षीय अफ्रीकी कवि बेंजामिन मोलाइसे फाँसी पर चढ़ा। दोनों प्रवृत्तियाँ तीसरी दुनिया के कवि की हैं। तीसरी दुनिया का कवि गहरे तौर पर असंतुष्ट और विद्रोही कवि है। यह असंतोष भरा विद्रोह मेरी बेचैनी का एक ज्वलंत या सीने में गड़ता हुआ सवाल है।

यहाँ एक महफिल में दो सभ्यताएँ आमने-सामने खड़ी हैं। एक सभ्यता का नाम समाजवाद है, दूसरी सभ्यता अपने नाम से बिदकती है। फिर भी उसके अनेक

नाम हैं—पूँजीवाद, साम्राज्यवाद, व्यक्तिवाद, आधुनिकतावाद। दोनों सभ्यताएँ हमारी समकालीन सभ्यताएँ हैं। भारत, तीसरी दुनिया के बीच आजादी चाहनेवाला, विपत्तियों की गर्द में अटे हुए चेहरों का देश है। मैं इस देश में उन्हीं लोगों को जानना चाहता हूँ, जो मेरी बातचीत के विषय हो चले हैं। मुक्तिबोध, राहुल सांकृत्यायन, रामविलास शर्मा, नागार्जुन, बर्तोल्त ब्रेख्त से मैं इधर अकसर हर मुद्दे पर एकांत में बतियाता रहा हूँ। यही मेरा समसामयिक मित्र संसार है।

राहुलजी ने 1929 में पूँजीवादी और समाजवादी दो मानदंडों की पहचान अपनी जीवन यात्रा में की थी। रोम्याँ रोला ने 1930 में यह देख लिया था कि भारत का लेखक अंग्रेजों की आँखों से दुनिया को देखता रहा है। अपनी डायरी 'रोम्याँ रोला का भारत' में उसने लिखा है : 'लेकिन वे लोग बिल्कुल अज्ञानी हैं। वे इंग्लैंड के अलावा यूरोप के बारे में और कुछ भी नहीं जानते।'

आज 2000 में इस अपने पड़ोसी देशों के कवियों, अफ्रीका के संघर्षशील बुद्धिजीवियों, लातीनी अमेरिका के बदलते हुए कलात्मक संसार के बारे में क्या हम 'अज्ञानी' और 'एकांगी' नहीं हैं ? इस सवाल के साथ मेरी आँखें मुक्तिबोध की तरह तीसरी दुनिया के मित्र-कवियों की खोज पर निकल पड़ती हैं।

दूसरा वर्ग महफिल में क्या कर रहा है, उस पर मैं ध्यान नहीं देता। वह कहीं सरकारी या गैरसरकारी पूँजीवादी 'अनुदान पोषित कला केंद्र' स्थापित करता है, कहीं काले धन की सभ्यता का विशाल तिलिस्म खोजता है। मैं महाजनी सभ्यता के इस कामोद्दीपक तपस्वी कवियों से मुक्तिबोध और नागार्जुन की तरह फासला बनाए रखना चाहता हूँ।

केदारनाथ सिंह और रघुवीर सहाय दोनों मेरे समकालीन कवि थे। केदारनाथ सिंह का गाँव नागार्जुन का ठोस, संघर्षशील गाँव नहीं है। वह अपने गाँव के चेहरों से जो 'संवाद' करते हैं, वहाँ निराला और महंगू, नागार्जुन और रवि ठाकुर, त्रिलोचन और महाकुंभ में आई हुई जनता से किया तीखा, बेघता हुआ, मर्मस्पर्शी संवाद नहीं है। (न मानबहादुर सिंह है, न सुधीर विद्यार्थी का गाँव)।

मुक्तिबोध, नागार्जुन, त्रिलोचन, केदारनाथ अग्रवाल 2000 में भी 'आज के भारत' के प्रतिबद्ध, संबद्ध और आबद्ध कवि हैं। इन प्रगतिशील कवियों के मुकाबले मेरे समसामयिक कवि कहीं आज के भारत से भागते हुए कवि हैं, कहीं कामोद्दीपक कवि हैं, कहीं घटाटोप बाँधते हुए कवि हैं... कहीं विचारों का वमन करने वाले कमजोर दार्शनिक कवि हैं।

निराला, बर्तोल्त ब्रेख्त, मुक्तिबोध अपने अनुभवों को पुनर्निरीक्षण करनेवाले विशिष्ट कवि हैं। नागार्जुन आज के भारत की सबसे त्रासद स्थिति से टकरानेवाले जनकवि हैं। मुझे नहीं पता मेरे समकालीन कवि तीसरी दुनिया के परिवर्तनशील संसार में आज के भारत की भूमिका कहाँ तक पहचान सके हैं। कहाँ वे माओ त्से तुंग

की तरह तीसरी दुनिया के चिंतक हैं, कहाँ पाब्लो नेरूदा की तरह अपनी कविता से तीसरी दुनिया को अपने समय की विचार या भावधारा से जोड़नेवाले कवि हैं। हाँ, राजकमल चौधरी, धूमिल, सर्वेश्वरदयाल सक्सेना ने अपनी भूलों से बार-बार सीखकर अपने कवि के अनुभवों का पुनर्निरीक्षण किया था। धूमिल और सर्वेश्वर (मानबहादुर सिंह, महेश्वर, गोरख पांडे) इस आत्मसंघर्ष में केदारनाथ सिंह और रघुवीर सहाय से अधिक राजनीतिक मिजाज और त्रासद स्थितियों के जनवादी कवि हैं, यही उनकी विशिष्टता है।

नागार्जुन : यथार्थ से साक्षात्कार : एक जिरह

नागार्जुन उपन्यास और कविता में एक ही जमीन पर खड़े नजर आते हैं। वह जमीन है 'अपने समय के यथार्थ से साक्षात्कार की जमीन।' चाहे बुद्ध जैसा इतिहासपुरुष का चरित्र हो, या 'पाषाणी' की त्रासदी हो, या कालिदास का सौंदर्यबोध हो, या विद्यापति की मैथिल संस्कृति हो, या बर्तोल्त ब्रेख्त की आधुनिक प्रगतिशील जमीन हो, नागार्जुन की आँखें लगातार यथार्थ को कसौटी पर कसती हैं, उस यथार्थ का साक्षात्कार करते हुए विडंबनाओं पर टिप्पणी जड़ती हैं।

रतिनाथ की चाची उपन्यास में रति का जन्म और विधवा का भविष्य दोनों का वह साक्षात्कार करते हैं। *बाबा बटेसरनाथ* में वह 'बड़' के इर्द-गिर्द के संसार का साक्षात्कार करते हैं। *बलचनमा* उपन्यास में गाँधीवाद और समाजवाद से मुठभेड़ करते हैं। यह यथार्थ से साक्षात्कार ही नागार्जुन की अनुभूति और विचार, वर्तमान और भविष्य को समझने का आधार रहा है।

अकसर जनकवि नागार्जुन जनाधार और मनाधार की बात करते हैं। क्या था जनाधार : प्रेमचंद और नागार्जुन का। दोनों *असर्यम्पश्या* चिरकुमारियों की घुटकर तिल-तिल मरती जिंदगी का जनाधार खोजते हैं। प्रेमचंद ने कभी कहा था, 'उनका जीवन सपाट मैदान है।' नागार्जुन मनाधार की तलाश करते हुए इस स्थापना को नकारते हैं : 'किसी का जीवन सपाट नहीं होता।' साक्षात्कार करते हुए वह दो बातें आईने के सामने खुद को खड़ा करके बताते हैं।

एक बात है जनाधार की : 'सच्चाई की सारी खटास... कलई खोलती है व्यक्ति का।' दूसरी बात वह अपने मनाधार की तलाशते हैं : 'ठीक तो है, मैं उतना सीधा-सादा नहीं, जितना दिखता हूँ। यह सिधाई, यह सादगी तो बल्कि दोहरी-तिहरी ढोंग हो सकती है। (अ.गु., पृष्ठ 12)

आइए, डांगे, पी.सी. जोशी, सुंदरैया, नंबूदरीपाद, रणदिवे जैसे वाम नेताओं के व्यक्तित्व को 'सच्चाई' के सामने रखकर इतिहास में देखें। यहाँ व्यक्ति की कौन सी सचाई नजर आती है, यह पार्टी दस्तावेजों में नहीं, नागार्जुन की आँखों से परखी

और देखी जा सकती हैं। इसे देखने-परखने का अर्थ है—1935 से 1974 तक इन व्यक्तियों की शव-परीक्षा करना।

पी.सी. जोशी, भवानीप्रसाद मिश्र, त्रिलोचन, रामविलास शर्मा, बनारसी दास चतुर्वेदी, माखनलाल चतुर्वेदी, प्रेमचंद का जीवन सीधा-सादा लगता है, पर क्या मनोविज्ञान या सामाजिक मनोविज्ञान या समाजशास्त्र का अदना-सा छात्र उनके जीवन की छानबीन करने पर उनके व्यक्तित्व में दुहरी-तिहरी ढोंग की कहानी नहीं लिख सकता है। यह कहानी नागार्जुन यानी यथार्थ से साक्षात्कार करने वाला कवि, विचारक ही लिख सकता है।

यथार्थ से साक्षात्कार करने की नागार्जुन की कसौटी के दो आधार रहे हैं : एक वाम दलों का विभाजन और मार्क्सवाद का जनाधार। दूसरा : किसान कवि कुटुंब का कवि होता है।

एक : वाम दलों का विभाजन और मार्क्सवाद का जनाधार।

सोवियत संघ संशोधनवादी है, यह नारा दिया था, सी.पी.आई.एम.एल. के मार्क्सवादियों ने। मार्क्सवादी पार्टी में रणदिवे और सुंदरैया ने, नागार्जुन के मार्क्सवाद पर कभी विचार नहीं किया। सोवियत लाइन और चीनी लाइन का बंदरबाँट देश में जरूर हुआ। नागार्जुन न चीनी लाइन के मार्क्सवादी बने, न सोवियत लाइन के परस्त। वह कभी-कभी इस कोठे से उठकर वाम दलों के दूसरे कोठे में जाते जरूर थे, पर उनका मार्क्सवाद का अनुशासन, उनके विवेक से संचालित होता था।

नागार्जुन लगातार जनता को देखते रहे, जनता ही उनका जनाधार रही, यानी उनके मार्क्सवाद की कसौटी।

इधर 'सरस्वती' को लेकर वाम दलों ने एक मोर्चा बनाया है : भाजपा के खाते में है सरस्वती, और वाम दलों के मोर्चे में है नामहीन ज्ञान का मिथ। मुंबई में गणपति उत्सव का मिथ है, कलकत्ता में दुर्गा। नागार्जुन ने 'सरस्वती का अपमान' एक रपट लिखी थी 22 जनवरी '55 को। उसका प्रसंग उत्तर बिहार का है। उसमें एक ओर है कुंतलीन कवि, दूसरी ओर से लोकगायक थार। अंत होता है उस रपट का : 'जनता ध्यान से थारुओं के उस लोकगीत को सुनती रही जिसमें सूदखोर साहुओं को कोसा गया था। कविवर नहीं लौटे, मगर लोग जमे रहे।

'मैंने मन-ही-मन कुंतलीन कवि को नमस्कार किया—धन्य हो कलाकार। तुम्हें अपना और अपनों का ही गाना-चहकना सह्य है, जनता का नहीं।'

जनता और कलाकार का भेद नागार्जुन के मार्क्सवाद में कभी उलझा नहीं। कलाधर जैसे कवि पंत या अज्ञेय हों, नागार्जुन ने अकसर उनको जनता के सामने कठघरे में खड़ा किया और एक मार्क्सवादी प्रवक्ता की तरह सवाल उनसे पूछे : 'क्यों :

बुनने लगे आँख खुलते ही
ये स्वर्णिम सपनों की जाली

(पीपल के पीले पत्ते, पृ. 18)

जैसे रणदिवे और नंबूदरीपाद ने नागार्जुन से मार्क्सवाद पर कभी सवाल नहीं पूछा, संवाद कायम नहीं किया (जैसा संवाद पी.सी. जोशी ने रामविलास शर्मा से किया था), उसी तरह 'स्वर्णिम सपनों की जाली' बुननेवाले पंतजी ने और अज्ञेयजी ने कभी दुख कैसे माँजता है ? मौन की तुम्हारी व्यंजना क्या है ? भाषा कैसे मुलम्मा छूटने पर लगती है तुम्हें ? अपनी कविता की कसौटी के कठघरे में खड़ा कर नागार्जुन के जनवाद, उनके प्रयोग, उनके वर्णन के जनाधार पर कभी संवाद नहीं किया।

नागार्जुन फिर भी उनको बार-बार 'पूर्वजों की उदारता' के सामने कसते रहे। वह अपनी जनता के सामने उन्हें खड़ा करते रहे। 'माँजो-माँजो' नागार्जुन का 'प्रणाम' माँजनेवालों को नहीं मिला, पर नागार्जुन से दूर हटकर ये लोग अकाल मौत के मुँह में जरूर चले गए। आज ये नेता और कलाधर कवि जनता के सामने कहीं नहीं हैं। नागार्जुन ने अपनी पीढ़ी की ओर से उन्हें आगाह किया था :

"हट जाओ, इनको अवसर दो
पूर्ण हो रही आयु तुम्हारी
तुम हलके, इनका दिल भारी
राह रोककर खड़े न होना
झूठ मूठ के बड़े न होना।"

(पृ. 18, वही)

दो : किसान कवि कुटुंब का कवि होता है।

मुझे लिखे खतों में नागार्जुन के कई घर आए हैं। हर घर में वह एक नाता बनाते हैं। यह नाता उनकी कविताओं में भी है। क्या है कुटुंब के कवि का नाता ? मैंने खुद से पूछा था यह सवाल। मैंने राजेश जोशी को लिखा था वह *कविता का मेरा संसार* पर लिखें। उस समय 'नेवला', 'हरिजन गाथा' जैसी नागार्जुन की कविताएँ मेरे सामने थीं। 4/12/98 को राजेश जोशी ने पूछा था : 'कविता का मेरा संसार जैसा स्तंभ आप शुरू कर रहे हैं। इसका क्या प्रारूप होगा। अगर किसी थोड़े वरिष्ठ कवि से आरंभ होता तो यह आसानी होती कि किस तरह और क्या उसमें समेटना है इसका कुछ रहस्य खुलता। अपनी ही रचना पर लिखने में हमेशा ही एक अजीब-सा संकोच लगता है।'

राजेश जोशी का संकोच स्वाभाविक है। शुक्लजी को 'सकुचि देत' पद जब याद आता था, वह राम के कुटुंब पर सोचते रह जाते थे। (कुटुंब की इतिहास दृष्टि डॉ. रामविलास शर्मा (घर की बात) में नजर आती है, राजेंद्र यादव में नहीं।) मेरे सामने सोचने की दो बातें थीं : एक, विश्व कुटुंब या संयुक्त परिवार या परिचय

नागार्जुन तक जीवित रहा था, मेरे समय में वह भावना टूटने के बावजूद गहरी हो रही थी। दूसरा, वह समीपवर्ती और समकालीन कवि के बीच पीढ़ियों की दूरी आज बढ़ गई है। मैंने इसी पर सोचते हुए 11/12/98 को राजेश जोशी को लिखा था :

'वरिष्ठ कवि नागार्जुन तक 'कविता' विश्व कुटुंब को समेटती थी। वहाँ कुटुंब का नाता ही उनका संसार था।

केदारनाथ सिंह या मेरी 'थोड़े वरिष्ठ कवि' की पीढ़ी में समय को पकड़ने, उससे अपने कवि को जोड़ने का एक प्रयास कविता को माना था।

'तुमने कविता को अपने निजी और सामयिक दौर में एक संसार की तरह खोजा है। यह खोज तुम्हारे लिए न तो रहस्य है, न उसे खोलने के लिए तुमने किसी जादुई यथार्थ की कसौटी गढ़ी है। वह 'संसार' है जहाँ तुम परंपरा से जुड़ते भी हो, और उसे तोड़ते भी हो। इसी तरह यह संसार तुम्हें तलाशता भी है और तुम्हारे समय के भविष्य की खिड़की भी खोलता है। यानी रचना-प्रक्रिया मुक्तिबोध की और संघर्ष तुम्हारा—इसमें न कुछ अजीब-सा है, न संकोच। यह खोजना कि वह संसार क्या है—यही तो ईमानदार कवि की भूमि या संसार है।'

नागार्जुन इन्हीं प्रश्नों पर सोचते हुए पहले किसान रहते हैं, फिर किसान के कुटुंब का अटूट नाता, परंपरा और वर्तमान में तलाशते हैं। यह तलाश ही नागार्जुन को कुटुंब का कवि बनाती है।

‘क्षुब्ध-मथित’ जनता के कवि नागार्जुन

‘नागार्जुन का जन्म 1911 में ज्येष्ठ पूर्णिमा के दिन बिहार के मधुबनी जिले के सतलसा गाँव में हुआ, जो उनके पैतृक गाँव तरौनी (जिला दरभंगा) से बहुत दूर नहीं है।’ अभी 1 नवंबर, 1998 ई. को वाचस्पति ने नागार्जुन को देखकर लिखा था : “मैं 13-15 अक्टूबर में लहेरिया सराय (दरभंगा) बाबा नागार्जुनजी को देख आया। कानों से और आँखों से काम लेने की उनकी क्षमता अब बेहद घट चुकी है। पैर घुटनों में इतने मुड़ गए हैं कि सीधे नहीं होते। गर्म पानी में गीले गमछे से उनकी देह पोंछी जाती है। मकान के बाहर ठीक सामने एक बड़ा कब्रिस्तान है।”

यह कब्रिस्तान उनकी 5 नवंबर, 1998 प्रातः 6.25 बजे पंडासराय में उनके निधन तक कायम रहा। अभी शवयात्रा नहीं उठी थी। पर साहित्य अकादमी का सत्ता संतुलन कायम रखनेवालों ने नागार्जुन को दफना दिया था।

सत्ता का कवच पहनकर ऐसे लोग, न नागार्जुन के साथ कभी ‘पक्षधर’ मोर्चे पर उतरे थे, न कभी संघर्ष में कहीं नजर आए थे। ‘प्रतिबद्ध हूँ’ कविता में नागार्जुन ने लिखा था :

प्रतिबद्ध हूँ
संबद्ध हूँ
आबद्ध हूँ
प्रतिबद्ध हूँ, जी हाँ, प्रतिबद्ध हूँ
बहुजन समाज की अनुपल प्रगति के निमित–

उसी बिहार में, अभी सामंती सेना ने जीते जी खेतिहर मजदूरों के घरों को जीवित समाधि दे दी। यह क्यों हुआ ? इस पर महाश्वेता देवी सोचती हैं (*हंस* संपादक राजेंद्र यादव, लालू यादव से विज्ञापन के लिए समझौता करते हैं महज)। महाश्वेता देवी ने बताया :

“मेरा विश्लेषण है कि पश्चिम बंगाल और केरल को छोड़कर कहीं लैंड रिफार्म यानी भूमि सुधार नहीं हुआ है। यानी भूमि स्वामित्व के मामले में फ्यूडल स्ट्रक्चर

बना हुआ है। पहले जो जमींदार और राजा-महाराजा आदि थे, पूरी जमीन पर वे कब्जा जमाए बैठे हैं। भूमि संरचना यदि मध्ययुग की ही बनी रहे, फ्यूडल रहे, यानी वे समझे कि बाकी तो हमारे नौकर-दास हैं, तो ऐसी स्थिति में महिलाओं को कोई स्वतंत्रता नहीं रहती। मेरा सोचना है कि लैंड स्ट्रक्चर यदि फ्यूडल रहेगा तो पूरे समाज की मानसिकता फ्यूडल होगी और सभी ओर से विरोध उत्पन्न होगा।'' (उत्तर प्रदेश, उपभोक्तावाद का शिकार हो रही हैं महिलाएँ, फरवरी 1999)

हिंदी के आलोचक हैं नामवर सिंह। और महिलावादी संपादक हैं राजेंद्र यादव। दोनों मूलतः फ्यूडल मानसिकता के हैं। हर बार नागार्जुन ने खेतिहर मजूर माना है खुद को। और मध्यवर्ती या सामंती व्यामोह में वह कभी नहीं पड़े। अपने आपको भी 'व्यामोह' से बारंबार उबारने की खातिर...'प्रतिबद्ध हूँ, जी हाँ, शतधा प्रतिबद्ध हूँ।' कहा था यह नागार्जुन ने।

'रेणु' के बाद 'महाजनी सभ्यता' के व्यामोह से लगातार संघर्ष करते रहे श्रीलाल शुक्ल। *रागदरबारी* से *विस्रामपुर के संत* तक वह अपने उपन्यासों में सामंती मानसिकता से ही लड़ते रहे। सामंती मानसिकता से संघर्ष का अर्थ होता है : 'शोषण विरोधी विचारधारा' का पक्षधर होना। नागार्जुन ने बार-बार वामदलों के भटकाव के बीच, अपनी पक्षधर भूमिका तैयार की थी। श्रीलाल शुक्ल स्वीकार करते हैं ''सैद्धांतिक स्तर पर मेरी जो भी सही-गलत अवधारणाएँ रही हों, रचनात्मक स्तर पर जहाँ तक मेरे 'एंड प्रॉडक्ट' का ताल्लुक है, मेरे लेखन में (प्रतिबद्ध लेखकों की तुलना में) कोई मूल अंतर नहीं है।...भारतीय जीवन का चित्रण करते समय आप उसके संघर्ष, उसकी वंचना, उसकी दुरवस्था—इन सबसे अपने को बचा नहीं सकते और आप बचाना चाहें, यानी यदि आपकी सैद्धांतिक अवधारणाएँ ऐसी हैं जो आपको वंचित के साथ, शोषित या कमजोर के साथ नहीं जोड़ती, तब यही होगा कि आपकी सैद्धांतिकता के ऊपर आपकी संवेदनशीलता हावी हो जाएगी, आप नहीं बचा पाएँगे। लूकाच ने ऐसा एक क्लासिकल उदाहरण बालजाक का उद्धृत किया है।'' (उत्तर प्रदेश, जनवरी '99)

आलोचकों ने अकसर लूकाच की आलोचना और नागार्जुन की संवेदनशीलता और सैद्धांतिक अवधारणाओं पर लीपा-पोती ही की है। जैसे भूस्वामियों के बचाव में काँग्रेस, लोकदल, भाजपा, माकपा कायराना रुख अख्तियार करती है। बिहार की राजनीति जाति की नहीं, सामंती मानसिकता से लड़ाई की है। कोई दल नागार्जुन की तरह खेत मजदूर, युवक और नारी की 'क्षुब्ध-मथित' बातें सुनकर उस पर बहस करने को तैयार नहीं है।

नागार्जुन, 'क्षुब्ध-मथित' कवि और कथाकार हैं। उन्हें पानी पीकर कोसनेवाले डॉ. बच्चन सिंह *(आलोचना)*, डॉ. विजयमोहन सिंह *(हंस)* जैसे आलोचक यह नहीं समझ सके। न तो यह आलोचक सामंती मानसिकता से आत्मसंघर्ष करते हैं—श्रीलाल

शुक्ल की तरह, न वे जन आंदोलन के 'खुद है साक्षी' नागार्जुन-से।

डॉ. कर्णसिंह चौहान लूकाच के 'समकालीनता' का अनुवाद करते हैं भारत में। बलचनमा, रतिनाथ की चाची, उग्रतारा के 'क्षुब्ध-मथित' चरित्रों पर वह बहस करने की भूमिका बाँधते हैं।

आलोचक, नागार्जुन या ब्रेख्त, नागार्जुन या पॉब्लो नेरुदा, नागार्जुन या वॉल्ट ह्विटमैन की जनपक्षधरता, सामाजिक हिस्सेदारी और जनवाद पर बहस करने से कतराते रहे हैं।

नागार्जुन इन लेखकों की तरह ऐसे यात्री कवि हैं, जिनकी आँखें जनता को देखती हैं, जनता से संवाद करती हैं, जनता में जनवाद और क्रांति की मंजिलें पचास साल से तलाशती रही हैं।

नागार्जुन का यात्री, जयदेव, विद्यापति, कल्हण और कालिदास का अनुवादक या अनुकर्ता नहीं है। वह अपने अनुभव से उनकी सुरुचिपूर्ण जन-परंपरा को खंगालता है और काम की चीज—छंद, संवेदना, बिंब, सिद्धांत—उससे चुनता है। इसीलिए नागार्जुन कहते हैं : 'देश-विदेश पूरा दुनिया-जहान, धांग आया हूँ मैं...'

यह धांगे आनेवाला नागार्जुन 'जोड़ा मंदिर' कविता में पति-पत्नों के 'एक प्राण दो देह' की स्मृति-कथा लिखते हैं।

अडवानी 'नक्सलियों' के जन-आंदोलन को सेना से कुचलने का हिटलरी आर्डर निकालता है और नागार्जुन उन्हें 'अग्निबीज' कहता है और बताता है, जमीन के यह सही साथी इस 'जन-युग' के बोधिसत्व थे और रहेंगे।

भू-स्वामियों और भाजपाई सरकार की सेना, जनता के संघर्ष को रोक नहीं सकी, न जनता को जलाकर, बलात्कार आदि यातनाएँ देखकर उनके मनोबल को तोड़ सकी। 'भोजपुर' कविता लिखकर नागार्जुन स्वीकार करते हैं :

भूमिपुत्र के संग्रामी तेवर लिखने दो
पुलिस दमन का स्वाद मुझे भी तो चखने दो।

नागार्जुन के नथुनों में इसी जनता की महामुक्ति की अग्निगंध भरी हुई थी। वह जेल में 'नेवला' कविता का सजीव नाटक देखें (1976) या चंदू को अपने 'सपने' की बात बताएँ (1976)। वह जन 'इम्तिहान' के सच्चे कवि थे। वह कोरे हमदर्द शहरी कवि नहीं थे। 'शालवनों के निविड़ टापू में...' (1973) जनवाद की खोज करने वाले यह आदिवासियों के दोस्त कवि थे। 'हरिजन गाथा' लिखकर नागार्जुन ने अपनी लंबी जीवन यात्रा से जनकविता की कसौटी तैयार की है। जनवादी जिरह के वह बेजोड़ कवि हैं और रहेंगे।

जन कविता की कसौटी हैं नागार्जुन

नागार्जुन की हँसी को आलोचक-कवि डॉ. रामविलास शर्मा ने पहली बार अस्तित्ववादी कवियों के समानांतर रखकर देखा-परखा था। वह हँसी आज भी अपरिभाषित हँसी है। जैसे भारत में 'मार्क्सवाद' आज भी नया है। भारतीय इतिहास के संदर्भ में उसका पुनर्परीक्षण आज और भी जरूरी हो गया है।

नागार्जुन ठेठ किसान है। किसान-पुत्र नागार्जुन में जितना साम्यवाद का सारतत्व है उतना ही वहाँ किसान का 'पैथास' भी मिलता है। यह पीड़ा दर्दी-किसान रेणु में लयबद्ध है। प्रेमचंद में वही किसान बेचैन दार्शनिक है। नागार्जुन अपने भीतर झाँककर जब हँसते हैं तो वहाँ जनवादी किसान के 'लोअर डेप्थ' का गहरा अनुभव नजर आता है। अपने किसान-पुत्र के अनुभव पर जब नागार्जुन सोचते हैं तो वह कहीं बेचैन लोकायत दार्शनिक लगते हैं और कहीं बेचैन क्रांतिकारी।

नागार्जुन के जनवाद की जड़ें विशाल हिंदी क्षेत्र—पंजाब, हिमाचल प्रदेश, हरियाणा, दिल्ली, राजस्थान, उत्तर प्रदेश और बिहार की मिट्टी में उभरी हुई नजर आती है। नागार्जुन का जनवाद न सीपीएम की जनवादी रणनीति है, न सीपीआई का प्रगतिशील ठहराव-भरा संकट। वे अपनी जनवादी बेचैनी से गुजरते हुए उड़ीसा, प. बंगाल, कर्नाटक, कश्मीर और असम की सरहदों को पार कर जाते हैं और यहाँ अपने मित्र बना लेते हैं। जबकि विशाल हिंदी क्षेत्र में पिछले चालीस साल में न भारतीय कम्युनिस्ट पार्टी जन आंदोलन का नेतृत्व कर सकी है, न मार्क्सवादी कम्युनिस्ट पार्टी का जनवाद अपनी जगह बना सका है। नागार्जुन जहाँ जगह नहीं मिलती—गंदी बस्तियों में, पटरी पर, बस में और ट्रेन में, वहाँ भी अपनी बातों से न केवल जगह बना लेते हैं, बल्कि ज्यादातर लोग उनके भाई, बेटे और मित्र बन जाते हैं। यही नागार्जुन की मानवीय हँसी का जनवादी संस्करण है।

नागार्जुन की हँसी में क्या नहीं है ? नफरत की धधकती भट्ठियाँ, प्यार का अनूठा रसायन, अपूर्व विक्षोभ, जिज्ञासा की बाल-सुलभ ताजगी, ठगे जाने की प्रायोगिक सीधाई, वंचितों के प्रति अथाह ममता (इन धुच्ची आँखों में)। नागार्जुन ने बर्तोल्त

ब्रेख्त की 'इन धुच्ची आँखों में' झाँककर जो कुछ देखा-परखा था, इस अनुभव से ही मुझे जनवादी कविता का सौंदर्यशास्त्र बनता नजर आता है। आजादी के बाद हिंदी के अधिकांश नए कवि दरबारी और दलाल बुद्धिजीवी होते गए। नागार्जुन का संस्कारी कृषक-पुत्र वहीं जन-जन की पारदर्शी जिज्ञासा में झाँककर 'सब की छवियाँ' अंकित करता रहा।

हिंदी आलोचकों ने, अपनी मनपसंदगी को मानदंड बनाने की हठ-सी ठान रखी है। ये मार्क्सवादी आलोचक, नागार्जुन की 'नफरत की धधकती' राजनीतिक कविता को कभी उछालते हैं। कभी उनकी पत्रकार कविता के 'अपूर्व विक्षोभ' से बिदककर अपने काव्यशास्त्र को सीमित बनाने में लगे हैं। नागार्जुन फिर भी आलोचकों के हाथों कभी सीमित नहीं हुए। न जन-जन के उनके प्यार के अनूठे रसायन में कमी आई, न जन-जीवन के विशाल परिदृश्य से वह दूर हटे, न उनकी जनकवि की जिज्ञासा की बाल-सुलभ ताजगी में कमी आई।

आजादी के बाद देश में दो व्यवस्थाएँ हैं। एक सरकारी व्यवस्था, दूसरी सेठाश्रयी व्यवस्था। दोनों व्यवस्थाओं में 'जमा हुए नया कवि' जनता से दूर होता जा रहा है। अपने बचाव में उसने कविता के अनूठे खेल-खेले भी हैं। नए-नए सिद्धांत गढ़े हैं। यह आज की उस 'महाजनी सभ्यता' का खतरा था, जिसे प्रेमचंद ने बहुत पहले देख लिया था। मुक्तिबोध और नागार्जुन जैसे मार्क्सवादी कवियों ने उस खतरे का अपने-अपने तरीके से सामना किया।

अंग्रेजी मानसिकता की गुलामी ने आजादी के बाद मध्यवर्ग में व्यक्तिवाद की जड़ें जमाईं। मध्यवर्गीय कवियों में इसी नाते आजादी के बाद दो प्रवृत्तियाँ पैदा हुईं। एक प्रदर्शनप्रियता की और दूसरी पराजयवादी की। सरकारी और सेठाश्रयी व्यवस्थाओं में मध्यमवर्ग का कवि इसी नाते 'सुरक्षित जीवन जीने' का आदी होता गया।

आजादी के बाद मध्यवर्ग का पराजयवादी और प्रदर्शनप्रिय कवि जहाँ विचारहीन और अतिरंजित दरबारी मानसिकता का गुलाम होता गया, वहीं नागार्जुन की जनवादी समझ और उनकी निजी हँसी, उसे अधिक पारदर्शी बना चुकी है। नागार्जुन की भाषा अधिक सरल है। जन-जन से उनका अनूठा प्यार उसे अथाह जनवादी ममता का कवि बना रहा है। नागार्जुन बर्तोल्त ब्रेख्त की आँखों में झाँककर जहाँ दूसरे महायुद्ध के बाद की तबाही के बावजूद 'जनवादी चेतना का सौंदर्यशास्त्र' खोजते हैं, वहीं उन्हें अपना संसार कभी नहीं भूलता है। खेतों में धान रोपते किसान और अपने देश की महक रही सोना माटी नागार्जुन को अपूर्व और अनुपम लगती है। आज तक नागार्जुन का यही संसार है। इसी देश की जनता के दिन रात के अनन्य जन-कवि हैं नागार्जुन। हिंदी में रेणु और नागार्जुन एक ही मिट्टी के रचनाकार हैं। इनकी रचनाओं में 'सबकी छवियाँ अंकित, सबके स्वर हैं टेपित।' रेणु के *मैला आँचल* उपन्यास पर नागार्जुन की यह आत्म-स्वीकृति है। 'कृषक-पुत्र मैं, तुम तो खुद दर्दी-

किसान हो।' विद्यासागर नौटियाल को भ्रम है कि रेणु फ्रायडवादी या 'सत्तापरस्त' समाजवादी रहे हैं।

प्रेमचंद के बाद आजाद देश का यह 'दर्दी-किसान' धीरे-धीरे बदला है। स्वामी सहजानंद सरस्वती और महापंडित राहुल सांकृत्यायन के साथ देश का 'दर्दी-किसान' आंदोलनों में हिस्सेदार होकर योद्धा-किसान बना था। उसने सामंती सभ्यता की बंधुआ मजदूर की जिंदगी से आजादी पाने के जो भी 'प्रयोग' इस देश में किए, वह उसकी सीधाई के कारण असफल जरूर होते रहे। देश के असफल और ठगे जाते ऐसे ही किसान इतिहास के भीतर नागार्जुन का जनकवि बसता है।

आज नागार्जुन के सपने में झाँककर आप हिंदी के विशाल क्षेत्र के किसान का अपूर्व विक्षोभ, जिज्ञासा, सीधाई और अथाह ममता की कहानी पढ़ सकते हैं। देश का किसान, सच्चे अर्थों में नागार्जुन-सा स्वाभिमानी है। जन आंदोलन छिड़ने पर विशाल हिंदी क्षेत्र के किसान ने बता दिया है, उसमें आजादी हासिल करने की 'अकूत सांगठनिक' शक्ति है।

मध्यवर्ग का दलाल बुद्धिजीवी और पराजयवादी कवि जहाँ आजादी के बाद सुविधा में बौना और सीमित होता गया, वहीं नागार्जुन अपनी बाल-सुलभ हँसी में विशाल से महाविशाल होते गए। नागार्जुन की आस्था कृषक-पुत्र की आस्था है, जो गोआ तट का मछुआरा भी है। केरल का 'ओणम' जिसका निजी पर्व है। और जिसके स्वभाव की 'भावुकता मिश्रित बुद्धूपन' पर मध्य वर्ग की 'अघाई हुई पतित' बुद्धिजीवी जमात सिर्फ मुस्कराती रही है।

मध्यवर्ग का संवेदनशील बर्तोल्त ब्रेख्त, अपराजेय निराला, यात्रा की प्रवृत्ति का कालिदास, खतरा उठाकर शीतयुद्ध से लड़नेवाला मुक्तिबोध और 'छल से जिसको सहज घृणा है' वह भारतीय कविता का विद्रोही कबीर जहाँ एक होते हैं उस मिलनस्थल का नाम है—नागार्जुन। उनकी आस्था की पहचान है, एक किसान भारत की छवि :

> मैं तो वह कच्छी किसान हूँ
> लवण उदधि का खारा पानी
> मुझसे बार-बार हारा है...

नागार्जुन के जनकवि को बिके हुए बुद्धिजीवी जमात की तटस्थता, डर और सड़ांध से भरपूर घृणा है। नागार्जुन सक्रिय जनवाद के पक्षधर कवि हैं। 'संग तुम्हारे साथ तुम्हारे' कविता में वह उसी जनता से आजादी के बाद संवाद करते हैं जो गोली का शिकार हुई है। जो जनतंत्र की 'प्रायोगिकता की सीधाई' के बावजूद 'वर्ग शत्रु' से कभी हारी नहीं है। बड़े दृढ़निश्चय के साथ नागार्जुन का जनकवि कहता है :

> हाँ-हाँ भाई मुझे भी तुम गोली मारो
> बारूदी छर्रे से मेरी सद्‌गति हो...
> मैं भी यहाँ शहीद बनूँगा...

कविता के अंत में वह जनवादी कविता की व्याख्या करते हैं :

मैं न अभी मरने वाला हूँ
मर-मरकर जीने वाला हूँ...

आज बहुतेरे जनवादी कवि सिर्फ कविता के नाम पर सिद्धांत बखान रहे हैं। कुछ जनवादी कवि उच्च वर्ग में सुविधा का 'ललित लोकायतन' बनाकर अपनी उच्छृंखलता को महाजनी बाजार में (जैसे दूरदर्शन और रेडियो में) बेचने में लगे हैं। कुछ जनवादी कवि वाम दलों में 'पार्टी लाइन' की अपनी मूर्ति स्थापित करने में लगे हैं। जनवाद के भटकाव के ऐसे बहुतेरे स्कूल आज हैं। ऐसे जनवादी कवि धीरे-धीरे बस जनता के लिए दुर्लभ होते जा रहे हैं। ये बंद जनवाद के कवि हैं। उन्हें नागार्जुन का खुलापन कभी रास नहीं आया। नागार्जुन जनवादी कवि की भूमिका बताते हैं :

गाल गाल पर
दस दस चुंबन
देह-देह को दो आलिंगन
आदि सृष्टि का चंचल शिशु मैं
त्रिभुवन का मैं परम पितामह
व्यक्ति व्यक्ति का निर्माता मैं

जनकवि लोकहृदय में विचरण करता है। वह सबके लेखे सदा सुलभ रहता है। वह इतिहास का विराट पुरुष भी होता है और निम्न वर्ग का अदना इनसान यानी वामन भी। नागार्जुन का जनकवि यह जानता है कि 'महाकाल भी निगल न पाए' यही इतिहास का अनूठा सत्य है, उसका है।

गोआ तट, कश्मीर, मिथिला और जहरीखाल हर जगह जनकवि अपने दोस्त खोज लेता है। दोस्त भी ऐसे जो उनसे कानाफूसी करते हैं। साधारण जनों की कहानी कहते हैं। उनके पहाड़ी ग्रामांचलों की घंटियाँ सुनते हैं।

नागार्जुन की कविता में लोकतत्व हैं। कहीं उनकी कविता में लोकनाटक रात-रात-भर चला करता है। कहीं शाम से ही बतकही शुरू हो जाती है। कहीं किस्सा-कहानी। कभी खत्म ही नहीं होती। कविता का यह लोक 'स्थापत्य' 'रात्रि के अंतिम प्रहर' तक तालमय क्रमबद्ध रहता है। यह तालमय और क्रमबद्ध जनकविता का स्थापत्य, नागार्जुन के यहाँ ही सबसे अधिक क्यों नजर आता है ? क्योंकि 'बाघ आया उस रात' कविता में नागार्जुन बच्चों के संसार में जाते ही विस्मय विमुग्ध शिशु बन जाते हैं। 'जंगलों में' कविता में वह बाघिन बेचारी को मध्य रात्रि में वात्सल्य से चक्कर लगाते देखते हैं। बाघ को शिकार पा जाने पर फौरन लौटते देखकर सोचते हैं, घर का संस्कार प्राणिमात्र का स्थायी भाव होता है।

जनकवि नागार्जुन 'किसी का आर्तनाद, सुनकर मुँह फेरकर सो नहीं सकते। वह देखते हैं यह आर्तनाद 'भीतर दुखा जता है मेरा दिल।' यह जनकवि का दिल

है जिसके कई बार टुकड़े-टुकड़े हुए हैं। कई बाद 'दुर्गंधित कीचड़ की मुलायम सेज पर लेटी मादा सूअर' ने अपनी अंतर-पीड़ा जनकवि से बताई है।

'वसंत क्या होता है
मालूम नहीं
बरफ की सफेदी, चिनार, देवदार, अखरोट
मैं कुछ तो नहीं जानती, हाँ ठंड से बेहद घबराती हूँ मैं
तब मेरे बच्चे मेरे पास नहीं होते
हाँ, होते हैं लेकिन
लाल-सुर्ख गालों वाले भले मानुषों के तन-मन का
जिंदा हिस्सा बन चुके होते हैं
श्रीनगर से वापस जा चुके होते हैं।'

नागार्जुन की दोस्ती ऐसे ही निम्न वर्ग के प्राणी और बच्चों से यानी उनके बाद की पीढ़ी से बड़ी जल्दी कायम हो जाती है। बच्चों की सीधी, सरल और पारदर्शी आँखों की तरह नागार्जुन का जनवाद भी पारदर्शी है। कबीर, तुलसीदास, सूरदास, मीरा, विद्यापति, निराला हर श्रेष्ठ आलोचक के लिए आज भी एक चुनौती हैं। नागार्जुन की कविता का जनवाद इसलिए मार्क्सवादी और गैर-मार्क्सवादी, परंपरावादी और आधुनिकतावादी आलोचकों के लिए एक ठोस चुनौती है।

नागार्जुन और मुक्तिबोध का अंतर्मन, आलोचकों के बंदरबाँट की सीमा की गहराई से जाना जा सकता है। 'आखिर ऐसा क्या कह दिया मैंने' इस संग्रह की अंतिम कविता है। मूलतः यह नागार्जुन के स्वभाव का ईमानदार हृदय-पटल है। यही आज के जन-जन के अंतर्मन की (कोमल)... मुलायम कविता की भाषा है।

नागार्जुन अपने स्वभाव-सी खरी जनवादी कविता लिखकर कहीं यांत्रिक आलोचकों को रोकते हैं। 'कविता की ऐसी व्याख्या करोगे तो कवि और जनवादी कविता का दम ही घुट जाएगा।'

कहीं खेमों में बँटे मार्क्सवादियों (दलीय नेता और सिद्धांतकारों) को वह आगाह करते हैं—

हमें यहाँ नहीं गोदो
टंकित नहीं करो यहाँ
नहीं बिल्कुल नहीं
प्लीज हमारे साथ
यों बल प्रयोग न करना।

कवि का विशेषतौर पर—क्लासिक कवि का—अपना स्वभाव होता है। वह अपने स्वभाव के नाते दलों के दस्तावेजों में टंकित नहीं होता। बल-प्रयोग से उसे रूस-विरोधी या चीन-समर्थक, इंदिरा गाँधी का दरबारी या मध्यप्रदेश कला-भवन का

'काम चलाऊ कबीर' यानी रेडीमेड कवि बनाकर पेश नहीं किया जा सकता है।

नागार्जुन की कविता आलोचकों के काव्यशास्त्र को—उनके 'शास्त्र के बल प्रयोग' को नकारती है। वह सीधे अपना दिल, अपने जैसे जन में ढाल देती है और कहती है—'कविता न तो रणनीति का खेल है, न दिलहीन ढाँचा है, न दिमागहीन आदमी का शास्त्रीय पुतला है ?'

जनवादी कविता की व्याख्या उसका कवि नागार्जुन, मुक्तिबोध और शमशेर-सा आम संघर्ष से खुद-ब-खुद करता है :

हमें एक-एक दिल के अंदर डालते चलो
गोदते चलो
एक-एक हृदय पटल पर
मैं तो विचरण करूँगी
दिलों वाली नदी
सैंकत पुलिन पर
टंकित होऊँगी
दीन-दुखियों के मानस पटल पर।

आधुनिकता और समकालीन कविता की पक्षधरता

जहाँ भी स्नेह या संगर
वहाँ पर एक मेरा
छटपटाता वक्ष। धरती के विकासी
द्वंद्व क्रम में मेरा पक्ष-निस्संदेह।

—मुक्तिबोध

आधुनिकता के बहाने समकालीन कविता का यह छटपटाता हुआ वक्ष वास्तव में मुक्तिबोध की पक्षधर कविता का आत्मपरक रचना-संसार ही था। इसी संसार से जुड़ा कविता के समकालीन परिदृश्य का सवाल था : कैसी है अपनी धरती के विकासशील द्वंद्व-क्रम की हमारी सभ्यता ? यह सार्वभौम मूल्य है। इसी अर्थ में आधुनिक कविता एक सार्वभौम मूल्य है। मैक्सिको का कवि ओक्तावियो पाज़ भी अपने देश का आधुनिक कवि है। और हिंदी के मुक्तिबोध भी।

यूरोप में आधुनिकतावाद के पीछे सभ्यता के दो खेमे थे। दोनों आमने-सामने थे। एक को रूपवाद और व्यक्तिवाद की आधुनिकता कहेंगे। दूसरा मार्क्सवाद है। दूसरे महायुद्ध के बाद विश्व पूँजीवाद और समाजवाद के दो खेमों में विभाजित हो गया था। विशेष तौर पर जर्मनी, फ्रांस, इटली और अमेरिका तथा जापान में पूँजीवाद की पद्धति के संपन्न देश आते थे। इसके मुकाबले पूर्वी यूरोप, चीन, क्यूबा, वियतनाम, कोरिया, मंगोलिया और सोवियत संघ जैसे समाजवादी देशों के विकास का धरातल विषम था। इन समाजवादी देशों में केंद्रीय समाजवादी देश सोवियत संघ था। यूरोप के इस विभाजन ने हमारे देश में तथा आजादी के बाद के एशियाई देशों को भी इसी दृष्टि से आमने-सामने खड़ा कर दिया था। सोवियत संघ के विघटन के बावजूद उसमें बहुत कम फर्क आया है।

आजाद एशियाई देशों में भी 1945-46 से 1950-51 तक एक राष्ट्रीय मुक्ति और समाजवादी रुझान का लेखन पैदा किया। इस समय तक *तारसप्तक* के ज्यादातर

कवि कम्युनिस्ट पार्टी के सक्रिय हिस्सेदार भी थे और मार्क्सवादी मूल्यों पर वह आस्था भी रखते थे।

आजादी के बाद पहली बार यह सवाल पैदा हुआ कि भारत पूँजीवाद और समाजवाद के बीच में कैसा आधुनिक देश होगा ? क्या भारत पूँजीवादी रुझान का कृषि प्रधान और पिछड़ा देश होगा ? पहली पंचवर्षीय योजना के साथ मूल रूप में यही सवाल नेहरू के सामने था। तकनीकी सुविधाओं के विकास के नाते नेहरू पूँजीवादी देशों की ओर देख रहे थे और सुनियोजित राष्ट्रीय योजना के तहत समाजवादी देशों से वह अपना लगाव कायम कर रहे थे। नेहरू का यह विभाजित व्यक्तित्व था। मिश्रित अर्थव्यवस्था उसी विभाजक व्यक्तित्व को जोड़नेवाली आधुनिक भारत की कड़ी थी। आज बहुराष्ट्रीय कंपनियों का भारत गुलाम है।

ऊपर मैंने ओक्ताावियो पाज़ और मुक्तिबोध की बात इसीलिए रखी थी। भारत में समकालीन कवियों में मार्क्सवादी सौंदर्य के प्रतिनिधि मुक्तिबोध थे और आज भी हैं।

एक विशिष्ट कवि की स्वाधीनता और कलात्मक कविता को इस संदर्भ में याद रखना आवश्यक है। वह कवि है लैटिन अमेरिकी देश चिली का कवि पॉब्लो नेरूदा। लैटिन अमेरिकी देशों में उस समय जनता क्रांतिकारी संगठन में बड़ी-से-बड़ी कुर्बानी देकर पूँजीवादी और साम्राज्यवादी ताकतों से मुक्ति की लड़ाई लड़ रही थी।

तुर्की में नाजिम हिकमत, जर्मनी में बर्तोल्त ब्रेख्त इन्हीं क्रांतिकारी कविताओं के आधुनिक प्रगतिशील कवि हैं। मुक्तिबोध अपनी मृत्यु तक इन्हीं कवियों के साथ पूँजीवादी कविता के व्यक्तिवादी और जन-विरोधी मूल्यों से संघर्ष कर हिंदी में अंतर्राष्ट्रीय कविता की भूमि तैयार कर रहे थे। इस अंतर्राष्ट्रीय कविता में न नागार्जुन आते हैं, न केदारनाथ अग्रवाल। यह दोनों कवि तब तक पार्टी लाइन के कवि थे।

इसी माने में अंतर्राष्ट्रीय कविता में आधुनिकता एक सार्वभौम मूल्य है। भारत ने मिश्रित अर्थव्यवस्था के माध्यम से पूँजीवाद और साम्राज्यवाद के बीच की योजना के अधीन अपने को आधुनिक विकासशील देश बनाया। यहाँ से यह द्वंद्व पैदा हुआ कि क्या तकनीकी उपकरण और साधन कवि को आधुनिक बनाते हैं ? या आधुनिकता एक राष्ट्रीय विकास का जातीय सवाल है। नागार्जुन इसी जातीय सवाल के कवि थे।

कविता के आधुनिक सार्वभौम मूल्य में यहीं से नकारवाद का एक दृष्टिकोण आधुनिकतावाद में पनपता है। इस नकारवाद का आधुनिक कविता में एक पहलू यह था कि दर्शन में मार्क्सवाद और संगठन में कम्युनिस्ट पार्टी और निम्न वर्ग के संघर्ष को नकारा जाए। जीवनानंद दास ने इसी नकारवाद के अधीन बांग्ला कविता से नज़रूल इस्लाम को नकारा था। यह बात अपने लेख में उन्होंने लिखी थी। हम इतिहास में इस नकारवाद की भूमिका को आज के रूस और पूर्वी यूरोप में देखते

हैं जहाँ जनवाद और समाजवाद, पूँजीवादी मार्केटिंग और समाजवादी अर्थनीति को लेकर बहस चल रही है। जिस तरह यूरोप में पूर्वी यूरोप और रूस आज समाजवाद की पद्धति पर शंका प्रकट कर रहे हैं उसी तरह भारत में भी यह सवाल '70 के बाद की कविता में फिर से बहस का विषय बना हुआ है कि समकालीन कवि इतिहास का हिस्सेदार कवि होता है या वह व्यक्तिवादी अभिरुचि के कला-मूल्यों का मात्र अनुकर्ता है। आज मूलतः '70 के बाद का कवि दो बातें देख रहा है। एक, प्रगतिशील लेखक संघ जैसे संगठन या निम्न वर्ग की हिस्सेदारी से ही कविता का प्रगतिशील मूल्य निर्धारित नहीं होता। दूसरे, हर प्रगतिशील कवि आधुनिक तभी होता है जब वह परंपरा और विकासमान देशों के बीच कविता की अपनी भूमिका तलाश करता है।

आज जो भी कवि कविता की जमीन पर जीवित हैं वे सभी समकालीन कवि नहीं हैं। कवि के स्वभाव के अनुसार हमें यह देखना हैं कि कौन कवि, सार्वभौम मूल्यों के आधुनिक कवि हैं ? क्यों दलगत संकीर्णता के बाहर सौंदर्य के स्तर पर कविता की एक प्रगतिशील भूमिका को मुक्तिबोध के बाद के कवियों ने स्वीकारा है ? जो कवि आज जनता से जुड़ा हुआ है वही प्रगतिशील होने के नाते इस देश का आधुनिक कवि क्यों है ?

आधुनिकता समय सापेक्ष शब्द है। हमारी पंचवर्षीय योजना जिस हद तक जन आधार तैयार करती है उस आधार पर हम अपने देश के विकासशील मूल्यों के आधुनिक प्रवक्ता कहलाते हैं। अमेरिका के जहाजों के मुकाबले ईराक और भारत के जहाज कितने प्रगतिशील या आधुनिक हैं यह आधुनिकता का एक तकनीकी पक्ष है। कविता समग्र जीवन की प्रगतिशील मूल्य होती है। अपने-अपने देश के ऊपर आक्रमण करनेवालों से राष्ट्रीय स्तर पर कविता अपनी रक्षा करती है। सार्वभौम आधुनिकता के साथ समकालीन मूल्य हर बार देश और काल के साथ बदलते रहते हैं। समकालीन कवि इसलिए अपने देश में समकालीन होता है क्योंकि वह उस देश के लिए समग्र जीवन का कवि होता है। समग्र जीवन में न तो समकालीन कवि राजनीति को नकारता है और न वैज्ञानिक दर्शन और न व्यक्ति की निजी अनुभूति की उपेक्षा करता है और न बहुसंख्यक आधार को आधुनिक भारत के काव्य से बाहर रखना चाहता है।

मुक्तिबोध इसी संदर्भ में धरती के 'विकास द्वंद्व-क्रम' में अपनी सभ्यता के पक्ष को और पूँजीवादी सभ्यता के द्वंद्व-क्रम को परखते हैं। आज यूरोप से भारत तक मार्क्सवाद के बहुत से काव्य मूल्य या तो बदल गए हैं या उनकी पुनर्परीक्षा की जा रही है। यह पुनर्परिक्षण ही आज के समकालीन कवि का एक निजी संसार भी उसकी कविता में खोलता है। उस कवि से लगा-लिपटा गाँव, घर, देश और विदेश का संसार भी नजर आता है। एक समय यह सरलीकृत भ्रम था कि कम्युनिस्ट पार्टी के सदस्य होते ही कवि या लेखक आधुनिक और प्रगतिशील हो जाता है।

यह भ्रम टूट चुका है।

कविता चिंतन में एक भ्रम आधुनिकता के नाम पर रूपवादियों ने भी गढ़ा है। आधुनिकतावादी (उनसे आगे बढ़कर उत्तर आधुनिकतावादी हैं महज़ वक्रोक्तिवादी) शब्द और वाक्य यानी भाषा की वाचिक या लिखित शैलियों को ही अच्छी कविता का निष्कर्ष मानते थे। आज का कोई कवि व्याकरण के अनुशासन से अच्छी कविता नहीं लिखता।

भाषा का यह रूपवाद मूलतः कवि, उसके जीवन-संघर्ष और समाज से जन-भाषा को नकारने का आधुनिकतावादियों का एक सिलसिला है। इसे साफ करना आज आवश्यक है। राजकमल चौधरी संस्कृत, मैथिल, हिंदी और बंगला भाषाओं में निष्णात था। उनके बाद के कवियों में भाषा के ये 'संस्कार' नहीं मिलते। धूमिल के यहाँ राजकमल के मुहावरे जरूर मिल सकते हैं।

राजकमल की भाषा में जो प्रांजल और परिमार्जित मैथिल, संस्कृत और बंगला के भाषायी संस्कार मिलते हैं, धूमिल में वह संस्कार नदारत हैं। त्रिलोचन अवधी की परंपरा के अध्येता हैं। रघुवीर सहाय न अध्येता हैं और न पंडित कवि।

जनता का विनोदी स्वर पढ़ीस में मिलता है। लेकिन त्रिलोचन के 'अमोला' के बरवै में लोक में प्रचलित व्यंग्य-विनोद का ऐसा अनुभव नजर नहीं आता। नागार्जुन के स्वभाव में व्यंग्य और विद्रूप का अनूठापन है। शब्दों के दोहराव से चरित्रों का कार्टून बनाने के कौशल से, राजनीति और परिवार की विडंबना से नागार्जुन जितने समग्र जीवन के चरित्र हमें देते हैं, वैसे चरित्र न रघुवीर सहाय की कविता में नजर आते हैं और न सर्वेश्वर की क्रांतिकारी कविताओं में मिलते हैं और न ही केदारनाथ सिंह की गँवई ताने-बाने में लिखी गई नई कविता में है।

मैं यहाँ दो बातों को विशेषतौर पर रख रहा हूँ, एक कवि की भाषा में उस कवि के स्वभाव का निजीपन और उस कवि का लोकपक्ष, दोनों होता है। दूसरा है, कविता का विचार पक्ष। विचारों को नकारकर या भावों की उपेक्षा करके कवि अनुभव की कमी से सिर्फ लोक में मजाक या चौंकानेवाली चीज बन सकता है। इधर की कविता में अनुभव की कमी के कारण सरलीकरण और ''टापिकल'' कविता लिखने का खतरा बढ़ा है।

ब्रेख्त ने समकालीन कविता को एक नया मुहावरा दिया। मुक्तिबोध ने फंतासी के बीच बदलते हुए भारत का एक त्रासदी सत्य उद्घाटित किया। मुक्तिबोध के बाद की नई पीढ़ी में विजेंद्र, राजेश जोशी, अरुण कमल, मनमोहन, ज्ञानेंद्रपति, आलोक धन्वा, मंगलेश डबराल आदि इसी माने में समकालीन कवि हैं। (आप चाहें तो विष्णुचंद्र शर्मा को समकालीन कवि मान सकते हैं।) वे समकालीन भारत को समग्र रूप से टटोल रहे हैं। इसे ही मुक्तिबोध ने कविता का द्वंद्व-क्रम कहा है। निजी तौर पर आज का हर शहरी और गाँव का कवि बेचैन कवि है। मुक्तिबोध के बाद का पूँजीवादी

संकट जटिल और अधिक मारक हुआ है। कवि इन स्थितियों में आधुनिक भारत की जो परिकल्पना करता है, पूँजीवादी सभ्यता उसी सभ्यता को रोज ध्वस्त करती है। इस माने में आज का कवि, मुक्तिबोध की परंपरा में अधिक निजी अंतःसंघर्षों का कवि है।

शुक्लजी के एक पक्ष पर ध्यान दें। ई.ई. कमिंग्स यूरोप का इमेजिस्ट कवि था। रूपवाद की या प्रयोगवाद की चर्चा करनेवाले किसी भी आलोचक ने कमिंग्स की कविता सामने रखकर उसका मूल्यांकन तब नहीं किया। यह शुरुआत भी आचार्य रामचंद्र शुक्ल ने की। मेरा तात्पर्य है कि आधुनिक और समकालीनता कोई स्थायी और ठहरा हुआ या जड़ या संकीर्ण शब्द नहीं है। स्व. शिवदान सिंह चौहान या स्व. रामविलास शर्मा की आलोचना यहीं चूक जाती है। जो भी बदल रहा है, वही विश्व प्रपंच है। वहाँ विश्व-कवि का रूप-तरंग है। इस रूप-तरंग को जाननेवाला कवि, दार्शनिक और वैज्ञानिक ही इस बदलते हुए जगत को उसके सही संदर्भ में परिभाषित कर सकता है। शुक्लजी ने कमिंग्स की कविता का अनुवाद किया था और उस पर टिप्पणी की थी। शमशेर ने इस तरह यूरोप, लैटिन अमेरिका, रूस, चीन, पूर्वी यूरोप के कवियों की कविताओं का अनुवाद किया और उन पर खोजपूर्ण प्रबंध (जैसे अरागाँ पर) लिखे। यह किसी भी समकालीन कवि के लिए एक चुनौती-भरा पक्ष है। चंद्रबली सिंह और स्व. रघुवीर सहाय के अलावा नए कवियों में गिरधर राठी, स्व. सोमदत्त, विष्णु खरे आदि ने कविता के अनुवाद का काम निष्ठापूर्वक किया है। पश्चिमी कविता के बिंबों से प्रभावित होकर जो नए कवि बिंबों की भाषा में कविता रचते रहे हैं, वे उन देशों की मूल सभ्यताओं से बहुत कम ग्रहण करते हैं। ऐसे कवियों के लिए ही आधुनिकता एक खास तरह का 'रीतिवाद' है। वे कभी 'इमेज' के प्रभाव में कविता को बिंबों का एलबम बनाते हैं और कभी यह मानते हैं कि ऐंद्रियबोध का कवि, विचार, राजनीति और दर्शन से अलग रहता है। यह भ्रम दार्शनिक कविता और दर्शन से अलग समकालीन कविता में रहता है तथा दार्शनिक विश्लेषण न करनेवाले कवियों में आज भी पाया जाता है। मेरे कहने का निष्कर्ष है कि आधुनिक कविता इतिहास से विच्छिन्न कोई अपरिभाषित सूत्र नहीं है।

एक समय कविता का केंद्र यूरोपीय और अमेरिकी सभ्यता थी। आज कविता के कई केंद्र हैं। भारत या ज्यादातर एशिया, अफ्रीका के नव स्वतंत्र देश अंग्रेजी के माध्यम से आधुनिक विश्व को देखते थे। आज विश्व को देखने की दो धाराएँ स्पष्ट नजर आ रही हैं। एक एशिया, अफ्रीका, लैटिन अमेरिका की अपनी भाषाओं से कवियों की निकटता, दूसरी उन भाषाओं के साथ नए द्वंद्व-क्रम की संस्कृति की तलाश। कविता में द्वंद्व-क्रम जिस कवि में तेज होगा, यह उसी धरातल का आधुनिक कवि होगा। बच्चन की पंक्ति है : 'हर विरोधी कण-समूहों से हुआ निर्माण मेरा।' यह विरोधी कण-समूह ही भारत को आधुनिक बनाने के साधन हैं।

सवाल नकल और असल का

आज कौन असली लेखक है, कौन नकलनवीस ! यह सवाल सिर्फ लेखन और कला का ज्वलंत सवाल नहीं है, जीवन के हर क्षेत्र में, समाज की हर संस्था में यह असल और नकल का संकट नजर आ रहा है। नजर उन्हें आ रहा है जो खुली आँखों से उसे देखते हैं। कबीर ने जब 'आँखिन देखी' का सवाल उठाया था तो वह नैतिकता और सौंदर्य को सिर्फ देखने पर जोर नहीं दे रहा था। वह देखते हुए अनुभव को परखने की सलाह भी दे रहा था। क्या कबीर के समय जो झूठा कर्मकांड था, आज वह नहीं है ? सुरा नकली है, मंदिर की भक्ति नकली है, फिर असली पत्रकार और असली लेखक क्या आकाश से अवतरित होंगे ? नहीं।

तुलसीदास को भी शिकायत थी, लोग-बाग आँख रहते हुए अँधे हैं। 'मुँदहु आँख कतहूँ कछु नाहीं।' असली पत्रकार और असली लेखक 'आँख मूँदकर' नहीं जीता। वह पूरी संवेदनाओं से अनुभव करता है। पूरी सच्चाई के साथ झूठ को उधेड़ता है। इसी उधेड़बुन से उसे सत्य मिलता है ? यह जीवन की प्रक्रिया कार्ल मार्क्स के सामने भी थी। हमारे सामने भी है। हम कभी जीने की प्रक्रिया से आँख मूँद लेते हैं, कभी लिखने की वास्तविकता का सरल भाष्य पेश करते हैं या भुलावा खोजा करते हैं।

मार्क्स को चिंता थी 'पत्र-पत्रिकाएँ अपनी असली स्वतंत्रता खो रही हैं।' मार्क्स ने कबीर की भाषा में सीधा सवाल पूछा था : 'क्या वे पत्र-पत्रिकाएँ स्वतंत्र हैं, जो नीचे गिरकर व्यवसाय के स्तर तक पहुँच जाती हैं ?' यह सवाल असली स्वतंत्रता और नकली स्वतंत्रता का है। क्या यूरोप-अमेरिका में एक 'व्यवसाय' असली नजर आता है और अफ्रीका, एशिया, लातिन अमेरिका में वही व्यवसाय नकली। स्वतंत्रता या व्यवसाय का विकास नैतिक मूल्यों का सवाल है। भारत में 'काला धन' विकास का हिस्सा है या सौंदर्यबोध के ह्रास का हिस्सा ? यह सवाल मार्क्सवादी और गैर-मार्क्सवादी अपने ढंग से पेश करते हैं।

कबीर, तुलसी, भारतेंदु, निराला, प्रेमचंद ने व्यवसाय के नीचे गिरने पर लिखा

क्या ? क्यों उन सवालों में हम व्यवसाय के नीचे गिरने के साथ लेखक के ऊँचे उठने की बात भी सोचते है ? मार्क्स ने लिखा था : 'निस्संदेह, लेखक को कमाना चाहिए, ताकि जिंदा रह सके और लिख सके, परंतु उसे किसी सूरत में इसलिए नहीं जिंदा रहना और लिखना चाहिए कि वह कमा सके।' मार्क्स के मन में असली जिंदा रहने, असली लिखने और असली कमाने का तिहरा सवाल फ्रांस के जनवादी कवि पियरे जां बेरांजे की राजनीतिक व्यंग्य कविता पढ़ते समय उठा था। बेरांजे भारत के पहले मुक्ति संघर्ष के (1780-1857) समय के कवि थे। जब बेरांजे गाता है कि :

'मैं जिंदा रहता हूँ केवल गीत रचने के लिए, पर जनाब,
मुझे कर दें आप बर्खास्त, तो मैं रचूँगा गीत जिंदा रहने के लिए।'

बेरांजे के पास एक मन था, वह उसी से, पत्रकार की हैसियत से, बर्खास्त करने वाले 'जनाब' से संवाद कर रहा था। ऐसे संवाद कमलेश्वर ने कहानी में, रघुवीर सहाय ने कविता में, मनोहरश्याम जोशी ने उपन्यासों में खुद से नहीं पूछा, यानी सत्ता के दुरंगेपन से परिचय रहे। जब वह वहाँ से हटाए गए। वह असली संवाद कर रहा था, क्योंकि उसके गीत रचने और बर्खास्त होने के बीच कोई भुलावा नहीं था। मार्क्स ने इस कविता पर टिप्पणी जड़ी थी : 'इस धमकी में यह व्यंग्यपूर्ण स्वीकारोक्ति निहित है कि कवि उस समय कवि का चोला उतार फेंकता है, जब कविता उसके लिए साधन बन जाती है।'

बड़ा भोलापन नजर आता है जब एक पात्र कहता है : 'ऊधव, मन नाही दस-बीस, एक हुतो सो गयो श्याम संग।' यहाँ यह पात्र राधा थी या बेरांजे था, यह मुख्य सवाल नहीं है। सवाल है असली मन का। नकली दस-बीस मन संसद सदस्यों, सुरा के व्यापारियों और बनारस की नई सड़क और मदनपुरा के हत्यारों के हो सकते हैं। मार्क्स या बेरांजे उनसे जनवाद पर संवाद नहीं करते। मार्क्स ने लिखा था : 'लेखक अपनी कृति को कदापि साधन के रूप में नहीं देखता। कृति उनके लिए स्वयं लक्ष्य है, यह उसके तथा दूसरों के लिए साधन इतना कम है कि वह अपने अस्तित्व को जरूरत पड़ने पर सृजन के अस्तित्व की बलिवेदी पर चढ़ा देता है।'

राधा पात्र है, कबीर जनवादी कवि। दोनों की सृजन आराधना के लिए एक ही मन था, जिसे वह कृति के लिए बनाए हुए थे। नई सड़क पर लाशें जो पड़ी थीं, उन जुलाहों, रंगरेजों, ढाबे के रोटी खानेवालों का भी असली एक मन था, जिसे वह झूठ-मूठ में दंगे में गँवाना नहीं चाहते थे। वह स्वयं जीने का अपना लक्ष्य थे। उसे बचानेवाला न वहाँ का सांसद था, न पुलिस थी, न उत्तर प्रदेश और केंद्र सरकार थी। वह महज दंगे में मरनेवाले आजाद देश का जीवित सवाल थे।

मैं, बेरांजे को नज़ीर बनारसी के दवाखाने में ले जाना चाहता था, पर 'शहर में कर्फ्यू' था। नज़ीर बनारसी, अकबर की कौन-सी नज़्म या शे'र स्वीकारोक्ति में

याद कर रहे थे, मैं नहीं जानता। वह बनारस में गंगा की 'अंडरकरेंट' की तरह बेचैन जरूर थे।

जब-जब असली कवि बेचैन हुआ है, उसने एक ऐलिगरी या सांगा रूपक लिखा है। दंगे में कबीर होते तो क्या लिखते ? उनकी कथा का मुझे आभास है। वह भय, आतंक, अविश्वास, जिज्ञासा, कुतूहल और समाधान, घबराहट और दुश्चिंता में मुक्तिबोध की 'एक लंबी कविता का अंत' जैसा संस्मरण लिखते या काव्य कथा सुनाते। हाँ, असली लेखक सत्ता के हर गलियारे या अमरीकी सभ्यता के हर बंगले के रहस्यमय लोक में उपस्थित रहता है। वह सिर्फ अमरीकी सभ्यता के तिलस्म का सैलानी नहीं था।

बनारस का दंगा क्या नज़ीर बनारसी की निजी कथा है ? या वह हिंदी क्षेत्र का व्यापक संजीवनकारी आंदोलन या हलचल है ? मैंने मुक्तिबोध की कविता की 'नाटकीयता' में कबीर और अकबर को बार-बार आसपास देखा है। असली आलोचक इस पर मुक्तिबोध की तरह सोचता : 'वहाँ जीवन-यथार्थ केवल भाव बनकर प्रस्तुत होता है या बिंब बनकर या विचार बनकर। कविता के भीतर की सारी नाटकीयता वस्तुतः भावों की गतिमयता है। उसी प्रकार कविता के भीतर का कथा तत्व भी भाव का इतिहास है।'

नकली पत्रकार और लेखक अपनी 'अनुभूत वास्तवों की पाशविकता और मानवीयता' पर पर्दा डालता है। असली पत्रकार और कवि यह नहीं करता। वह भीतर की सारी नाटकीयता से भावों की गतिमयता को उतारता है। वह भीड़ और जुलूस का आदमी होता है। कबीर और नज़ीर बनारसी इसी 'भाव का इतिहास' है। मुक्तिबोध ने इसी कथा तत्व पर लिखा था : 'फर्क यह है कि आज के पहले दर्शकों के सामने रंगमंच पर आस्था नाटक खेला करती थी और अनास्था नेपथ्य में सूत्र संचालन करती थी तो आजकल रंगमंच पर अनास्था नाटक करती है और आस्था नेपथ्य में बैठकर सूत्र संचालन करती है।' क्या आज की आस्था नेपथ्य में है ?

रावण रंगमंच पर रथारूढ़ है। कबीर और राम दोनों असली कवि हैं। और असली अब भी संथाल, नागा, मुंडा, बोड़ो और सिक्ख हैं। नेपथ्य में वह देश के 'भाव का इतिहास' सुना रहे हैं। नजीर बनारसी नई सड़क पर 'कबीर' गा रहे हैं : तोहिं मोरि लगन लगाए रे फकिरवा/सोवत ही मैं अपने मंदिर में, सब्दन मारि जगाए रे फकिरवा।

रथारूढ़ रावण चुने हुए शैतानों से अंत तक समझौता करता रहा। तुम्हें ख्याति चाहिए लो 'काले धन के इस महल का संचालन करो।' तुम्हें दस-बीस मनों के लिए दस-बीस मंच चाहिए लो : सतधड़ों का ह्रासग्रस्त साम्राज्यवादी देशों का सात केंद्रों का संचालन करो।' रावण के सभी दरबारी झूठ, छल और नकली यज्ञ में लगे हैं। गोष्ठी, परिसंवाद, लेखन, प्रकाशन में सभी प्रतिक्रियावादी एक राग अलाप रहे हैं।

नकली बुद्धिजीवी खुश हैं। उन्हें 'नई' विचारधारा मिली है। इसी नाते वह केंद्र में हैं।

कबीर लाशों को उठा रहे हैं। यह रंगरेज फकीर है। यह रोटी पोनेवाला फकीरा है। यह गरीब जुलाहा है। असल-नकल में चरित्र का संकट ही देखती है नागार्जुन की कविता। वह सुंदर बढ़ा है यह यहाँ संकट मैंने उनमें देखा है। बीच में बेरांजे गीत गा रहा है : कहै कबीर सुनो भाई साधो, प्रानन प्रान लगाए रे फकिरवा....।

कविता की भाषा

बाबा नागार्जुन से मैंने पूछा : 'बाबा कविता की भाषा क्या होती है ?' वह हँसे। कहा—'वाक्यों या शब्दों का समूह नहीं होती भाषा। जीवन का समूह जरूर भाषा को कह सकते हो।'

मुझे लगता है, कविता की भाषा में अनुभव और परिवेश यही दो चीजें बदलती हैं। उससे कवि के स्वभाव और संस्कार में भी बदलाव आता है। मेरी कविता से मेरे स्वभाव और परिवेश दोनों की अटूट पहचान पाठक को हो सकती है। यही मेरी भाषा है।

कवि विजेंद्र जब बनारस में पढ़ रहे थे, तो वह संकोची स्वभाव के थे। दूसरी बात वह भोजपुरी भाषा-संस्कार से कटे हुए लगते थे। हमारे बीच कविता की भाषा की सजीव पाठशाला थे कवि त्रिलोचन। उस समय मैं समझता था, उनकी पत्नी की भाषा जौनपुर की होने के नाते भोजपुरी है, और खुद त्रिलोचन की मातृभाषा-अर्जित भाषा अवधी है। संसार में एक प्रसंग से यह पता लगा, भोजपुरी त्रिलोचन की गाँव के परिवेश और व्यवहार की भाषा है उनकी शहरी खड़ी बोली। 'अराधना' की पांडुलिपि से एक दिन निरालाजी की कविता पढ़ रहा था। बहुतेरे शब्द मेरे पल्ले नहीं पड़े थे। महाकवि ने अर्थ बताते हुए पूछा, 'कहाँ घर है ?' मैंने उसके बाद, यह खोज की कि मेरी भाषा या मातृभाषा क्या है ? अज्ञेय ने इसी तरह संस्कार की अपनी भाषा खोजी थी।

घर में माँ पंजाबी, शब्द, धरन, बुआ आदि बोलती थीं। पंजाबी भाषा के वाक्य, पद और मुहावरे भी स्वाभाविक ढंग से माँ के खड़ीबोली के प्रयोग में आते थे। नानी मेरी हिंदी बोले या पंजाबी उसका लहजा मुझे बचपन में अच्छा लगता था। माँ बड़ी बेटी थी उनकी। वह उन्हें 'बड्डी' बुलाती थीं। हम माँ को 'भाभो' संबोधित करते थे। यह नानी के लहजे के दो शब्द मुझे याद हैं। नाना हिंदी के हितसाधक थे। वह सुबह *आज* अखबार मुझसे सुनते थे। कभी-कभी *लीडर* अंग्रेजी अखबार की संपादकीय भी मैं उन्हें पढ़कर सुनाता था। मैं 15 वर्ष की उम्र तक पिता के

अधिक निकट रहा। बनारस के गुजराती महाल में वह 'गुजराती', मराठी बस्ती में 'मराठी', बंगाली-टोला में 'बंगाली', मुस्लिम बहुल बस्ती में अरबी और फारसी बहुल उर्दू और गाँव चौबेपुर में सुचित पहलवान से भोजपुरी में बोलते थे। शास्त्री और कविराज थे पिता। मेरे कान में गुरुमंत्र संस्कृत में उन्होंने दिया था। वह भाषा का रंगारंग मेरा मेला है। मेरे बचपन के संस्कार या साहचर्य का यही हिस्सा था।

कबीर को पढ़ते समय यह लगा था, वही मेरी भाषा का कवि है। आ. रामचंद्र शुक्ल ने थोड़ा मजाक में कबीर की भाषा को 'सधुक्कड़ी' भाषा कहा है। राहुल जी को पढ़ते समय लगा, साधुओं का अपना 'शब्दकोश' होता है। सारे भारत के संस्कार का होता है साधु। साधुओं की भाषा का अभी सर्वेक्षण नहीं हुआ है। डॉ. रामविलास शर्मा, कबीर की भाषा को दस्तकारों की भाषा मानते हैं। (भाषा परिवार में वह कारक, सर्वनाम की खोज जनपदों के आधार पर करते हैं।) जुलाहे आज भी कबीर के शब्दों का प्रयोग करते हैं। कथाकार स्वर्गीय जितेंद्र ने 23-9-89 के खत में लिखा, 'त्रिलोचनजी ने एक विस्मयकारी बात कही। उन्होंने कहा कि 'कबीर ने बहुधा गलत हिंदी लिखी है। मैंने सोचा कि क्यों न इसे सही हिंदी में अनुवाद किया जाए। उन्होंने बताया कि वैसा किया भी, लेकिन सभी भ्रष्ट हो गया।' यही काम रामचरितमानस के बालकांड का अवधी से खड़ीबोली में अनुवाद करते समय निरालाजी ने भी महसूस किया होगा।

हिंदी के कम कवि हैं, जो कबीर की भाषा में गलती पकड़ सकते हैं। यह काम उस कवि का होगा, जो भाषाओं और बोलियों या तुलनात्मक व्याकरण का पंडित हो डॉ. रामविलास शर्मा-सा। पर घूमते हुए कवि, लोकव्यवहार से शब्द चुनता है। सुने हुए शब्द का कविता में व्यवहार करना आसान काम नहीं है। नागार्जुन शराब के लिए 'तरल-गरल' शब्द का उपयोग करते हैं। त्रिलोचन ने एक गोष्ठी में यह कहा, 'हिंदी का कवि दिनप्रमित नहीं है।' मैंने पूछा—'यह दिनप्रमित क्या है ?' हँसे त्रिलोचन। कहा—'अप-टू-डेट'। तरल-गरल शब्द सातदपुर में व्यवहार में चल गया। पर दिनप्रमित विस्मय पैदा करने के बाद भुला दिया गया।

विजेंद्र भरतपुर में लंबे समय तक रहे। उनसे अधिक भरतपुर में, प्रह्लाद सिंह का जनता से संपर्क है। विजेंद्र वहाँ के शब्दों का प्रयोग अपनी कविता में करते हैं। उन शब्दों से उनकी कविता, हिंदी भाषी कवियों में भी कम समझ में आती है। नंददास के बाद, डॉ. रामविलास शर्मा ने अज्ञेय को शब्द का पारखी कवि कहा है। अज्ञेय की कविता में आए संस्कृत और देशज शब्द नग की तरह जड़े हुए मिलते हैं। त्रिलोचन की कविता के बहुतेरे शब्द, शब्दकोश, देखने पर समझ में आते हैं। वह भवभूति और कालिदास से शब्द चुनकर अपनी कविता में जड़ते हैं। यह पंडित या परंपरा में गहरी पैठवाले कवि का काम है। पं. हजारीप्रसाद द्विवेदी ने संस्कृत शब्दों का अपने उपन्यास और व्यक्ति-व्यंजक निबंधों में ऐसा प्रयोग किया है कि

उसे वहाँ से हटाया नहीं जा सकता है। रेणु के 'मैला आँचल' की कथा में, शब्द कम खुलते हैं। प्रेमचंद स्थानीय शब्दों को हिंदी कहानी में इस तरह गूँथते हैं कि कोई पाठक उसे भूलता ही नहीं है। विद्यासागर नौटियाल 'सूरज सबका है' उपन्यास में स्थानीय शब्दों का अर्थ देकर उस संस्कृति का खुलासा करते हैं।

यदि हिंदी का कवि हिंदी भाषी जन-समूह में उठता-बैठता है तो वह गढ़वाली, बुंदेलखंडी, अवधी, भोजपुरी आदि के देशज शब्दों को ऐसे चरित्रों के मुँह से व्यवहार में लाएगा, जिसे गैर-बोलियों का कवि भी समझ जाए। बड़ी चीज व्यवहार है।

निराला की कविता की जैसी व्याख्या मैंने त्रिलोचन या अमेरिका में कुँवर सुरेंद्र से सुनी, ऐसी हिंदी अध्यापकों से नहीं बन सकी। हिंदी के आलोचक हैं डॉ. नामवर सिंह, वह अपनी पुस्तक *कविता के नए प्रतिमान* में कवि के स्वभाव और समाज में उसकी भाषा की व्याख्या को ही नकारते हैं। रवींद्रनाथ ठाकुर की कविता को निरालाजी घोलकर पी गए थे। उनकी व्यावहारिक समीक्षा है 'रवींद्र-कविता कानन'। उस समीक्षा को पढ़कर रवींद्रनाथ की प्रकृति, उनके प्रिय शब्द, बिंब-विधान, उनकी भाषा के व्यवहार का अनूठा बोध होता है। निराला की 'गीतिका' के गीत, हजारीप्रसाद द्विवेदी को 'ठूँठ' लगे थे क्योंकि हिंदी कवि के स्वभाव और उसका परिवेश हजारीप्रसाद द्विवेदी उस समय खोजने को तैयार नहीं थे। हजारीप्रसादजी के हृदय में बसा हुआ कवि था कालिदास। 'मेघदूत : एक पुरानी कहानी' में वह कालिदास की यात्रा के साथ उनके शब्दों की यात्रा भी खोजते चलते हैं।

डॉ. रामविलास शर्मा की आलोचना और कविता में इसी तरह निराला के स्वभाव की खोज की जानी चाहिए। तुलसीदास और निराला के साथ त्रिलोचन आज भी सोते-जागते हैं। त्रिलोचन की कविता की मान्यता निराला के मानदंड पर टिकी है। यह साधक कवियों की बात है। निरालाजी का एक प्रसंग कभी त्रिलोचन ने सुनाया था। अपनी समीक्षा से त्रिलोचन ने उन्हें आघात पहुँचाया था। त्रिलोचन ने कहा था, 'निरालाजी, आपकी कविता ऐक्शन की कविता नहीं है।' निरालाजी कुछ समय तक सन्न रहे। फिर महाकवि ने स्वीकार किया था, 'आज की कविता कवि से ऐक्शन के साथ, उससे चिंतन भी चाहती है। मैं आज का चिंतक का कवि हूँ।'

अनुभव के अभाव में हिंदी का नया कवि कहीं पत्रकार की भूमिका में आता है, कही सरलीकरण का शिकार होती है उसकी कविता। अच्छा कवि, अच्छी भाषा भी देता है। प्रसाद की भाषा में स्व. पं. चंद्रबली पांडेय ने गलतियाँ खोजी थीं। निराला, पंत, महादेवी की भाषा में वाक्यों के प्रयोग अधूरे मिल सकते हैं, पर गलत भाषा खोजने पर भी उनमें नहीं मिलेगी। आज के नए कवियों में भाषा का वह सौजन्य, काव्यत्व और व्यक्तित्व कम नजर आता है। आज न कोई महावीरप्रसाद द्विवेदी है, न किशोरीदास वाजपेयी, न कार्यानन्द शर्मा (कात्यायन), जो हिंदी में कई भाषाओं और बोलियों के अनुशासन पर उँगली उठा सके या संसृत कर सके कवि को।

मैं जहाँ घूमा हूँ, वहाँ के नए शब्द सधुक्कड़ी भाषा की मेरी कविता में आए हैं। मथुरा में एक युवक मेरे साथ पुल पर घूम रहा था। उसने 'मैना' को 'दलगलिया' कहा। मेरी कविता का यह शब्द कथाकार गोविंद सिंह को चौंकानेवाला लगा था। मैं लोर्का और राबर्ट बर्न्स की कविताएँ कभी बड़े चाव से पढ़ता था। स्कॉटलैंड में मेरे साथ बस पर घूम रही थीं कु. जुदिथ वुचानिन। उसने पूछा, 'आप राबर्ट बर्न्स की भाषा का संगीत समझते हैं ?' मैंने स्वीकार किया, 'नहीं'। उसने एक हफ्ते मुझे राबर्ट बर्न्स की भाषा ही सिखाई। मैंने एक-एक कविता उससे बार-बार सुनी। उस कवि की शब्द-शक्ति और नादसौंदर्य पर मुग्ध-भाव से आज तक सोचता रहा हूँ।

एर्नाकुलम के अपने घर में बैठे थे, जी. शंकर कुरूप। मलयाली में लिखी अपनी 'सागर' पर कुछ कविताएँ उन्होंने मुझे सुनाई थीं। मैंने अंग्रेजी अनुवाद भी उनसे सुना। समुद्र के गंभीर नाद-सौंदर्य और बदलते हुए परिवेश पर बात होती रही। कवि कुरूप ने कहा, 'निरालाजी की कविता मुझे उनके गंभीर नाद-सौंदर्य के कारण प्रिय है।'

मैं अफसोस करता रहा, हिंदी कविता में समुद्र कितनी कम जगह बना सका है। अज्ञेय अपनी यात्रा की कविताओं में इसी कमी को पूरा करनेवाले यायावर कवि हैं। स्वभाव में त्रिलोचन और नागार्जुन यात्री हैं। दोनों जहाँ घूमते हैं वहाँ के चरित्र और परिवेश को 'घुमक्कड़ की डायरी' की तरह कविता में रचते-चलते हैं। अज्ञेय का यायावर, प्रकृति से संवाद करता है और अकेला नजर आता है। मुझे अपनी यात्रा की कविताओं में मित्र और उनका मानवतावादी सौजन्य गुँथा हुआ मिलता है। यह स्वभाव का एक पक्ष है जो कवि के प्रौढ़ होने पर उसके काव्यत्व और व्यक्तित्व में नजर आता है। अपने आत्माभिमान में तुलसीदास में भवभूति गुँथे हुए मिलते हैं : 'माँगि के खइबो, मसीद में सोइबो...' कहनेवाला तुलसीदास का व्यक्तित्व ही नहीं, कबीर, भारतेंदु, निराला, दाग़, मीर—सबका यही मिज़ाज था। कवि का यह स्वभाव उनकी भाषा की एक अनूठी शक्ति बनकर अभिव्यक्त होता है। दाग़ के इसी स्वभाव में, आप हिंदी-उर्दू के दोआब की संस्कृति को देख सकते हैं। आत्माभिमान के साथ इसे आप अपनी परंपरा भी कह सकते हैं : 'ऐ दाग़ अपनी वजअ हमेशा यही रही। कोई मिला-मिले, कोई हमसे खिंचा-खिंचे।'

कोई वजअ कबीर, मीर, ग़ालिब से निराला तक ऐसी रही है जिसे हम भाषा की 'सादगी और पुरकारी' कह सकते हैं। शमशेर इसे ही निराला, गालिब, इक़बाल, की 'दोआबा' संस्कृति कहते हैं। कबीर, तुलसी की तरह घूमते रहे त्रिलोचन। इसे वह 'भाषाओं के अगम समुद्रों का अवगाहन' कहते हैं। डॉ. रामविलास शर्मा से मैंने एक बार पूछा था, 'आप कितनी भाषाएँ जानते हैं ?' बगीचे में घूमते हुए वह मुझे देखकर एक क्षण रुके थे। फिर कहा—'हिंदी, यही एक भाषा मैं जानता हूँ।' जबकि मुझे पता था पढ़ते समय होड़ बदते हुए संस्कृत और फ्रांसीसी भाषाएँ उन्होंने सीखी

और पढ़ाई भी थीं। मैंने बॉदलेयर की कविताएँ पढ़ी थीं। उनसे पता लगा बॉदलेयर का गद्य बड़ा अच्छा है। जो कवि भाषा के प्रति लापरवाह है, वह गद्य और पद्य दोनों में लद्धड़ होगा। निराला और शमशेर, गद्य और पद्य दोनों में 'सादगी और पुरकारी' के लिए बार-बार याद किए गए हैं।

अच्छी भाषा को जानने की दो पद्धतियाँ देखी गई हैं। एक पद्धति पंडित की है। दूसरी रचनाकार की। स्व. उदयनारायण तिवारी और स्व. किशोरीदास वाजपेयी भोजपुरी और हिंदी के शब्दानुशासन के पंडित थे। 'कबीर या मेरी भाषा' में गलतियाँ व्याकरणविद् खोज सकता है। शेक्सपीयर और हैमिंग्वे भाषा के साथ हँसते हैं। संवाद करते हैं। लड़ते हैं। वह शैलीकार हैं। हैमिंग्वे का लेखन-क्षेत्र स्पेनिश भाषा का क्षेत्र था। वह बहुत घूमा था, पर स्पेनिश में उसने रचना नहीं लिखी। रामविलास शर्मा और शमशेर ने मलार्मे और आरागाँ के प्रयोगों से हिंदी को फिर से खोजने और रचने की कोशिश की। पर लंबे संघर्ष—भरे अनुभव में आज शमशेर ग़ालिब और पाब्लो नेरूदा के पड़ोसी कवि मुझे लगते हैं। कविता में अनवरत साधना ही शमशेर को आधुनिकों में आधुनिक और प्रगतिशीलों में प्रगतिशील बनाती है।

कविता की भाषा में सादगी और पुरकारी होती है। एक कवि जीवन-भर यह भाषा की सादगी या भाषा की पुरकारी सीखता है। 'राम की शक्ति पूजा' के निराला, 'नए पत्ते' में भाषा के विकास के माध्यम से जीवन के विकास के लिए ही लड़ते रहे। कवि की लड़ाई उसे अनवरत एक साँचा बनाना और उसे तोड़ना सिखाती है।

मराठी क्षेत्र से विशाल हिंदी क्षेत्र में मुक्तिबोध आए थे। वह भाषा की सादगी और पुरकारी के लिए—बर्तोल्त ब्रेख्त की तरह जूझते हैं। दूसरे महायुद्ध में, एक जर्मनी ब्रेख्त से लड़कर टूटता है। दूसरे जर्मनी की वह बाहर रहते हुए खोज करते हैं। उसे रचते हैं। मुक्तिबोध आज, बर्तोल्त ब्रेख्त के पड़ोसी कवि हैं। उनकी भाषा, उपन्यास, संस्मरण, यात्रा, टिप्पणी, आंदोलनों और कवि के जीवन में आए गए खतरों से उसे आगाह करती है।

मुक्तिबोध की भाषा हिंदी को बड़ा फलक देती है। वह एक ही कविता में, पिकासो की बड़ी पेटिंग और ब्रेख्त के नाटक पर एक साथ काम करते हैं। एक ही कविता में वह पत्रकार, कलाकार, कवि, क्रांतिकारी, दार्शनिक, वैज्ञानिक और जन-आंदोलन का विशाल फलक रचते हैं। कविता की एक नई भाषा फंतासी में वह आजन्म विचरण करते हुए, यथार्थ को 'पुनर्नवा' करते हैं। यह हिंदी को दुनिया की भाषा मुक्तिबोध ने दी।

राजकमल चौधरी आज तक के कवियों—धूमिल, रघुवीर सहाय, केदारनाथ सिंह, विजेंद्र और सर्वेश्वर से भाषा के प्रौढ़ कवि हैं। इसके दो कारण हैं, एक मैथिल, बंगला, संस्कृति, हिंदी और अंग्रेजी पर कवि का समान अधिकार था। दूसरा, उसका कवि अपने मानवीय असंतोष से कुछ तोड़ता है, कुछ बेचैनी का बोध अपनी भाषा

से कराता है। धूमिल इस बेचैनी को राजनीतिक मुहावरा देता है। जनवादी बहस की भाषा हर समर्थ कवि अपनी कविता में खुद खोजता है। *शब्द* संग्रह की त्रिलोचन की कविता 101 पढ़ें :

> सैनिक बूट विशाल एक हम भी बनवा लें
> जितना यह आकाश बड़ा है, फिर हो जाएँ
> खड़े देखकर छाँह, अनिच्छा हो-सो जाएँ,
> किसी तरह भी वास करें।...
> अमेरिका, इंग्लैंड, रूस जो आज बड़े हैं।
> हेतु यही है, आज विशाल बूट की छाया
> के नीचे संसार समेटे हैं। (पृ. 63)

यहाँ दूसरे महायुद्ध का परिवेश है। ऐसी विशाल चित्रमयता या विराट सत्ता का आतंक न रघुवीर सहाय में है, न केदारनाथ सिंह में, न विजेंद्र में। अमेरिका और रूस का 'सैनिक बूट' ज्यादातर 1947 में आजाद हुए भारत के मित्र-देशों पर 2000 तक आसीन है। भारत और लैटिन अमेरिका और अफ्रीका के देश, अपने-अपने देशों की जनता की परंपरा इसी 'छाँह' में अनिच्छापूर्वक देख ही नहीं रहे हैं, इस आतंक के बीच वास भी कर रहे हैं। निराला की परंपरा में इसी ऐक्शन और चिंतन की, काल और दिक् की विराट कविता हमें मुक्तिबोध देते हैं। जीवन के आतंक के बीच रहते हुए, वह देश-देश की सौंदर्य और सांस्कृतिक, सुरुचि, शील और मानवीय सौजन्य के प्रति जन-जन में आस्था पैदा करते हैं। कविता में दर्शन, राजनीति यानी समग्र इनसान का कुछ भी त्रिलोचन नकारते नहीं हैं। उनकी भाषा में राजनीतिशास्त्र के शब्द इसी कविता में आए हैं—दंड, सैनिक, खाई, त्रास, रक्षा और रामायण।

मैंने मुक्तिबोध पर काम करते हुए यह महसूस किया था, कविता की भाषा के पीछे संचालक शक्ति होती है कवि का स्वभाव या मिजाज। आलोचकों में विजय मोहन और गिरधर राठी दो कविता के मर्मग्राही आलोचक हैं। दोनों को राजनीति से अरुचि है। राजनीति को संकीर्ण अर्थ में ग्रहण करने पर आलोचकों ने आधुनिकता और प्रगतिशीलता या रूपवाद और जनवाद के दो खाने बना लिये हैं। नामवर सिंह, अशोक वाजपेयी, विजेंद्र, रघुवीर सहाय और केदारनाथ सिंह कविता की भाषा में कुछ बचाते और अधिकांश नकारते हैं। आज की हिंदी में एक कवि के पीछे एक-दो ऐसे आलोचक भी हैं। कवि के साथ खड़े होकर वह कविता के नए प्रतिमानों का दावा ही ठोंक रहे हैं। सिर्फ डॉ. रामविलास शर्मा अपनी मार्क्सवादी सौंदर्यदृष्टि में कुछ जोड़ते ही जा रहे हैं और अंत तक नागार्जुन कविता से मुठभेड़ करते रहें। स्व. केदारनाथ अग्रवाल के बाद, स्व. रामविलास शर्मा ने त्रिलोचन की कविता की भाषा को परखा था।

निराला के बाद, तीसरी परंपरा के दो मिजाज के कवि हैं जो अपना व्यक्तित्व

खुद बना चुके हैं। एक, को राजनीतिक मिजाज का कवि कहना चाहिए। उनमें मुक्तिबोध, राजकमल चौधरी, विष्णुचंद्र शर्मा, धूमिल, सर्वेश्वर और गोरख पांडे आते हैं। दूसरे कवि हैं राजनीति की कविता की भाषा से बाहर रखनेवाले या उसे नकारने वाले। इनमें रघुवीर सहाय, केदारनाथ सिंह और विजेंद्र आते हैं।

राजनीतिक मिजाज के नाते निराला 'कजली', रामविलास शर्मा 'आल्हा' जैसे लोकछंद को नया परिवेश देते हैं। यहाँ भाषा दो काम करती है। एक जनपदीय शब्दों का नया 'स्थापत्य' हिंदी में रचती है। दूसरी जनाधार को बदलने में भाषा, जनता से नया नाता कायम करती है।

अज्ञेय संपन्न घुमक्कड़ थे और राहुलजी बे-सरोसामान की घुमक्कड़ी को पसंद करते थे। अज्ञेय की कविता में, जनता का अनुभव और उसकी धड़कन के शब्द नहीं आते। जन आंदोलनों में हिस्सा लेकर नागार्जुन कविता की भाषा को आंदोलन का हिस्सा बनाते हैं। त्रिलोचन आज के जन आंदोलनों के हिस्सेदार कवि नहीं हैं। नागार्जुन की कविता से त्रिलोचन की कविता में क्या शब्दों के स्थापत्य का कोई अंतर है ? नागार्जुन के कवि का कार्यक्षेत्र, राजनीति को तेज करना रहा है। त्रिलोचन की कविता यह काम बहुत कम करती है। दो बातें, त्रिलोचन की कविता को 'सर्वश्रेष्ठ नायाब चीज' बनाती हैं। एक काम त्रिलोचन का कवि करता है, वह उस क्षेत्र का परिवेश, चरित्र, उसका संवाद यानी जीवन का पूरा एक लघु प्रसंग का चित्रण करता है। यह यथार्थ त्रिलोचन का घुमक्कड़ कवि रचता है। दूसरा, वह भाषा और शब्द के पुराने स्वरूप और बनावट को नया बनाता चलता है। 'भाषाओं के अगम समुद्रों' में अवगाहन करते हुए वह उस जीवन में ही गहरे पैठते हैं।

जीवन से अलग न भाषा है, न शब्द। 'पर्वत की दुहिता' त्रिलोचन की जनता है। यह पद, कालिदास से त्रिलोचन ने लिया और 'महाकुंभ' में जनता के बीच इसका प्रयोग किया। इसी संदर्भ में कबीर, तुलसी और त्रिलोचन के कवि को मैंने घुमक्कड़ कवि कहा है। दूसरी बात है, त्रिलोचन की भाषा में उनका रचना-क्षेत्र नए-से-नए रूपों में आता है। यह परिवेश से जन्मे शब्द स्व. मानबहादुर सिंह और सुधीर विद्यार्थी की पुस्तक *पहचान बीसलपुर* में आए हैं।

कबीर, तुलसीदास की तरह त्रिलोचन का भी बनारस रचना-क्षेत्र रहा है। 'लड़ता हुआ' बनारस का समाज, उस समाज की नई आशा और अभिलाषा, यही उनके रचना-क्षेत्र का नया सत्य है। (जिसका ज्ञानेंद्रपति में एकांत अभाव खटकता है।) त्रिलोचन की भाषा, व्यंजना और लक्षणा से अधिक अभिधा की सादगी और पुरकारी की भाषा है। आदिकवि और वेदव्यास की पुरानी भाषा नए समाज की सादगी को, हर समय ताजा बनाए रखती है। वाल्मीकि और वेदव्यास ने अनुष्टुपछंद को जितना नया रूप दिया, त्रिलोचन ने सॉनेट को उसी तरह अपने व्यक्तित्व में ढाल लिया। वह त्रिलोचन के लिए 'हर मौसम का कुर्ता' है। डॉ. रामविलास शर्मा ने यही लिखा

है। त्रिलोचन की भाषा में शब्दों का 'स्थापत्य', मूर्तिकला का काम करता है। त्रिलोचन गुजरात, पंजाब, राजस्थान, अवध, आगरा, बनारस में जीवन-भर शब्दों की तलाश में घूमते ही रहे। यह शब्द त्रिलोचन की कविता में आने पर 'स्थानीयता' का मोह छोड़ता जाता है।

नागार्जुन और त्रिलोचन के जातीय कवि की प्रयोगशाला पूरा हिंदी क्षेत्र है। वह हिंदी पाठकों से बिना कोई दावा किए, अनवरत संवाद करते रहते हैं। यह है शब्दों के स्थापत्य का दोनों कवि का सूत्र 'लड़ता हुआ समाज। नई आशा अभिलाषा, नए चित्र के साथ नई देता हूँ भाषा'। शब्दों को नया संस्कार देना इसीलिए समर्थ कवि की शक्ति है।

आधुनिक हंगरी के आलोचक हैं मिकलोश बायेदा। कवि अतिलायूसफ की भाषा में, 'मार्क्सवादी दर्शन की, फ्रायड की, आधुनिक विज्ञान और समाजशास्त्र की शब्दावली और मान्यताएँ बेधड़क प्रयुक्त हुई हैं।' आलोचक ने यह लिखा, 'फिर भी अपना सौजन्य, काव्यत्व और व्यक्तित्व नहीं छोड़तीं। और फिर जीवन और कर्म का वही बेजोड़ रिश्ता दिख जाता है।' हिंदी का कवि उसके मुकाबले अपनी भाषा में जीवन और कर्म का रिश्ता कहाँ कायम करता है ? कहाँ वह 'मानवीय परिस्थिति से परे और सापेक्ष भी है और मनुष्य का प्रवक्ता होने में समर्थ भी ?'

सच्चाई और सादगी को उजागर करने में मैं अपनी कविता में मुक्तिबोध, नागार्जुन, त्रिलोचन और शमशेर से कहाँ असमर्थ हूँ ? कहाँ मेरे कवि से, मेरे समकालीन कवि अपनी कविता की भाषा से अधिक आत्मसजग हैं ? कहाँ छंदों के नए तेवर के बावजूद, पुराने कवियों से नए कवि लचर लगते हैं ? क्यों आज की कविता में 'सेंस ऑफ ह्यूमर' कम होता जा रहा है ? 'मानस के नारद प्रसंग' के मुकाबले आज के जीवन की विडंबना क्यों नए कवियों में कम अभिव्यक्त हो रही है ? यह सारे सवाल ही मेरी भाषा के रोजमर्रा के सवाल हैं। केवल मेरी भाषा के प्रति निष्ठा का ही इन सवालों से नाता नहीं है यही आत्मसंघर्ष मेरे कवि के स्वभाव और परिवेश को भी निकट से देखने का मानक है।

नागार्जुन : राजनीतिक तर्कशास्त्र के प्रतिबद्ध कवि

नागार्जुन पर जब भी लिखने की सोचता हूँ, मैं कमरे में बैठ नहीं पाता। या तो जुलूस में जिस्सा लेने की इच्छा होती है, या घूमते हुए अपने देश या पड़ोसी देशों को करीब से अपनाए जाने की जरूरत महूसस करता हूँ।

तुमने कहा था...[1] नागार्जुन का संग्रह पढ़ते समय पहला विचार कौंध गया था कि व्यवहार में मार्क्सवादी नागार्जुन ही हैं। मुक्तिबोध इधर मार्क्सवादी चिंतन के केंद्र में आए हैं। आलोचकों ने फिर भी मुक्तिबोध की मौत के बाद, भारत के मार्क्सवादी संघर्ष में दिलचस्पी नहीं-सी ली है। (देखें, 'संकट के बावजूद नागार्जुन' लेख) वह केवल कविता के केंद्र में मार्क्सवाद पर बहस का तर्कशास्त्र खोज रहे हैं। 17 अगस्त 2000 को चंद नेता नजरूल पर ऐसा ही 'तमाशा' कर रहे हैं। हिंदी आलोचक व्यावहारिक और सैद्धांतिक मान्यताओं या चेतना के 'की-बोर्ड' पर बस दो-चार सेकेंड ही टिकते हैं।

शमशेर 'उदिता' (1937-47) से लोक-संगीत और लोक-जीवन में लय हो जाने का सपना देख रहे हैं, पर हो नहीं सके।

नागार्जुन जब लिखते हैं "बादलों ने डाल दिया है घेरा" तब भी राजनीति का तर्कशास्त्र उनके सामने रहता है :

"काले-काले झुके-झुके मेघों का घिराव
इर्द-गिर्द जम गया है कीचड़ का बैरिकेड..."

यह राजनीतिशास्त्र भी विरोध की भाषा का है : घिराव, बैरिकेड। प्रतिपक्ष की राजनीति के, ये जरूरी शब्द या तर्क हैं।

मुक्ति की चेतना, मानव मात्र में होती है। मेढक भी उसका एक हिस्सेदार है। वह पिछड़ी बस्ती का जीव है :

---

1. **तुमने कहा था...** : कवि : **नागार्जुन**; प्रकाशक : वाणी प्रकाशन; 61-एफ, कमला नगर, दिल्ली-7; (तब यही पता था) मूल्य : 18.00; पृष्ठ संख्या : 94; संस्करण : 1980।

"बजा रहे हैं बिगुल
पुष्ट कंठोंवाले पीले मेढक
फुला-फुला के गर्दन..."

नागार्जुन का मन-प्राण उस समय भी गुदगुदा उठता है। नागार्जुन का एक मन और कहीं घूमता रहता है। कोई ऐसा हो जिससे मैं कहूँ "मैं तुम्हें अपना चुंबन दूँगा।"

न तो घूमते हुए अवचेतन मन के नागार्जुन के काव्य में—सिनेमा—(ब्ल्यू फिल्म) है—नदी के द्वीप-सा। न 'एडल्ट' भावुकता छाप फिल्म रचने या पर्दे पर उतारने का नागार्जुन में बाजारूपन है। मुक्तिबोध अतीत के खंडहरों में, टीलों को, ठंडी फाँसियाँ देने-दिलवाने की कहानी खोजते जरूर फिरते हैं। नागार्जुन बहुत धीरे से, जेल से लौटे साथी का हाथ दबाकर कहते हैं,

"मैं तुम्हारा ही पता लगाने के लिए
घूमता फिर रहा हूँ
सारा-सारा दिन सारी-सारी रात।"

फिर आजादी के तीन दशकों का विरोध जानदार इतिहास दोनों की बातचीत से खुलता जाता है। और नागार्जुन का मन-प्राण गुदगुदा उठता है। "मैं तुम्हें अपना चुंबन दूँगा", कविता शुरू होती है :

"तुम उनकी साजिशों को खत्म कर दोगे
तुम प्रवंचना की उनकी कुटिल चालों का अंत कर दोगे
हत्याएँ करने-करवाने की
ठंडी फ़ाँसियाँ देने-दिलवाने की
चुपचाप जहर घोलने-घुलवाने की
कारागार की नारकीय कोठरियों में
मानवता को गलाने-गलवाने की
यानी, उनकी एक-एक साजिश को
तुम खत्म कर दोगे
हमेशा-हमेशा के लिए।" (पृ. 93)

'आगामी युगों के मुक्ति-सैनिक' कहाँ हैं, इसकी जानकारी इतिहास के निर्माण में हो चि मिन्ह को थी। वह 'वियतकांग' सेना के सेनानायक थे। लेनिन को थी, क्योंकि उन्हें विश्वास था, 1905 की असफल रूसी क्रांति ही सफल क्रांति के 'लाल सिपाही' पैदा करेगी। अपने देश में 'निपीड़ित-शोषित मानवता के उद्धारक' की चिंता राहुलजी और नागार्जुन को हर समय बेचैन बनाया करती है। (देखें, *'राहुल का भारत' समीक्षा और जीवनी : 'समय साम्यवादी'।)*

कुछ ऐसे भी लोग हैं जो सभी स्थितियों में निश्चिंतता का जीवन जीते हैं।

मार्क्सवादी भाषा में उन्हें समझौतावादी कहा जाएगा। हिंदी में इस समझौतावाद के दो रूप नजर आते हैं। एक महाजनी सभ्यता में जमे हुए लोगों का अवसरवाद है, दूसरा वामपंथी अंतर्राष्ट्रीय फूट और राष्ट्रीय भटकाव से पैदा हुआ वामपक्षीय अवसरवाद या वाम प्रतिष्ठान है। नागार्जुन इन दोनों ही खतरों से 'जनता के राजदूत' की तरह उसे सावधान करते रहे हैं। हिंदी का अवसरवादी कवि इसी अर्थ में दोमुँहा विचारक होता जा रहा है। वह मंत्री या नौकरशाह से डरकर इतिहास की तात्कालिक भूमिका पर उन्हीं के पक्ष में फैसला करता रहा। क्रांतिकारी चेतना से बाहर आकर वह खुद को महाजनी सभ्यता की सत्ता में सुरक्षित महसूस करता है। उसके सोचने का तर्क कुछ इस प्रकार का होता है—"कहीं रही-सही जिंदगी को शिक्षा सचिव या नेता चौपट न कर दे।"

इसी महाजनी सभ्यता से हताश होकर शमशेर अपनी ही मौत का ख्वाब देखते रह जाते हैं। शमशेर *ओ मेरे घर* कविता शुरू करते हैं जिज्ञासा से :

"ओ मेरे घर
ओ हे मेरी पृथ्वी
साँस के एवज तूने क्या दिया मुझे
ओ मेरी माँ ?
तूने युद्ध ही मुझे दिया
    प्रेम ही मुझे दिया क्रूरतम कटुतम
और क्या दिया
    मुझे भगवान दिये कई-कई
    मुझसे भी निरीह मुझसे भी निरीह !
और अद्‌भुत शक्तिशाली मकानीकी प्रतिमाएँ !
ऐसी मुझे जिंदगी दी
ओह
आँखें दीं जो गीली मिट्टी का बुदबुद-सी हैं
और तारे दिये मुझे अनगिनती
    साँसों की तरह
    अनगिनती इकाइयों में
    मुझसे लगातार दूर जाते
    मौत की व्यर्थ प्रतीज्ञाओं-से !"

(*इतने आप अपने*, पृ. 20)

शमशेर की माँ, जिज्ञासा के बाद, पृथ्वी में रूपांतरित हो जाती है। पृथ्वी में कवि अपने क्रूर जीवन के युद्ध को याद करता है। क्रूरतम कटुतम ही उसे आत्मपरक प्रेम का जीवन मिला। आज भी महाजनी सभ्यता नौकरशाह या बड़े उच्च वर्ग की

या उनके सहायक मध्यवर्ग की है। कवि शमशेर यहीं उस 'भगवान' से मिलते हैं, जिसे वे 'निरीह' मानते हैं। वह भगवान महाजनी सभ्यता के व्यवहार में शमशेर से भी निरीह है। शमशेर उसी सभ्यता में जितने घिरते गए, उनकी पृथ्वी में अद्भुत शक्तिशाली लोग उतना ही ऊँचे उठते गए। ये ऊँचे उठे हुए लोग सिर्फ इनसान-से ही नहीं हैं, वे विशिष्ट इनसान हैं। उनकी विशिष्टता को ही शमशेर ने मकानीकी प्रतिमाएँ कहा है। 'अज्ञेय' या दूसरे बड़े लोग शमशेर के लिए ऐसे ही मकानीकी बड़े लोग थे।

मध्यवर्ग की शमशेर की जिंदगी खुद में ही त्रासदीय रही है। आँखें इस जिंदगी में दुख की ही बुदबुद-सी हैं गीली। शमशेर की दृष्टि का गीलापन मकानीकी प्रतिमाओं का दिखावटी मानवतावाद नहीं है, वह ठोस मिट्टी का गीलापन है। मध्यवर्ग की जिंदगी की जो शमशेर के आसपास अनगिनत इकाइयाँ फैली हैं, वह तारों की तरह भविष्य का सपना देखती हैं। अपनी साँसों के बलबूते पर, वह जीवन जीती हैं। फिर बचे-खुचे तारे भी, मुक्तिबोध की तरह, शमशेर से लगातार दूर जाते जा रहे थे।

शमशेर के आत्मपरक अनुभव का संसार इशारों में उनकी ही करुणा का संसार है। इसी संसार में महाजनी सभ्यता के, मकानीकी 'अद्भुत' खोखले लोग रहते हैं। 'इनसान के अंखौटे में डालकर' शमशेर को पृथ्वी या माँ ने जो कुछ दिया है, वह उससे भी असंतुष्ट नजर आते हैं।

नागार्जुन का असंतोष अधिक तात्कालिक या काल-सापेक्ष असंतोष है। उनकी कविता में 'आगामी युगों के मुक्ति-सैनिक' अफ्रीका, वियतनाम, अफगानिस्तान और बिखर जाने के बाद रूस कहीं के हो सकते हैं। वह उसे पास बैठाकर पूछते हैं : "आओ, सामने आओ बेटे !" तीसरी दुनिया के ये 'मानवता के उद्धारक बेटे' हैं। सामने बैठ जाते हैं, तो नागार्जुन हँसते हैं। पिता की आशीर्वाद देती हँसी। निराला की विडंबना-भरी हँसी। कबीर की नाराज आदमी की हँसी। वाल्ट ह्विटमैन की फक्कड़ उत्साह-भरी हँसी। राहुल की, किसानों के बीच पकी सरसों-सी ताजा हँसी। ब्रेख़्त की 'चेरी चोर' की ओर देख़ती प्यार-भरी हँसी।

मुझे यह लेख, कमरे में बैठकर लिखना है। पास रखी है 'नयी कविता और अस्तित्ववाद' डॉ. रामविलास शर्मा की पुस्तक। 'नयी कविता के संदर्भ में नागार्जुन की काव्यकला' लेख में डॉ. शर्मा, नागार्जुन की हँसी को अनेक शैलियों में परखते हैं। जैसे कई कोणों से खींची गई नागार्जुन की बहुत सारी तस्वीरों का एलबम खुल गया हो। (खुद स्व. डॉ. रामविलास शर्मा की आत्मकथा 'अपनी धरती अपने लोग' में ऐसे ही जानदार इनसान बार-बार आए हैं।) लिखा है, "नागार्जुन की हँसी एक साधारण श्रमिक की हँसी है, ऐसी हँसी जो पूँजीपतियों, उनके हितसाधक नेताओं, असमंजस में पड़े हुए मध्यवर्ग के बाबुओं को देखकर आती है। ट्राम के नीचे दर्जे में कुली मजदूर ठसाठस भरे हैं। उनमें फँस गया है कोई भद्रलोक। नागार्जुन उसकी

परेशानी का मजा लेते हुए पूछते हैं—

"छूती है निगाहों को
कत्थई दाँतों की मोटी मुस्कान
बेतरतीब मूँछों की थिरकन
सच-सच बतलाओ
घिन तो नहीं आती है ?
जी तो नहीं कुढ़ता है ?"

शमशेर की *नाजुक ख्याली* से मिलती-जुलती नागार्जुन की यह *नाजुक बयानी* है—कत्थई दाँतों की मोटी मुस्कान, बेतरतीब मूँछों की थिरकन—लेकिन *एकदम भिन्न संदर्भ में, एक भिन्न उद्देश्य की पूर्ति के लिए।* शमशेर की तरह नागार्जुन ने भी पूरी तस्वीर न देकर आंशिक बिंब से काम लिया है, लेकिन आधा व्यंग्य तो कुली मजदूरों के लिए उस शैली के इस्तेमाल करने में है, जो शमशेर के यहाँ आमतौर से रमणीय अंगों के उतार-चढ़ाव के लिए सुरक्षित रहती हैं।' (पृ. 144) यही जीवन की शैली है जिसे डॉ. शर्मा ने फ्रेंच आलोचक जेंव वू से सीखी है।

नागार्जुन पर लिखा हुआ डॉ. शर्मा का यह निबंध बेजोड़ है। प्रगतिशील शैली या काव्यशिल्प की समाजवादी बारीकियों की यह आलोचना—निबंध, अद्‌भुत ललित निबंध है। *लोकप्रिय साहित्य और कलात्मक सौंदर्य के संतुलन की समस्या* पर नागार्जुन के बाद कवि रामविलास शर्मा का ही नाम मुझे याद रह जाता है। वह या नागार्जुन, शब्द से अपने पांडित्य का या छंद से अपनी उस्तादी का दाँव, त्रिलोचन की तरह कभी-कभी हिंदी पाठकों पर गालिब नहीं करते हैं, बल्कि छंद या वाक्य नागार्जुन, के स्वाभाविक रंग और तेवर में ढलते जाते हैं। छंद, कविता का स्वभाव बन जाता है जैसे डॉ. शर्मा की निराला पर लिखी कविता, **कवि** है। निराला का व्यक्तित्व ही छंद में घुल गया हो जैसे। नागार्जुन के छंद उनकी या बोलचाल की हिंदी के टुकड़ों में हैं, कहीं से भी उठा लें ढले-कसे लयबद्ध मिलेंगे।

यही काव्य-कौशल आधुनिक, लेकिन प्रगतिशील काव्य-कौशल शमशेर का भी है। शैली के इस्तेमाल में, जो जादू नजर आता है, वह उनकी निजी शैली-विज्ञान का गुण है। डॉ. शर्मा का ध्यान शायद इधर रमणीय अंगों के उतार-चढ़ाव पर ही टिका रहता है, इसीलिए वह यह बात नजरअंदाज कर गए कि शमशेर का छंद न तो रीतिवाद में ढला हुआ है—अलंकारमय, या देहवाद में ही 'सुरक्षित' है। निराला या नागार्जुन की नारी आकर्षण की कविताएँ डॉ. शर्मा भुला देते हैं ! क्यों ?

छंद का प्रयोग या शिल्प शमशेर और नागार्जुन के मानसिक बनावट या रुचि का विषय है। दोनों भिन्न रुचि से, एक ही लक्ष्य तक पहुँचते हैं। लक्ष्य दोनों का छंद के प्रयोग में, मानवतावादी है। उदात्त कलात्मक सौंदर्य, दोनों के काव्य-कौशल का विशिष्ट गुण है। शमशेर के साथ विचार करते समय यह सोचना पड़ता है कि

वह अपने में सिमटे-सिकुड़े क्यों हैं ? यह सिमटे हुए पत्थर का आत्मविस्तार उनका निजी, आत्मसंघर्ष है। दूसरा प्रश्न उनकी बुनावट का यह है कि शमशेर की लय धीमी क्यों है ? वे एक-एक चीज पर ठहरकर, चित्र रचते हुए, या अधिक चित्रों का संकेत देते हुए, कविता लिखते हैं।

नागार्जुन 'मैं तुम्हें अपना चुंबन दूँगा' कविता में अपने लोकप्रिय और कलात्मक सौंदर्य का बीजमंत्र बता देते हैं। कविता के अंत में वाल्ट ह्विटमैन की फक्कड़ाना शैली है। अपने पूरे जीवन-मूल्यों को दाँव पर लगाकर यह शैली मिलती है :

"मैं तुम्हीं को अपनी यह शेष आत्मा अर्पित करूँगा
मैं तुम्हारे ही लिए जिऊँगा, मरूँगा
मैं तुम्हारे ही इर्द-गिर्द रहना चाहूँगा
मैं तुम्हारे ही प्रति अपनी वफादारी निबाहूँगा।" (पृ. 93)

नागार्जुन यहाँ रवींद्रनाथ की जमीन पर अपना 'स्मृतिलेख' लिखते हैं। रवींद्र नाथ ठाकुर 'सौ साल बाद' की अपनी भावना को, अपनी कविता में फुलाते हैं। नागार्जुन ठोस, वर्तमान में, अपने पक्ष को सुरक्षित पाते हैं। अपनी शेष जिंदगी का आखिरी अध्याय लिखकर वह मानवता के उद्धारकों को सौंप देते हैं। नागार्जुन के बाद भी यही उनका 'समाधि लेख' है।

निराला का मरना-जीना उनके जीवन-काल में ही 'मिथ' बन गया था। मुक्तिबोध, अपने साथ के 'कम्युनिस्ट विद्रोहियों' के साथ सामंती-साम्राज्यवादी 'महल' के नीचे मरते हुए भी, उन्हें, 'भूतपूर्व विद्रोही' कहना जरूरी समझते हैं। 'एक भूतपूर्व विद्रोही का आत्म-कथन' कविता, वास्तब में महाजनी सभ्यता के 'मकानीकी' खोखले लोगों से सीधा-संवाद है। वह कविता अपने सम-सामयिक कवियों में, नेमिचंद जैन, स्व. भारतभूषण, स्व. प्रभाकर माचवे और स्व. अज्ञेय से खुला विवाद-संवाद है। उन लोगों की 'शेष आत्मा' पर मूल्यवान फैसला जड़ रहे हैं यहाँ मुक्तिबोध :

"हम जो विरोधी थे
कुओं, तहखानों में कैद बंद,
लेकिन, हम इसलिए
मरे कि जरूरत से
ज्यादा नहीं, बहुत-बहुत कम
हम बागी थे।" (*चाँद का मुँह टेढ़ा है*, पृ. 64)

नागार्जुन की 'बहुत कम' बागी लोगों से कभी दोस्ती नहीं रही। 'रवि ठाकुर' उनकी कविता सन् 1943 की है। वह उस कविता में अपनी वर्गीय पृष्ठभूमि बताते हैं, "दीन-हीन अपठित किसी कृषक कुल" का हूँ। रवि ठाकुर को 'बहुत-बहुत कम' बागी बताकर नागार्जुन कविता के नए तर्कशास्त्र की शुरुआत या चमत्कार पैदा नहीं करते हैं बंगाल के 'कल्लोलयुग' के कवियों-सा।

मैं यहाँ नागार्जुन की एक पुस्तक *तुमने कहा था* की चर्चा तक खुद को सीमित रख रहा हूँ। पर नागार्जुन कब एक सीमा में रहे हैं ? वह सी.पी.आई. की सीमा कई बार लाँघ चुके हैं। सी.पी.एम. के 'बहुत-बहुत कम' बागी दल में भी वह झट से एक शंकाशील चिनगारी छोड़ जाते हैं। चीन में माओ को धक्का देनेवाली राजनीति के प्रशासक 'हुआ' पर भी उनका व्यंग्य कहाँ संकलित है। 'ज.प्र.', की 'दूसरी आजादी' के विघटन या 'घटकवाद' की मौकापरस्ती को भी वह चपतियाने से बाज नहीं आए हैं। उनका स्वभाव ही प्रश्नाकुल विद्रोही का है। वह अपने 'हौलूपन' पर इसीलिए हँसते हैं, कविता में खुद अपना कार्टून बनाते हैं।

नेहरू—शिवदान सिंह चौहान, मुक्तिबोध, यशपाल और रामविलास के प्रिय जननायक रहे हैं। नागार्जुन के इसी संग्रह की पहली कविता है, 'तुम रह जाते दस साल और' आखिरी कविता है, 'मैं तुम्हें अपना चुंबन दूँगा।' तेलंगाना से नक्सलवाद तक नेहरू जन-विरोधी होते गए। 'आगामी युगों के लिबरेटरों' को याद कर नागार्जुन ने एक ही काम किया—नेहरूवाद को उनकी ही सत्ता में ही दफना दिया। नागार्जुन, चुनावों में नेहरू की काँग्रेस का खाका खींचते हैं :

''गालियाँ छलकतीं, बैलों की जोड़ी को देते वोट मगर,
हम गाँजा ही बेचा करते, लेते खादी की ओट मगर।''

बैलों की जोड़ी को वोट देनेवाली जनता रूढ़िवादी या दुमुँहेपन की शिकार होती है। व्यंग्य उस जनता पर नागार्जुन ही करते हैं। उनका तर्क है, या तो गालियाँ बेमानी हैं, या प्रजातंत्र का 'वोट' खिलवाड़ है। आगे दुमुँहापन नेहरू और उसके प्रतिपक्षी दलों का है :

''मिश्रित निवास, मिश्रित लिबास, मिश्रित भोजन, मिश्रित विहार,
मिश्रित भाषा, मिश्रित शैली, मिश्रित चिंतन, मिश्रित विचार,
हम सरल-तरल, हम द्रवणशील, निर्लिप्त-निरंजन-निराकार,
मिश्रित होते हम शत प्रतिशत, कृत्रिमता के परमावतार
तन जाता भ्रम का जाल और
तुम रह जाते दस साल और।''

तीस साल की प्रजातांत्रिक असफलता का यह दस्तावेज है। (अराजकतावाद से नक्सलवाद को सेना के हाथों भूननेवाले आज के अडवानी का भी यही भ्रम-भरा जाल है।) भ्रम के जाल में प्रतिक्रियावादी और संसदीयवाद के वामपंथी और जनछाप अवसरवादी दोनों दल 'कृत्रिमता के परमावतार' बनते चले जा रहे हैं। यह 1964 की नहीं 2000 की भी कविता है। और मुझे याद है, हिंदी प्रदेशों में इसकी कापियाँ लोगों ने खुद करवाई थीं। कापी करनेवाले क्लर्क, पत्रकार, छात्र और कवि थे। वह जनता में नागार्जुन की खरी और बेलाग समीक्षा का प्रचार करना चाहते थे। जयप्रकाश ने उसके बाद नर्मदा किनारे गेरुआ पहनने का इरादा छोड़ दिया था। वह 'दूसरी

आजादी' के लिए मैदान में उतर आए थे। डाँगे **राज्यपाल**, से अधिक **काँग्रेसपाल** होकर अपने 'साम्यवाद' का ठेला इंदिरा गाँधी की सेवा में चलाने लगे थे। लोहिया जेल से लौटे और अस्पताल में मार डाले गए। यह भविष्यवाणियाँ, आखिर किस दिशाव्यापी चेतना से नागार्जुन को सूझती या मिलती थी ? महाप्रभु जानसन का खाका खींचा है। माधवन आनंद शंकर और वल्लतोल की प्रीति स्निग्ध वंदना की है। मजदूर-पुत्र गीतों के जादूगर शैलेंद्र का छंदों से तर्पण किया है। लेनिन को लाल सलाम ! और ओज-तेज के कीर्तिमान लाल बहादुर का नागार्जुन ने स्मरण किया है। गाँधी से नागार्जुन का कुछ गहरा लगाव है। एक वह गाँधी के गाँव के किसान हैं भोले-भाले। दूसरे प्रेमचंद के पड़ोसी गँवई बुद्धिजीवी हैं। तीन कविताओं में वह गाँधी बाबा से ढेर सारी बतकही या हँसी-ठट्ठा करते हैं। नेहरू की मौत के बाद उन्हें नेहरू का अभाव भी खटकता है :

"विकल है गुलाब
सुनेगा अब कौन
गमलों का अरण्यरोदन ?"

हिंदी के ज्यादातर व्यक्ति, अपनी ही यात्रा में थक या अलसाकर गमले के बुद्धिजीवी रह गए हैं। नेहरू की अराजकतावादी राजनीति थी। सत्ता से महाजनी वर्ग का हित साधनेवाले नेहरू प्रधानमंत्री थे। और मिश्रित अर्थव्यवस्था के अधीन साम्राज्यवाद के हित में नेहरू ने ब्रिटेन और अमरीका को गारंटी दी थी। उनकी खबर लेनेवाले नागार्जुन, कहीं भीतर से उसी नेहरू को 'संकल्पदीपित वक्ष' और 'अंतर्भेदी मुकुलित सौरभ' कहकर प्यार भी करते हैं। (या आज के नकली नेताओं को आगाह करते हैं : तुम संकल्पहीन हो।) यही है नागार्जुन की 'कंटकित वृंत' को प्यार करने वाली विवेकसंगत, तर्कशील कवि दृष्टि।

राजकमल चौधरी पर बड़ी ही मर्मभेदी कविता है, जो नागार्जुन ही लिख सकते हैं। इतना खुला 'संकल्पदीपित वक्ष', हिंदी में नागार्जुन को ही मिला था। बिना दुराव-छिपाव के नागार्जुन ही नई-से-नई पीढ़ी के बीच उनके 'बाबा' बनकर अंतर्भेदी कविताएँ लिख सके थे।

कविता के शीर्षक में ही ममता का सूत्र है : 'अच्छा किया, उठ गए हो दुष्ट।' कविता कई तहों में धीरे-धीरे राजकमल चौधरी को पहचानती, परखती और प्यार देती है। (किभी विष्णु खरे ने रघुवीर सहाय पर ऐसी मार्मिक और खरी कविता नहीं लिखी।) शुरू होती है :

"हिलने न पाए बुनियाद
एक ठोस सत्य की
इसीलिए अक्सर
दस-दस दफे

लिया तुमने झूठ का सहारा
हम कभी समझ ही नहीं पाए
फूलबाबू, तुम्हारी यह लीला।''

जब फूलबाबू, यानी हिंदी का राजकमल चौधरी 'बीटनिक' था, तब भी समाज, महाजनी सभ्यता का पतनशील समाज था। नागार्जुन उस समाज की समीक्षा करते समय, उसका तर्कशास्त्र बताते हैं : ''लहरा रहा है चारों ओर, ऊब-घुटन-डाह-बेचैनी का समंदर, राग-द्वेष-मोह-वासना का पारावार।'' यह पतनशील उच्चवर्गीय समाज का चरित्र-चित्रण है जिसे मुक्तिबोध ने उधेड़ा था, बार-बार।

'बीटनिकों' के आलोचक तब 'नयी कविता' के झंडाबरदार थे डॉ. नामवर सिंह। उन्हें अपने ही मध्यवर्गी समाज और अपनी ऊब-घुटन-भरी जिंदगी का विश्लेषण करने का अवकाश न तब था, न अब है। केदारनाथ सिंह के 'मध्य आवेगों' की इकहरी अनुभूति से ऊबकर, डॉ. नामवर सिंह मरणोपरांत धूमिल की अबाध व्यक्तिगत विद्रोह की भूमिका के बचाव की तैयारी करते रहे। उनकी तैयारी का अखाड़ा, सत्ता-केंद्र की साहित्य अकादमी थी और है। आज भी वह उसी केंद्र से किसानों में भ्रमवाद या मायादर्पण का बुनियादी भटकाव बाँट रहे हैं। राजकमल चौधरी और नागार्जुन उस समय से महाजनी समाज की 'बुनियाद' के हिलने को परख रहे थे। गोरख पांडेय, मानबहादुर सिंह, महेश्वर, शलभ उसी बुनियाद के कवि थे—ठोस और मार्मिक। जहाँ पर केदारनाथ सिंह, नामवर सिंह चुप्पी साधे हुए हैं।

नागार्जुन उच्चवर्ग के सामंत, पूँजीपति और साम्राज्यवादी चरित्र की राजकमल चौधरी के जरिए व्याख्या करते हैं :

''तृप्ति और सुख की वैयक्तिक डोंगियों में बैठे
इत्मीनान का आनंद भोग रहे हैं मुट्ठीभर लोग।''

यही मुट्ठीभर लोग 'तुम रह जाते दस साल और' कविता में नेहरू की राजनीति की तकदीर बन गए थे। आज है अटलविहारी वाजपेयी का जनवाद। महाजनी बुनियादी भ्रमजाल को काटने के लिए नागार्जुन ने लिखा था :

''नब्बे प्रतिशत का दस प्रतिशत खुलकर करते तकदीरहरण।''

आपात्काल में, इमर्जेंसी की रक्षापंक्ति के प्रवक्ता या भा.क. पार्टी के मुख्य सचेतक तब डॉ. नामवर सिंह थे। इन्हीं 'दस प्रतिशत' की रक्षा में डॉ. नामवर सिंह नागार्जुन का 'तकदीर हरण' करने का तब सुख लूट रहे थे। नागार्जुन के अनुसार, राजकमल चौधरी जब 'इत्मीनान का आनंद भोग रहे हैं मुट्ठीभर लोग' तब उनकी ओर तना हुआ हाथ उठाकर ऊँची आवाज में चीख रहा था ' ''चौट्टे हैं सुसरे !... गद्दार हैं साले ! पकड़ो, पकड़ो, भागने न पाएँ।''

जब चारों ओर 'बीटनीकों' को गंदा, अश्लील, अमरीका-परस्त कहकर आलोचक अपनी श्लीलता और मौकापरस्ती का बखान कर रहे थे, उस समय 'एक के कंधे

पर रख के हाथ' कहा था नागार्जुन ने।

"दरअसल, हमीं ने बना दिया है इनको पागल
छेंक रखी है राह
न खुद बढ़ेंगे आगे
न औलाद को ही मौका देंगे
शासन और समाज और शिक्षा-केंद्र
वाणिज्य और विज्ञान, मठ और मंदिर
आर्मी और खेती-बाड़ी
सरकारी और गैर-सरकारी प्रतिष्ठान...
बँधे हैं हमारी रगों से विकास के सुख।" (पृ. 29)

युवक या छात्र राजकमल चौधरी के समय में भी सुविधातंत्र से बाहर थे, आज भी हैं। इसीलिए युवक की आत्महत्या, गाँव के किसानों की आत्महत्याएँ नागार्जुन के बाद से 'सुखी' कवियों को आहत नहीं करती हैं। वह उनसे संवाद करते हुए नागार्जुन के गोत्र के कवि नहीं हैं। उन्हीं युवा पीढ़ी के असंतोषशील, तर्क की भाषा है नागार्जुन की कविता। बेचैन मन से वह विरोध का सवाल पैदा करते हैं। नागार्जुन की सहानुभूति का अर्थ है—'विकास के सूत्र' युवा या छात्र वर्ग हैं, उन्हें काम चाहिए।

उस समय भी एक वर्ग, बिचौलियों का वर्ग, सत्ता और प्रतिपक्ष के बीच सिर्फ 'तिकड़म और चाटुकारिता, चुगलखोरी और भीतरघात' पर जीविकोपार्जन कर रहा था, आज भी वहीं वर्ग 'सरकारी और गैर-सरकारी प्रतिष्ठान' में 'सुरक्षित' है। राजकमल के साथ नागार्जुन भी इस बिचौलिए वर्ग से नाराज थे। नागार्जुन इसी वर्ग को 'सोसायटी की बाराखड़ी' कहते हैं।

नागार्जुन पहले अपनी खरी समीक्षा करते हैं, फिर समाज की बाहरी भूल गलती का कच्चा चिट्ठा खोलते हैं। (तीन दशकों में भारत की वाम-पार्टियों के सिद्धांतकारों ने कभी ऐसी आत्मसमीक्षा नहीं की है।) :

"हमारी ही पीढ़ी की खुदगर्जी और ढोंग से
फूट निकला था वह फूल
यानी राजकमल चौधरी।"

यहीं से कविता निराला की *सरोज-स्मृति* के कई त्रासदीय अनुभवों के दायरों में जाती है। मणींद्र नारायण चौधरी किस 'नए संबोधन' की जरूरत से राजकमल चौधरी बना ! कब वह बीसियों नौजवानों का अपना मसीहा बना ? उच्च वर्ग के अवसरवादियों की ओर उँगली उठानेवाला राजकमल क्यों 'नागा बाबा' के तर्कों के सामने चुपचाप सिर झुका लेता था। नागार्जुन की भूली याद का घाव है, 'कामायनी'। भाड़े का यह मामूली-सा मकान राजकमल का रैन बसेरा था। पहली शाम की बात है... नागा बाबा 'पिता की छाया से वंचित' उसी घर में पहुँचे हैं। और भविष्य की

चिंता में बेचैन नागार्जुन का कवि सवाल पूछता है : ''क्या होगा अब इन शिशुओं का ?''

भारत के युवक के भविष्य के लिए नागार्जुन इसी तरह चिंतित रहे हैं। पटना में गोली चली थी। नागार्जुन खुद 'खून और शोले' कविता-पुस्तिका बेचकर, विधवा युवती के साथ मोर्चे पर उपस्थित थे। राजकमल चौधरी के बाद उसी विश्वास से स्व. अदेह राजकमल चौधरी को विश्वास दिलाते हैं : ''शशी संभाल लेगी इनको।''

अपने प्रकाशन की जीवन-भर योजना बनानेवाले नागार्जुन सोचते हैं :

''साझे की हमारी यह सरकार
कुछ सोच रही है
शायद मासिक ग्रांट बाँध देगी
खरीद लेगी 'मुक्तिप्रसंग' की शेष प्रतियाँ
कुछ-न-कुछ जरूर करेंगे महामाया बाबू।''

अपने विश्वास और ध्यान में नागार्जुन खो जाते हैं। (या साझा सरकार के भ्रम में उम्मीद बँधाने लगते हैं खुद को।) कविता सपने और ठोस यथार्थ, समाज और रंगमंच के दृश्यों की शैली में चलती है। अतीत कहीं रंगमंच पर दृश्यालोकित होता है। कहीं मंच पर 'मुक्ता-दिव्या-नीलू' के 'अभिभावक' की तरह नागा बाबा अकेले रह जाते हैं। 'राम की शक्तिपूजा' के राम, इसी तरह चारों ओर से आशा और शोध की चेतना से हीन हो गए थे। नागार्जुन को चिंता है अवसरवादी वर्ग के खुले शर्मनाक खेल में राजकमल चौधरी का 'नाम' बिक रहा है। (मौत के समय नागार्जुन का नाम भी लोग बेचने से बाज नहीं आए थे।)

''सुना है तुम्हारे नाम पर उगाह रहे हैं लोग चंदा
बंगाल में, राजस्थान में, दिल्ली में, कलकत्ता में
काश, उसमें से थोड़ी रकम
पहुँच जाती यहाँ तक
यानी 'मुक्ता-दिव्या-नीलू' तक !''

नागार्जुन के कई रूप हैं। 'राजनीतिक पत्रकारिता के स्तर पर क्रांतिकारी जोश उभारनेवाले ओजस्वी वक्ता नागार्जुन ! जातीय हिंदी कविता का नया यथार्थवादी नागार्जुन। टेसू, अलसी और बौरों की ऋतुओं के सरगम के साधक नागार्जुन ! सर्वहारा वर्ग या छात्रवर्ग के अद्‌भुत आत्मीयता-भरे अभिभावक नागार्जुन ! मैं कवि डॉ. रामविलास शर्मा की मार्क्सवादी सौंदर्याभिरुचि के सूत्रों का संकलन यहाँ कर रहा हूँ। अकेले नागार्जुन की हास्यवृत्ति, नागार्जुन की 'महिला की भद्र संस्कृति पर व्यंग्य की शैली', उनके आधुनिकताबोधवाले उपमान और नागार्जुन की काव्यकला की भाषा और छंद की शक्ति पर लंबे-लंबे प्रबंध आनेवाले समय में लिखे जाएँगे, ऐसा मेरा

विश्वास है। मैं यहाँ डॉ. शर्मा की दो बातें और नत्थी करना चाहता हूँ, एक "क्रांतिकारी उत्साह जगानेवाली राजनीतिक कविताओं" के सौंदर्यबोध पर। दूसरी मानवप्रेमी नागार्जुन का अकुंठित सौंदर्यबोध। दोनों बातें, 'कविता में नागार्जुन के मन के नए-से-नए साँचे बनाती हैं। उनका मन, जानकारी भी देता है पाठक को और ताकत भी।'

मुक्तिबोध ने जानकारी देने की आधुनिक कला को, ताकत या जोर देने वाली यथार्थवादी कला से घटिया-दर्जा दिया है ? नागार्जुन के झोले में, या मन में घटिया-से-घटिया 'लेक्चरबाजी का छंदोबद्ध रूप' भी सज-सँवरकर अत्यंत मूल्यवान बन जाता है। कलात्मक रुचि या अभिजात अभिरुचि के कलाविदों को विरोध या गाली ऊबड़-खाबड़ या कलाहीन कविता का रूप लगती है। नागार्जुन के काव्य में गाली का खुरदुरापन समझने के लिए हमें मध्यवर्ग से नीचे उतरना पड़ेगा या श्रेष्ठ कला की विरासत में कबीर और तुलसी के काव्य के साथ नागार्जुन और मुक्तिबोध के कलात्मक खुरदुरेपन की पुनर्परीक्षा करनी पड़ेगी।

नागार्जुन के कलात्मक खुरदुरेपन यानी उनकी 'लुमुंबा', 'महाप्रभु जानसन' (क) (पृ. 36), 'महाप्रभु जानसन' (ख) (पृ. 37), 'रहे गूँजते बड़ी देर तक' (पृ. 39), 'बाढ़ : 67—पटना' (पृ. 41), 'दिन लदे सिंहासन राय के' (पृ. 44), 'अब तो बंद करो हे देवी यह चुनाव का प्रहसन' (पृ. 48), 'देख लो, इनके कई-कई माथ हैं' (पृ. 58), 'हो गए बारह महीने' (पृ. 59), 'वो अंदर से बाँस करेंगे' (पृ. 62), 'न गधी का, न घोड़े का' (पृ. 63), 'घटकवाद का उठा-पटक है' (पृ. 70), 'फैल गया है दिव्य मुख का लवण सरोवर' (पृ. 82), राजनीतिक पत्रकारिता के स्तर की कविताएँ हैं ये। इसी क्रांतिकारी उत्साह पर डॉ. शर्मा की टिप्पणी का ध्यान रखना चाहिए। डॉ. शर्मा ने लिखा है : "इस तरह की कविताएँ राजनीतिक लेक्चरबाजी का छंदोबद्ध रूप है। यह आवश्यक नहीं है कि राजनीति पर लिखी हुई इसी स्तर की हो। क्रांतिकारी उत्साह जगानेवाली राजनीतिक कविताएँ सुंदर हो सकती हैं, किंतु अभी स्थिति यह है कि नागार्जुन की सबसे सफल राजनीतिक कविताएँ वही हैं जिनमें वे व्यंग्य से हँसते हैं, क्रोध या आवेश में नहीं आते। इसका एक वस्तुगत कारण यह है कि बिहार और उत्तर प्रदेश में राजनीतिक, जीवन जैसा है—विशेष रूप से वामपक्ष की जैसी स्थिति आज है—उससे कवि को क्रांतिकारी उत्साह के बदले व्यंग्य के लिए ही सामग्री अधिक मिलती है।" (*नयी कविता और अस्तित्ववाद*, पृ. 14 से)।

इधर राजनीतिक पत्रकारिता की शैली के नए कवि, क्रांतिकारी उत्साह में क्रांति के सिद्धांतकार बन बैठे हैं। नागार्जुन वामदलों के सिद्धांतकार नहीं थे। यह ठीक है वाम चिंतन के बहुत से शब्द जैसे 'पक्षधर', 'जनशक्ति', 'युगधारा' नागार्जुन ने हिंदी को दिए हैं। बिहार और उत्तर प्रदेश के राजनीतिक जीवन की आंदोलित राजनीति में अपने व्यंग्य काव्य से नागार्जुन वामपक्ष की राजनीति का अभाव पूरा करते हैं।

कभी 'तारसप्तक' के कवि रामविलास शर्मा 'परिणति' कविता में यह अभाव महसूस करते थे :

> "दुःख की प्रत्येक अनुभूति में,
> बोध करता हूँ कहीं आत्मा है
> मूल में सिहरती प्रगाढ़ अनुभूति में।" (पृ. 72)

समाज के 'गहन से गहनतर' शून्य में वह आज भी 'कार्यक्षेत्र', 'कवि' या 'सत्यं शिवं सुंदरम्' जैसी लोकप्रिय कविताएँ लिखकर प्रतिबद्ध कवि हैं। पक्षधर या प्रतिबद्ध कवि नागार्जुन, अपनी जनवादी आस्था और प्रतिबद्ध राजनीति कला के आयाम में नकली बहस का तर्कवाद नहीं खड़ा करते हैं। अपनी प्रतिबद्ध राजनीति कला को वह सर्वहारा वर्ग की वस्तुगत चेतना तक विकसित करते हैं। उनकी अपनी विकसित चेतना, आंदोलित राजनीति का ही प्रतिबद्ध कलानुभव होता है।

आज आंदोलित राजनीति की जब देश में सामग्री अधिक-से-अधिक मिलती जा रही है तो नागार्जुन को छोड़कर बाकी के प्रगतिशील या नए कवि अपनी-अपनी 'बहुत-बहुत कम बागी' बने रहने की 'कलावाद की दुनिया' में लौटते जा रहे हैं। साहित्य या तो मंत्रियों का या नौकरशाहों का अखाड़ा बनता जा रहा है या मुँहबंद लेखकों का बड़ा वर्ग सेठाश्रयी दरबार में अपनी बोली (काले धन का पुरस्कार ऐसी ही कवि की बोली ही होती जा रही है।) का इंतजार कर रहा है। मुक्तिबोध ने इसी संकट के दौर में 'अनुशासन का भोथरा परशु' शीर्षक से 'नया खून' में संपादकीय लिखा था "बहुतों ने संतगीरी का बाना धरकर बुराई से शिष्ट समझौता कर लिया है। वे अजातशत्रु बनने की कोशिश कर रहे हैं।" (मु. रच. खंड 6, पृ. 88) अनुशासन के कुठार के प्रयोग से काँग्रेस (आई) के भीतर का विरोध ही नहीं दबाया जा रहा है, बड़े अखबारों से विरोधियों का पत्ता भी साफ किया जा सकता है। (रघुवीर सहाय, मनोहरश्याम जोशी इसका उदाहरण है।) अनुशासन के कुठार का ही असर पड़ा है कि रेडियो प्रधानमंत्री की 'डायरी' में सिमट गया है और दूरदर्शन में इंदिरा प्रदर्शन का बोलबाला था। अब सत्ता के कवि अटलजी हैं।

'मूल में सिहरती' विरोधी अनुभूमि की जनता की आत्मा का देशव्यापी बोध का कोई 'माध्यम' बचा भी है या नहीं ? तर्क यही दिया जाता है, महाजनी अवस्था अपने पक्ष में ऐसे ही जनता का घेराव करती रही है। मूक दर्शक या बचाव की रक्षक बनी विरोधी दलों की आत्मा भी अभिव्यक्ति के लिए शून्य में छटपटा रही है। वामपक्ष के पास मूल में सिहरती बेचैन भारती जनता की विशाल आत्मा का कोई मंच नहीं है। छत्तीसगढ़ का ईमानदार मजदूर नेता शंकरगुहा नियोगी अपने क्षेत्र में और नागार्जुन अपनी कविता में से इस शून्य को, प्रतिपक्ष का मंच बनाने का प्रयत्न करते रहे थे। जनता की आत्मा की हिंदोलित चेतना ही देशव्यापी मंच में बदल जाती है। नागार्जुन की कविता ऐसा ही हिंदोलित जनमंच है।

जर्मनी में बर्तोल्त ब्रेख्त ने ऐसा ही जनमंच तैयार किया था। ब्रेख्त ने मैक्सिम गोर्की के लिए 'समाधि लेख' (Epithaph for Gorki) कविता में उस विद्रोही लेखक को 'गंदी बस्तियों का राजदूत' (Ambassador of the slums) कहा है। माओ त्से तुंग के जीवनी-लेखकों ने उसे 'जनता का अध्यापक' कहा था। यह दोनों जन यह पाठ पढ़ाते रहे हैं कि दुनिया में एक प्रजातंत्र पूँजीवादियों का हितसाधक होता है, दूसरा प्रजातंत्र जनता की पंचायत होती है। इमर्जेंसी में और उसके बाद इंदिरा गाँधी ने भारत में 'तानाशाही प्रजातंत्र' का प्रवर्तन किया है। इसका चेहरा प्रजातंत्र का है और अधिकार हिटलर के। (वही रूप बदलकर आज भी कायम है।) जनता के अध्यापक नागार्जुन ने उसी समय प्रधानमंत्री से कहा था : "अमरीका-यूरोप के 'गोरांग पिशाच' भीख माँगने पर कुछ नहीं देंगे : अपनी गर्दन आप काट लो, करो प्रगति साष्टांग।" भारत में इमर्जेंसी का मूर्त बिंब, जनता के टीचर नागार्जुन ही खींच सके हैं : (प्रधानमंत्री अटलजी भीख माँगकर अभी अमरीका से लौटे हैं।)

"कार्तूसों की माला होगी, होगा दृश्य अनूप
हथगोला-पिस्तौल-स्टेनगन सज्जित चंडी रूप
अब की अष्टभुजा का होगा खाकीवाला भेष
श्लोकों में गूँजेंगे अबकी फौजी अध्यादेश।"

शब्दों के प्रयोग में नागार्जुन बेजोड़ हैं। दो व्यंजक शब्दों के योग से बने पद हैं : चकित-मुदित, व्यथित-मथित, मुग्ध-मुदित, रानी-अधिरानी। या देशज तथा संस्कृत शब्द का योग है। नागार्जुन उसी शब्द-संपदा में एक नई व्यंजक अभिव्यक्ति-भर देते हैं। उनके पुराण चरित्र भी व्यवहार में या नई उपमाओं से, पतनशील महाजनी आडंबर को खोलते चलते हैं। कहीं नाटक या प्रहसन, कहीं लीला और स्वांग की शैलियों में नागार्जुन अपने लक्ष्य का उद्घाटन करते हैं :

"आश्वासन की मीठी वाणी भूखों को भरमाती।
पाला पड़ता है, लेकिन, वह नंगों को गरमाती।
जनमत को आडंबर प्रिय हैं, प्रिय हैं उसको नाटक
खोल दिए हैं तुमने कैसे इंद्रसभा के फाटक।"

शासनतंत्र, चाहे आपातकाल का हो, या घटकवाद का हो, या इंदिरा की वापसी, (जिसे नौकरशाह कविता की वापसी कहकर अपनी प्रसन्नता प्रगट कर रहा हो) नागार्जुन के लिए यह महाजनी सभ्यता की 'इंद्रसभा' का नाटक ही है। इस नाटक में नागार्जुन के छंदों में परस्पर विरोध की राजनीति की लोकप्रिय त्वरा है। उनके शब्द छेड़कर वर्ग संघर्ष की समझ को तीखा बनाते हैं और उपमाएँ वर्गचेतना की भूमिका को निखारती हैं और वाक्य कार्यशील इनसान की व्यंजना को पैना बनाते हैं। जनता का पक्ष और शासन का पक्ष नागार्जुन की कविता में कभी भी उलझता या भटकाव पैदा नहीं करता :

"अधभूखे-अधनंगे डोले हरिजन-गिरिजन वन में
खुद तो चिकनी रेशम डाटे उड़ती फिरो गगन में
महँगाई की सूर्पनखा को कैसे पाल रही हो
शासन का गोबर जनता के मत्थे डाल रही हो।"

यह 'चुनाव का प्रहसन' संसदीय प्रणाली की संविधान की रूपहली रुई है जिसे दस प्रतिशत, बिड़ला, टाटा, सामंत, श्रीमंत, नौकरशाह और नेताओं का 'भद्रलोक' अपने हित में पिछले 53 साल से 'धुनता' आ रहा है। (अब वह खुद अपनी रूपहली संविधान की धाराओं में फेर-बदल करने को छटपटा रहा है।) यथास्थिति कायम रखनेवाले बिचौलियों की नागार्जुन खबर लेते हैं। वह यह भी जानते हैं कि प्रजातंत्र कहो या राष्ट्रपतितंत्र कहो, उसमें शासन का गोबर ही जनता के मत्थे आता है। पूँजीवादी शासन का यह सीधा-सा तर्कशास्त्र है, जिसे जनता की पाठशाला का कवि, कभी जनता से छिपाता नहीं है :

"चुसा-पिसा-निचुड़ा है जन-जन, शक है, युग छलता है
नया राष्ट्र है, नौकरशाही के हाथों पलता है।"

इस पूँजीवादी सत्ता या जन-जन के शोषण के विधान में, जो विरोधी चेतना है नागार्जुन उसे कभी छिपाना नहीं चाहते हैं। वह चेतना है, भारत देश की भावी जन-सत्ता का लक्ष्य :

"महाक्रांति के प्रबल वह्नि में शोधित होगी सत्ता।"

शोषण के विधान की सत्ता का शोधन क्रांतिकारी जनता करती है। जनता द्वारा शोधित-सत्ता का अस्तित्व अभी देश में नहीं है। भारत, पाकिस्तान, अफगानिस्तान, श्रीलंका, ईरान यानी एशिया, अफ्रीका और दक्षिण अमरीका में 'प्रजातंत्र का होम' चल रहा है :

"सागर-कन्या रेत पर सोयी सारी रात
जाने कैसे जुड़ गयी पर्णकुटी की बात
पर्णकुटी की बात जुड़ गयी जाने कैसे
मथा गया सागर निकले पैसे ही पैसे
संस्कृत में गालियाँ सुनेगी फिर भी धन्या
सोयी सारी रात रेत पर सागर-कन्या

पूँजीवादी सभ्यता प्रेमचंद के समय में भी, 'पैसे' की सभ्यता (सिकुड़-सी) रह गई थी। प्रेमचंद के समय तक ब्रिटेन अकेला साम्राज्यवादी देश था। उसे 'प्रजातंत्र' के प्रहसन की बार-बार मुक्तिकामी राष्ट्रों के बीच दुहाई देनी पड़ती थी।

आज का साम्राज्यवादी अकेला अमेरिका है और वह बेशर्म है। अपनी अभद्रता या गाली (स्लेंग) को भाषा की आधुनिकता बताने में वह गर्व का अनुभव करता है। अमरीकी साम्राज्यवादी देश तटस्थ राष्ट्रों या अपने विरोध में आवाज उठानेवाले

मुक्तिकामी राष्ट्रों को 'संस्कृत में गालियाँ' देना अपना अधिकार समझते हैं। हिंदी का मध्यवर्ती लेखक भी जब बहस में कमजोर पड़ने लगता है या पूँजीवादी सभ्यता के पराजय के गर्त में डूब जाता है, तो वह प्रेमचंद को कोसने लगता है। राजेंद्र यादव के पास प्रेमचंद को देने को, एक ही गाली रह गई है कि उनकी 'रचनाएँ बहुत अधिक कालांकित (डेटेड) और तात्कालिक स्थितियों पर आधारित हैं।' (*अभिरुचि*, फरवरी, 81)

नागार्जुन को प्रेमचंद की इसी विरासत में अज्ञेय से राजेंद्र यादव तक, बहुत अधिक अलिखित (क्योंकि लिखकर तो इनकी वास्तविकताओं का सामना करना पड़ेगा) उपेक्षा या गालियाँ सुननी पड़ी हैं। नागार्जुन, मुक्तिबोध, पाब्लो नेरूदा, नाजिम हिकमत और बर्तोल्त ब्रेख्त की तरह जानते रहे हैं कि बहुत कम 'बागी' तीसरी दुनिया में कौन वर्ग होता है और बहुत अधिक कालांकित रचनाएँ लिखकर खतरा मोल लेने या अपना सबकुछ दाँव पर लगाने का हौसला किस वर्ग में होता है। अज्ञेय कभी-कभी राष्ट्रीय आस्था की कविता लिखकर, अपने देश का भूगोल (विदेशियों को) बताना चाहते हैं :

"इन्हीं तृण-फूस-छप्पर से
ढके ढुलमुल गँवारू
झोंपड़ी में ही हमारा देश
बसता है।"

लेकिन अज्ञेय, अपने देश में, अपनी वर्गीय भूमिका या निहित 'साधना का रस' का राजनीतिक पक्ष जानकर छिपाए रखते हैं। नागार्जुन बहुत अधिक कालांकित रचनाएँ प्रेमचंद की तरह इसीलिए लिखते हैं क्योंकि वह आजादी के बाद की विषमता को अज्ञेय या राजेंद्र यादव की तरह छिपाना नहीं चाहते हैं। '26 जनवरी, 15 अगस्त' जिज्ञासा से कविता शुरू होती है :

"किसकी है जनवरी, किसका अगस्त है ?
कौन यहाँ सुखी है, कौन यहाँ मस्त है ?

स्वांग शैली में, जवाब-सवाल होता है। पूरा नाटक सवाल-पर-सवाल पूछकर एक-एक जवाबी चरित्र की पोल खोलता है। 'प्रजातंत्र का होम' कविता के दूसरे बंद में नागार्जुन सत्ता पक्ष का चरित्र सामंत वर्ग का बताते हैं और उनका वर्गीय व्यापार रहा है : 'लाश बेचना, जादुई ताश फेटना' या 'इंद्रजाल की छतरी ओढ़ना।' काँग्रेसी शासक या अटल विहारी शासन में कोई फर्क नहीं है। इसी व्यापार के नाते 'खादी पहने डोम' कहलाता है। यहाँ नागार्जुन कथाकार निर्मल वर्मा और कवि श्रीकांत वर्मा की तरह उपमाओं या तुकों का खेल नहीं खेलते हैं, सीधे विरोधी कवि का खतरा उठाने वाली राजनीति पर नागार्जुन अपना विश्वास प्रकट करते हैं :

"सेठ है, शोषक है, नामी गला-काटू है
गालियाँ भी सुनता है, भारी थूक-चाटू है
चोर है, डाकू है, झूठा-मक्कार है
कातिल है, छलिया है, लुच्चा-लवार है
जैसे भी टिकट मिला
जहाँ भी टिकट मिला
शासन के घोड़े पर वो ही सवार है
उसी की जनवरी छब्बीस
उसी का पंद्रह अगस्त है
बाकी सब दुखी हैं, बाकी सब पस्त हैं..."

इस कविता में दो हिंदुस्तान है। एक पटना से दिल्ली तक फैला, मुट्ठीभर गला-काटू लोगों का हिंदुस्तान है, जहाँ मेला, ठेला, भीड़-भाड़ है। यहाँ के थूक-चाटू लोग कमजोर तंतु के बुलंद मालिक हैं, छलिया सेठ है जो सुखी भी है और फ्रिज, सोफा, बिजली के झाड़ और फैशन की ओट में मस्त भी है। वास्तव में नागार्जुन उस वर्ग की महाजनी सभ्यता की खूबी बताते हैं कि यहाँ 'सब कुछ उघाड़ है।' यही नंगा व्यापार आजाद देशों की व्यवस्था का विधान होता है। यह व्यवस्था इसीलिए कायम है, क्योंकि यहाँ 'पब्लिक की पीठ पर बजट का पहाड़' जमा रहता है।

अज्ञेय, 'ज. प्र.' की मौत के बाद राजनीति से रूठकर यह घोषित करने लगे थे कि 'वह सत्ता केंद्र के बाहर आ गए हैं'। नागार्जुन किसी सेठाश्रय के कोपभवन में जाकर व्यवस्था को कोसते नहीं थे। वह मास्टर, मजदूर, घरनी, बच्चे यानी गरीबों की बस्ती के राजदूत की तरह उनकी छाती में हाड़ गिन-गिनकर बताते हैं, कि उनका हिंदुस्तान दूसरे नंबर का गरीब हिंदुस्तान है। आजादी के बाद दूसरे नंबर के नागरिकों का बहुत बड़ा हिंदुस्तान है। आजादी के बाद 'कुच्छो नहीं, कुच्छो नहीं' उस वर्ग को मिला है। यहाँ बहुसंख्यक हिंदुस्तानियों को गला-काटू वर्ग से कुछ नहीं मिला है। सत्ता-केंद्र हिंदुस्तान में :

"सेठ ही सुखी है, सेठ ही मस्त है
मंत्री ही सुखी है, मंत्री ही मस्त है
उसी की है जनवरी, उसी का अगस्त है"

राजेंद्र यादव के लिए यह बड़ा अनुभव सत्य 'बहुत अधिक कालांकित' (डेटेड) होने के नाते, अनुभव सत्य ही नहीं रह गया है। अज्ञेय इसी बात को, कलावाद के आइवरी टावर पर बैठकर घोषित करते हैं : "नागार्जुन कवि नहीं हैं।" डॉ. रामविलास शर्मा ने इन्हीं लोगों की ओर उँगली उठाकर कहा था "पूँजीवादी व्यवस्था श्रमिक जनता का आर्थिक रूप से शोषण ही नहीं करती, वह उसके सौंदर्य-बोध को कुंठित करती, उसके जीवन को घृणित और कुरूप भी बनाती है। फूलों-फव्वारों

से सजे हुए बाग-बगीचे पूँजीपतियों और उनकी रखैलों के लिए हैं, मजदूरों के लिए गंदी बस्तियों की तंग कोठरियाँ हैं। समाजवाद का उद्देश्य शहर और गाँव का भेद मिटाना है, खेतों की हरियाली के बीच स्कूल अस्पताल कायम करना, वहाँ बिजली की सुविधाएँ पहुँचाना और शहरी बस्तियों की गंदगी मिटाकर हरे-भरे पार्कों, पेड़ों और फूलों से उन्हें सुंदर बनाना है। जो चेतना मनुष्य की इस प्राकृतिक आवश्यकता को समझती है, वही उसे सामाजिक संघर्ष में भाग लेने की प्रेरणा भी देती है। क्या भारत क्या यूरोप—कहीं भी अब तक कोई बड़ा मानव-प्रेमी कवि नहीं हुआ, जो प्रकृति का प्रेमी भी न रहा हो। केवल यांत्रिक भौतिकवाद के लिए यह प्रेम मूल्यहीन है, द्वंद्वात्मक भौतिकवाद के लिए वह अत्यंत मूल्यवान है।" (वही, पृ. 149)

नागार्जुन की 'पावस तुम्हें प्रणाम' (पृ. 89), 'फूले कदंब' (पृ. 86), 'घन-कुरंग' (पृ. 87), 'मेघ बजे' (पृ. 88), 'धूप में खिले पात' (पृ. 89), 'तना है वितान' (पृ. 90), 'जादुई परस ! जादुई परस !!' (पृ. 91), और 'बादलों ने डाल दिया है घेरा' (पृ. 92) जैसी कविताएँ डॉ. नामवर सिंह को आज तक उनके यांत्रिक भौतिकवाद की समझ के अधीन, भावुक या असमाजवादी सोच की कविताएँ लगती रही हैं। नागार्जुन का गाँव या शहर, 'बहुत अधिक कालांकित (डेटेड) और तात्कालिक स्थितियों पर आधारित' है। नागार्जुन का देश बहुत व्यापक मानवतावादी भारतवर्ष है। इधर कुछ नए कवि पश्चिम की खोखली यांत्रिक जिंदगी से निराश होकर भारत को खोजने निकले हैं। यह लोग अज्ञेय की तरह 'भारत' को सिर्फ भूगोल में खोज रहे हैं या पुरुषोत्तम अग्रवाल की तरह 'धर्म' और 'अध्यात्म' के बंदरबाँट में भटका रहे हैं। उनकी भाषा आज भी अनुवाद गंधी है। वहाँ रोटी में नमक का 'प्रवेश' होता है। (जैसे तीसरी दुनिया के देशों में साम्राज्यवाद की नकली संस्कृति के जासूसों का प्रवेश हुआ करता है) नागार्जुन के पास, 'जमीन पक रही है' का बारीक या नकली संस्कृति का तर्कवाद या सत्ता-केंद्र की आधुनिकता का 'दिव्यधाम' नहीं है।

आज की 'आधुनिकता' पूँजीवादी और समाजवादी दुनिया में बँटी हुई थी। सोवियत संघ के बिखरने के बाद बीच के 'तीसरी दुनिया' के देश सिर्फ आधुनिक साधनों या सुखों के सपने देखा करते हैं। उनके पास आधुनिकता, भविष्य के सपने का दोहरा मुद्दा है : एक मुद्दा अमरीका-यूरोप की विकसित दुनिया से आया है, दूसरा मुद्दा यहाँ के फक्कड़ कवियों, सरहपा, कबीर, डोंबी पा जैसे संतों का है। आयातित नकली संस्कृति के मुद्दे ने यहाँ के मध्यवर्ग को धर्म और अध्यात्म में दोगला बनाकर जन्म दिया। उच्च वर्ग को, सुविधा-संपन्नता या उपनिवेश खरीदने का इसी आधुनिकता ने अवसर प्रदान किया। मुक्तिबोध इसकी ही नागार्जुन की तरह समीक्षा करते हैं कि यह शीतयुद्ध के बौनों की सभ्यता या क्षणवाद का दर्शन है।

पाँच दशकों से इसी मध्यवर्ग को उच्चवर्ग में पहुँचने की झोंक सताती रही है। निराश होकर मध्यवर्ग, महाजनी सभ्यता की 'निर्धूम अग्नि के मध्य', 'आत्मदाह'

करता रहा है। मध्यवर्ग के कवियों में 'जल्दी-जल्दी ताबड़तोड़' देहवाद, धन या मान के लिए खुद को झोंक देने की होड़ लगी हुई है। मुक्तिबोध ने इसे ही जड़ सौंदर्याभिरुचि कहा है।

नागार्जुन, सहानुभूतिपूर्वक राजकमल चौधरी के व्यक्तित्व में आधुनिकता के दोनों मुद्दों की सरहदें छूते हैं। वह सोचते हैं : "निर्धूम अग्नि के मध्य , तुम्हारा यह आत्मदाह, भूल नहीं पाऊँगा, आह !" यह पश्चिमी सभ्यता का साम्राज्यवाद की विरासत का आत्महत्या का पथ है। जिस पथ की पीड़ा को नागार्जुन सहानुभूति तो देते हैं, पर उसे डिफैंड नहीं करते हैं। दूसरा पथ–संतों की विरासत का पूर्वजों की धीरजगाथा का अनुभव-पथ है।

नागार्जुन इधर सत्यानुरागी, गाली या अपमान भोगी संतों की दंतकथाएँ खूब सुनाया करते थे। राहुलजी इसी परंपरा में महाकवि निराला को आधुनिक सरहपा कहा करते थे। मुक्तिबोध के मन में भी कहीं सिद्ध कवि की चेतना थी। राहुल, निराला, मुक्तिबोध, राजकमल और धूमिल से स्व. मानबहादुर सिंह तक का अंत संतों को बेचैन बनाता रहा है। नागार्जुन में संतों की वही रचनाशीलता है। वह उसी चिंता में राजकमल को याद करते हैं :

"रहते अब अगर और जीवित
फट जाता बीचो-बीच तुम्हारा माथा !
कित्ती बेचैनी थी, जाने अंदर क्या था !"

यही जिज्ञासा निराला के जीवनीकार के मन में भी थी। और मैं मुक्तिबोध के व्यक्तित्व की इसी 'अंदर की बेचैनी' की खोज में लगा था–'मुक्तिबोध की आत्मकथा' लिखकर।

आयातित सभ्यता, महाजनी व्यवस्था में ही पनपती है। नागार्जुन इसी व्यवस्था के निठल्ले वृद्ध और युवक को कड़ी निगाहों से देखते-परखते रहे हैं। (देखें 'बाढ़') राजकमल जैसे सामने बैठा हो या बाबा सपने में ठिठोली कर रहे हों उससे :

"हाँ, अब और जीते
तो निश्चय ही मिलती तुम्हें भी कोई कुबेर गृहिणी...
दिलवाती मासिक वेतन
1500....2500....3500....
दिल्ली-बंबई-कलकत्ता-मद्रास
कोई भी महानगर
दिव्यधाम बनता तुम्हारा।"

नागार्जुन का सपना, आज के जमे हुए बहुतेरे महानगरी लेखकों की गुप्त गाथा है।

नागार्जुन के भीतर एक 'भवसागर के थपेड़ों से' छुटकारा पाने का, मध्ययुगीन

संतों का निराशावादी पक्ष भी कहीं दबा हुआ था। वह उस 'ईश्वरवाद' की चर्चा जानकर, निराला के 'राम की शक्ति पूजा' के राम की 'आराधना' के संदर्भ में, यहाँ करते हैं। राजकमल चौधरी की कविताओं या लेखन में एक तो उनकी कुलदेवता माँ उग्रतारा का जिक्र बार-बार आता है, दूसरा उनकी गुमनाम प्रेमिकाओं का प्रसंग। दोनों प्रसंगों के चित्रण में नागार्जुन युवक से चंचल हो उठते हैं। कविता में प्रसंग है, चंद्रमोलि उपाध्याय का। राजकमल चौधरी ने उससे कहा था :

''माँ नाराज हो गयी है
अब मैं महिसी नहीं लौटूँगा
वह नहीं चाहती है देखना मेरा चेहरा
बेहद रंज है माँ मुझ पर
अब बचूँगा नहीं, ना, नहीं बचूँगा...''

राजकमल पटना अस्पताल से फिर कभी अपने गाँव महिसी नहीं लौट सके। निराला का 'राम की शक्तिपूजा' की पार्वती क्षुब्ध अंजनी कुमार को माँ की ही तरह समझाकर दिव्यधाम से वापस लौटा देती है। नागार्जुन भी राजकमल के भ्रम का शोधन करते हुए समझाते हैं :

''माँ भला नाराज होगी अपने पुत्रों पर ?
मैं क्या अपरिचित हूँ
पहचानता हूँ अच्छी तरह...
कृष्ण-लोहितवर्णा पाषाणी
चार बाँहों वाली उग्रतारा देवी
मैंने भी चढ़ाए हैं उसके चरणों पर नीलकमल
चढ़ाया है ताजा आच्छिन्न जल
हासिल किया है उसका प्रसाद...''

नागार्जुन का यह दुर्गा या उग्रतारा देवी की आस्था का भक्ति-प्रसंग निजी भी है और मार्मिक भी है। राजकमल चौधरी बुरी तरह काँप रहे थे, उस समय। दहशत में डूबी थी धँसी-धँसी उनकी आँखें। शायद दरभंगा की उग्रतारा की मूर्ति के आगे, नागा बाबा भी इसी तरह, दहशत में बेचैन रहे हों। यह 'ईश्वरानुराग' नागार्जुन के राजनीतिक तर्कशास्त्र की शैली से भिन्न, उनके तर्कातीत भक्त का है। शायद यह मित्र या पुत्र-वियोग की असहनीय पीड़ा का क्लासकीय गुण हो। कविता के अंत में नागार्जुन का अपना भी भवसागर के थपेड़ों का मार्मिक अनुभव है। इस अनुभव में संतों के लोकचित्त से छुटकारे का आत्मभर्त्सना-भरा एक दर्द है :

''अपन तो भई, थेथर हैं...
निर्लज्ज, बेहया, कठजीव...
मरेंगे नहीं जल्दी...

रूसी क्रांति के भारतीय प्रवक्ता और हिंदी का शुद्ध आलोचक ग्राम-कवि नागार्जुन की उपेक्षा करता रहा है। वह 'ढाई पसली के घुमंतु' थेथर और कठजीव नागार्जुन को कभी यात्री के नाम से मैथिल के खाते में फेंकता है, ताकि हिंदी की सुविधा का खुद लाभ (शुद्ध आलोचक) उठाता रहे। अज्ञेय और नई कविता के मसीहा डॉ. नामवर सिंह खुद अकादमी का पुरस्कार हथिया चुके हैं, सिर्फ बाहर रखा गया इस ग्राम-कवि नागार्जुन को। डॉ. शर्मा की तरह मैं भी सोचता रहा हूँ–''जहाँ मौत नहीं है, बुढ़ापा नहीं है, जनता के असंतोष और राज्यसभाई जीवन का संतुलन नहीं है, वह कविता है नागार्जुन की। ढाई पसली के घुमंतु जीव, दमे के मरीज, गृहस्थी का भार–फिर भी क्या ताकत है नागार्जुन की कविताओं में।'' (वही, पृ. 149)

जहाँ नई कविता या प्रयोगवादी कविता के बड़े कवि 'ईश्वर' की काल्पनिक सत्ता में लुप्त होते गए, वहीं नागार्जुन के लिए जनता ही 'भारी अवलंब' रही है। वह 'काल्पनिक भ्रांतियों और भीतियों' का भी सामाजिक पक्ष खोजते रहे हैं। चिरकाल से चला आता ईश्वर का 'भारी अवलंब' बाज वक्त राहुलजी की तरह नागार्जुन के अंतर्द्वंद्व को मथता जरूर रहा है। प्रेमचंद की तरह ईश्वर की सत्ता का नागार्जुन पूरा विरोध नहीं करते हैं। न ही वह गरीब मध्यवर्ग के लिए मुक्तिबोध की तरह उसकी सत्ता को 'डिफैंड' करते हैं। राहुलजी ने 1927 में यह तीव्र अंतर्द्वंद्व महसूस किया था : ''ईश्वर और बुद्ध साथ नहीं रह सकते, यह साफ हो गया, और यह भी स्पष्ट मालूम होने लगा कि ईश्वर सिर्फ काल्पनिक चीज है, बुद्ध यथार्थ वक्ता है। तब कई हफ्तों तक हृदय में एक दूसरी बेचैनी पैदा हुई।–मालूम होता था, चिरकाल से चला आता एक भारी अवलंब लुप्त हो रहा है। किंतु मैंने हमेशा बुद्धि को अपना पथ-प्रदर्शक बताया था, और कुछ ही समय बाद उन काल्पनिक भ्रांतियों और भीतियों का खयाल आने से अपने भोलेपन पर हँसी आने लगी।...अब मुझे डार्विन के विकासवाद की सच्चाई मालूम होने लगी, अब मार्क्सवाद की सच्चाई हृदय और मस्तिष्क में पेवस्ता जान पड़ने लगी।'' (*मेरी जीवन-यात्रा,* भाग-2, पृ. 9)

मुक्तिबोध, राहुल के पथ-प्रदर्शक बुद्धि की सच्चाइयों के अन्वेषक कवि थे। वह मार्क्सवाद की चिंतनधारा के तार्किक कवि थे। नागार्जुन को 'ईश्वर की काल्पनिक भ्रांतियों और भीतियों' के खयाल पर सिर्फ अपने भोलेपन पर हँसी आती है। 'शालवानों के निविड़ टापू में...'' उनकी कविता, यात्रा-वृत्तांत की कविता है। यात्री है नागार्जुन, हलबी और हिंदी का दुभाषिया साथी फूलबाबू और जीप के लोग। निविड़ अरण्य में आदिवासी अधेड़ माड़िया नागार्जुन से मिलता है। दुभाषिया उन्हें बताता है ''दस-पंद्रह वर्ष पहले माड़िया दिल्ली गया था, आदिवासी लोकनृत्यवाली अपनी पार्टी के साथ...।'' नागार्जुन का छेड़खानी करनेवाला शरारती राजनीतिक कवि यह जानना चाहता है ''उन दिनों कौन था दिल्ली का राजा ?''

माड़िया नहीं जानता देश में प्रजातंत्र है या राजतंत्र। नागार्जुन खुद उसे कुछ

संज्ञाएँ सूझाते हैं। माड़िया नेहरू, राजेंद्र प्रसाद किसी को नहीं जानता। फूलबाबू के लिए माड़िया पास की झोंपड़ी से दियासलाई लाया था। फिर इशारे से माड़िया पैसे माँगने लगा। पचास पैसोंवाला नया सिक्का उसे मिल गया था। खुशी से चमकने लगीं माड़िया की आँखें, कहने लगा ' "जोहार ! जोहार ! जोहार ! सा ऽऽ ब..ऽ..."

नागार्जुन उससे घुलने-मिलने की सोचते रहे। लेकिन वह तो..."अलक्षित हो चुका था। जा चुका था गहरे निविड़ अरण्य की अतल झील के अंदर।" यह कविता, अपने भोलेपन पर हँसते हुए कवि की स्मृति में दबी रहती है। बैलाडीलावाली उसी सड़क पर, दंतेवाड़ा से 55 किलोमीटर आगे...कभी एक आदिमनृत्यशील माड़िया से, गँवई भोलेपन की हँसी हँसने वाला जनता का कवि मिला था।

एक से तीन वामदल में बँटी 'एकदम भिन्न संदर्भों में' नागार्जुन बटे हैं भोलेपन की उनकी राजनीतिक हँसी किस तर्कशास्त्र को जरूरी मानती है ? इतिहास का एक पक्ष धीरे-धीरे संसदीय प्रजातंत्र की सत्ता और विपक्षी दल का है। दूसरा इतिहास का लक्ष्य है 'एक भिन्न उद्देश्य की पूर्ति के लिए' हिंदोलित भारतीय जनता का। सत्ता और विपक्ष कम या अधिक, इसी जनता के पक्ष से दूर हटता जा रहा है। वहीं अंधरूढ़ियों, पिछड़ेपन में दबी और असंतोष की राजनीति में हँसती हुई भारतीय जनता अपना आशावाद नागार्जुन की तरह कभी नहीं छोड़ती है। सत्ता हथियाने का अपना क्रांतिकारी अधिकार वह तेजी से माँगने लगी है। नागार्जुन की कविता उसकी कलात्मक राजनीतिक आयाम का प्राणवान इतिहास है। नागार्जुन की कविता जनता पर डंडे भाँजनेवाली सत्ता-पक्ष की राजनीति का भी विरोध, साहसिक इतिहास के तर्क से लैस होकर करती है और विरोध की जनता को, चुनाव का मुहरा बनानेवाली विपक्ष की 'बहुत-बहुत कम' बागी राजनीति की भी खबर लेती है। (जैसे पं. बंगाल में तृणमूल काँग्रेस से साँठगाँठ के लिए अटल विहारी वाजपेयी को क्रांतिकारी नजरुल इस्लाम को इस्तेमाल करना पड़ा था, उसी तरह 17.8.2000 को चंद सत्ता से हटे हुए नेताओं को अपनी धर्मनिर्पेक्षता की दूकान चलाने के लिए नजरुल इस्लाम की जरूरत महसूस हो रही है।)

कबीर और जनरूल की आस्था जनता में, उसके विकासमान मूल्यों में थी। नागार्जुन की आस्था 'पैदल चलनेवाले' में है, जिस पर शामत आई हुई है। उस पर शामत उच्चवर्ग की वजह से आई है। नागार्जुन उच्चवर्ग के विरोध के प्रतिबद्ध कवि हैं।

'कुत्ते ने भी कुत्ते पाले, देखो भाई' कविता में नागार्जुन महाजनी सभ्यता के उच्च या सफेदपोश वर्ग को कबीर की तरह सीधी भाषा में 'कुत्ते' कहना जरूरी समझते हैं। अभिजात वर्ग के कवि-कलाकारों को नागार्जुन की इस जरूरी राजनीतिक कला का प्रतिबद्धित आयाम चोट पहुँचाता रहा है। नागार्जुन की कविता सर्वहारा वर्गीय सौंदर्याभिरुचि और वर्गीय दोस्ती का आईना है :

"कुत्ते ने भी कुत्ते पाले, देखो भाई !
पैदल चलने वालों की तो शामत आई !
इन्हें सुलभ है फ्रिजवाली वह बरफ-मलाई
किस्तों में भौंका करते हैं, बस, प्रभु के हैं उत्तरदायी
बूढ़ों तक की करते हैं ये खाल-खिंचाई
इनके लेखे जैसे बाभन, वैसे नाई
पैदल चलने वालों की तो शामत आई
कुत्ते ने भी कुत्ते पाले, देखो भाई !" (पृ. 53)

विशाल हिंदी क्षेत्र में 'पैदल चलनेवालों की' संस्कृति और शामत आए हुए संकट पर कभी डॉ. रामविलास शर्मा और नागार्जुन का व्यापक और गहन मूल्यांकन जरूर होगा, तभी हिंदी जाति की संस्कृति के विकास के रास्ते पर नागार्जुन, मुक्तिबोध, त्रिलोचन और रामविलास शर्मा तथा शिवदान सिंह चौहान का इतिहासबोध हमारी मदद करेगा। हम अपनी उत्तरदायी विरासत और भविष्य की जनता पर जरूर ध्यान देंगे। यही भारत और बहुराष्ट्रीय विदेशी कंपनियों के दबाव में जनता की विजय का आख्यान होगा।

नागार्जुन के बहाने 'युगधारा'

नागार्जुन लद्दाख बोध बिहार के लामा लोव् जङग के आत्मीय बंधु हैं, तो 'जंगल के दावेदार' पाक्षिक पत्र के संपादक पूरनचंद तिवारी के घर भी वह किसी समय पहुँच सकते हैं। 13 अप्रैल '84 को सादतपुर में अचानक मिलकर वह बताते हैं, मुरादाबाद, रामपुर, हल्द्वानी, भुसाली होते हुए अल्मोड़ा कैसे पहुँचा जा सकता है। उज्जैन में देवास रोड पर एक कैथोलिक चर्च है, वह मुझे बताते रहे, वहाँ फादर पी. राजू हिंदी में एम.ए. करने के बाद क्या सोच रहे हैं। उन्होंने कहा, 'कश्मीर से अरुणाचल तक फैला है बुद्ध क्षेत्र। कश्मीर में करगिल और लेह बुद्ध सभ्यता का क्षेत्र है, हिमाचल प्रदेश में मंडी, कुल्लू, स्पीती, लाहुल बुद्ध विहारों का इलाका है। अब लाहुल से लेह तक सड़क बन गई है। सिक्किम, भूटान और अरुणाचल प्रदेश में बुद्ध सभ्यता का अद्भुत विस्तार है, जो भारतीय संस्कृति की युगधारा है–ठोस, प्रवाहपूर्ण।'

नागार्जुन के दो प्रिय साथी हैं। एक : संस्कृत पालि, प्राकृत, बंगला, मराठी, हिंदी की पुस्तकें और पत्रिकाएँ, दूसरा उनका साथी है ट्राँजिस्टर। दमा जब उभर आता है तो वह रात में कभी-कभी ट्राँजिस्टर खोल लेते हैं। जेल में रहते समय उन्होंने दो-तीन मालाएँ, रुद्राक्ष की, रख ली थीं। जब जो याद आता, माला पर उसका नाम जपने लगते।... पंडित नागार्जुन बुद्ध, मार्क्स, गाँधी, लेनिन किसी को भी 'ईश्वर' की तरह याद किया करते हैं। मेरी शंका-भरी आँखों में झाँककर वह बताते हैं : "मार्क्स वह है जो, जो चाहे कर सकता है। सांख्य दर्शन में ईश्वर की परिभाषा की गई है", "कर्तुम-अकर्तुम अन्यथा कर्तुम समर्थः इति ईश्वरः।"

युगधारा का यात्री कवि, दार्शनिक-अन्वेषक कवि, आत्मीय बंधुभाव का कवि और राजनीतिक आंदोलन का पक्षधर कवि 'कर्तुम-अकर्तुम अन्यथा कर्तुम समर्थ' आदिम संवदेना का कवि है।

निराला की अनामिका पहले छोटी सी पुस्तिका थी–अब आधुनिक हिंदी कविता का श्रेष्ठतम संकलन है। 1953 में प्रकाशित *युगधारा* का प्रथम संस्करण हिंदी की

प्रगतिशील कविता का विशिष्ट संकलन हैं। सन् 1943 तक नागार्जुन 'यात्री' नाम से कविता लिखते थे। कवित्व का आरंभिक उन्मेष संस्कृत के माध्यम से हुआ। मैथिली की प्रथम प्रकाशित रचना 1930 में मिथिला मासिक पत्र में छपी। हिंदी की सर्वप्रथम प्रकाशित रचना राम के प्रति, विश्वबंधु साप्ताहिक, लाहौर में 1935 में छपी। हिंदी में प्रगतिशील लेखक संघ का संगठन भी इसी समय हुआ था। 1935 से 1953 तक लिखी असंख्य कविताओं में से कुल 60 कविताएँ स्व. श्रीकृष्णदास ने युगधारा में संकलित की थीं। नागार्जुन उस समय जेल में थे।

आज 2000 में जिसे 'प्रगतिशील' या 'जनवादी' कविता आंदालेन के नाम से जाना जाता है, नागार्जुन उस धारा के आदिकवि हैं। जनवंदना, रवि ठाकुर, विवशता, विजयी के वंशधर, भारता माता, मनुष्य हूँ, जनकवि, धरती और पक्षधर जैसी कविताएँ हिंदी की प्रगतिशील कविता का इतिहास बनानेवाली कविताएँ हैं। रवि ठाकुर कविता में नागार्जुन, रवींद्रनाथ टैगोर से यह आशीष माँगते हैं :

"मन मेरा स्थिर हो
नहीं लौटूँ चीर चलूँ, कैसा भी तिमिर हो
प्रलोभन में पड़कर बदलूँ नहीं रुख।"

प्रलोभन में पड़कर कितने राष्ट्रीय कविता के कवि अवसरवादी हो गए, कितनों ने वाम अवसरवाद में मुँह छिपा लिया। नागार्जुन उस समय से आज तक 'जनकवि' हैं। वे 'मुग्ध मुदित मन' से इस देश की जनता के साथ रहे हैं और उसके 'उज्जल भविष्य' के लिए निष्ठापूर्वक सोचते, लड़ते और सपना बुनते रहे हैं। बहुतेरे कवि आंदोलन के समय वामदल के चर्चित कवि रहे और आंदोलन ठंडा पड़ते ही ठंडे या उदासीन मानसिकता के कवि बन गए। नागार्जुन 'दुविधाविहीन' आजादी से पहले और बाद तक जनता के कवि रहे हैं।

'भिक्षुणी', 'चंदना', 'पाषाणी', 'जया' जैसी कविताओं के नागार्जुन, किसान और नारी को मुक्ति की प्रगतिशील भूमिका पर जोर देनेवाले आज हिंदी जगत के महाकवि हैं। निराला और वह रचनाकार की 'पक्षधर की भूमिका' के प्रगतिशील चिंतक कवि भी हैं। युगधारा की चिंतन परंपरा पुस्तक नहीं है, न ही वायवी है। इस परंपरा में कोटि शीर्ष, कोटि बाहु, कोटि चरण यूरोप, एशिया, अमेरिका और अफ्रीका की जनता है। जनता का 'विज्ञान-कला-संस्कृति' का चिरंतन सहज, सक्षम और प्रबुद्ध से प्रबुद्धतर होता हुआ इतिहास नागार्जुन की कविता है।

निराला और नागार्जुन ने देश तथा विदेश के 'तुच्छ से अति तुच्छ जन' की जीवनी पर कहानी, काव्य, रूपक और गीत लिखे हैं। उस समय स्व. श्रीकृष्णदास मुक्तवृत्त और अतुकांत शैलियों की कविताओं का ही चयन कर सके थे। रोला, छप्पय, नचारी, सोहर और पद्यबद्ध कथक शैली की लोकप्रिय कविताएँ 'युगधारा' में वह नहीं दे सके थे। पर कथक शैली की अनोखी अभिव्यक्ति गुलाम **'चंदना'**

के आत्मसंघर्ष में, नारी हृदय की स्त्रीत्वाकांक्षा 'भिक्षुणी' में और पुरुष सत्ता के क्रूर क्षणमति, दुर्विग्ध संशय का सामना करती 'पाषाणी' में हुई है।

निराला और नागार्जुन दोनों महाकवियों ने परंपरा से चली आ रही सामंती शीर्ण संस्कृति को सप्राण करने का भगीरथ प्रयत्न किया है। मैं आज कह सकता हूँ—स्व. केदारनाथ अग्रवाल और त्रिलोचन अपने लंबे जीवन के बीच-बीच में कविता में कई बार 'चुक' जाते हैं, क्योंकि वे लोग उस समय साधारण लोगों से अलहदा पड़ जाते थे। अज्ञेय या व्यक्तिवादी कवि तो जीवन या उसके लोक आंदोलनों में 'क्षेत्रन्यास' लेकर अपना अलग 'ललित लोकायतन' बनाते ही रहे हैं। निराला के बाद नागार्जुन और मुक्तिबोध ही ऐसे महाकवि रहे थे जो कभी साधारण जनों से अलहदा नहीं हुए।

निराला और नागार्जुन तथा मुक्तिबोध तीन ऐसे महाकवि हैं जिनकी कविता को परखने के लिए काव्यशास्त्रियों को अपने मानदंड बार-बार बदलने पड़े थे। नागार्जुन पर 1953 में डॉ. रामविलास शर्मा ने लिखा था : "नागार्जुन उन थोड़े से कवियों में हैं जो आड़े दिनों में जनता के काम आ रहे हैं। अपनी कायरता और विश्वासघात छिपाने के लिए महाविद्वानों ने अनूठे 'सिद्धांत' गढ़ डाले हैं, नागार्जुन की कविता उनके लिए ऐसी चुनौती है जिसका सामना करने की सामर्थ्य उनमें नहीं है। रामराज्य के सपने टूटने पर तेवर बदलती हुई हिंदुस्तान की रोष-भरी फुफकार नागार्जुन की कविता है।"

'निराला पीठ', 'प्रेमचंद पीठ' और 'मुक्तिबोध पीठ' पर बैठकर बहुतेरे आधुनिक और प्रगतिशील कवियों ने अपनी कायरता और विश्वासघात को अनोखे ढंग से छिपाना चाहा है। नागार्जुन की 'कविताएँ दिल पर चोट करनेवाली हैं, कर्त्तव्य की याद दिलानेवाली हैं, राह दिखानेवाली भी हैं। वे इस बात की पेशगी हैं कि दलित और अपमानित जनता अपनी बेड़ियाँ तोड़कर रहेंगी।' और लोग जहाँ अपने-अपने सम्मान की रक्षा में लगे या जुड़े हुए हैं, वहाँ नागार्जुन हमारे राष्ट्रीय सम्मान का रक्षक, हमारी जनवादी साहित्यिक विरासत का सजग प्रहरी है। इसीलिए किसान कवि निराला और नागार्जुन की पक्षधर चेतना का मानदंड हिमालय-सा दृढ़ और उदात्त, इस देश का किसान ही रहा है।

कालिदास और नागार्जुन; दोनों इस देश के अद्‌भुत घुमक्कड़ महाकवि हैं। 'तुंग हिमालय के कंधों पर' 'छोटी-बड़ी कई झीलें' देखकर दोनों यात्री महाकवियों ने 'निज के ही उन्मादक गीत' लिखे हैं। प्रकृति के कवि की खोज करनेवाले आलोचक रामचंद्र शुक्ल के सामने व्यक्तिवादी कविता के कवियों का आलंबन और उद्दीपन का खतरा नहीं आया था। इस खतरे की पहचान चिंतक कवि नागार्जुन ने की थी कि प्रकृत्ति के कवि पंत या अज्ञेय जीवन के क्षेत्रन्यास कब कब लेते हैं। नागार्जुन ने युगधारा से मौत तक अपनी कमजोरियों को छिपाने के लिए कोई 'पीठ' (चेयर)

या 'ललित लोकायतन' नहीं बनाया था।

किसान मानसिकता के आज दो ही लेखक है : *सोजे वतन* से *गोदान* तक के प्रेमचंद और *युगधारा* से *पुरानी जूतियों के कोरस* तक के नागार्जुन। किसान भारतवर्ष के ये दो ऐसे अनूठे रचनाकार हैं जो व्यापक और ठोस--इस देश की आम जनता के 'दबी हुई दूब का रूपक' बन गए हैं। यह रूपक ठोस किसान का है, क्षण भर 'हरी घास पर' विश्राम करनेवाले मुमूर्षु का नहीं है।

देश-देशांतर के ज्यादातर कवि आज 'बैंक बैलेंस' या पुरस्कारों की बैसाखियों पर टिके हुए कवि रह गए हैं। *युगधारा* का *कवि नागार्जुन* आज तक जनयुग का रिक्तहस्त कवि है। रिक्तहस्त कवि नागार्जुन ही 'शपथ' कविता में परम क्रुद्ध होने पर हिटलर के पुत्र-पौत्र को निर्मूल करने का प्रण करते हैं :

> हिंदू-मुस्लिम-सिक्ख फासिस्टों से न हमारी
> मातृभूमि यह जब तक खाली होगी
> संप्रदायवादी दैत्यों के विकट खोह
> जब तक खंडहर न बनेंगे
> तब-तक मैं इनके खिलाफ लिखता जाऊँगा।

इतिहासकार जानते हैं, नागार्जुन ने 'संप्रदायवादी दैत्यों' के खिलाफ अपनी लौह-लेखनी को कभी विराम नहीं लेने दिया। *युगधारा* आज इसी निष्ठाशील धारा का नजरुल की समीपवर्ती परंपरा का जातीय सत्य है। इसी सत्य की पहचान करते हुए नागार्जुन ने 'संत विनोबा' कविता में यह सवाल पूछा था।

> "संत विनोबा, समझ-बूझ लो जमींदार की चाल
> वर्ना गला नहीं पाओगे सर्वोदय की दाल।"

भविष्यद्रष्टा कवि नागार्जुन ने *'विस्रामपुर के संत'* (श्रीलाल शुक्ल) से अधिक निकटता से देख लिया था 'मच्छर और उड़िस (खटमल)' की तरह 'भूदानी' जमींदार के पेट में कैसे और कब समा गए! भारत का किसान कवि नागार्जुन इसी नाते अमेरिका में जनतंत्र के कवि *वाल्ट ह्विटमैन* के सहधर्मी अंतर्राष्ट्रीय मित्र कवि हैं। जनता के जनवादी अधिकारों के दोनों ही जनतांत्रिक महाकवि हैं।

हिंदी की जातिय कविता यूरोप, एशिया, अमेरिका या अफ्रीका यानी तीसरी दुनिया की जनता के स्वाधिकार की कविता है। हिंदी में *युगधारा और नागार्जुन* मानवीय स्वाधिकार का इतिहास बनानेवालों में रहे हैं। नागार्जुन अपराजेय किसान कवि हैं, *युगधारा* उसी जनकवि का पहला संकलन है।

'संकट के बावजूद' नागार्जुन

डॉ. मैनेजर पांडेय का एक मन नागार्जुन से जुड़ा है, दूसरा मन 'आराधन का दृढ़ आराधन से' नागार्जुन के आलोचकों को उत्तर देना चाहता है। क्या यह विभाजित मन है एक आलोचक का ? नहीं। मैं जब *संकट के बावजूद* मैनेजर पांडे की पुस्तक पढ़ रहा था, तो मुझे कभी कबीर, कभी जयदेव और अकसर नागार्जुन याद आ जाते थे। यह दृष्टि भी मुझे दो खंडों में *भारतीय संस्कृति और हिंदी प्रदेश* पुस्तक पढ़ते समय आई यानी कौंधकर बता गई कि चाणक्य, विद्यापति का अध्ययन इतिहास को काटकर करना नामुमकिन है। इतिहास में यह व्यक्ति नहीं हिंदी नव जागरण के उत्स रहे हैं। यह इतिहास का दो मन मैंनेजर पांडेय का है जो दोनों का साक्षात्कार करता है अपनी आलोचना में। एक संवेदना का सजीव मन नागार्जुन का है, दूसरा विवेक से सजग चित्र आलोचक मैनेजर पांडेय का है।

जब मैं *संकट के बावजूद* नागार्जुन मुद्दे पर सोचता हूँ तो मुझे स्व. डॉ. रामविलास शर्मा याद आते हैं जिनकी भावना और विचार में निराला रचे-बसे थे। एक बीज था जिसे धीरे-धीरे *निराला की साहित्य-साहित्य साधना* लिखकर डॉ. रामविलास शर्मा वृक्ष की तरह विकसित करते हैं। मैंनेजर पांडेय ने 'नागार्जुन की साहित्य साधना' पर अभी कुछ नहीं लिखा है। पर यह सत्य है, *संकट के बावजूद* पुस्तक का अनुवाद, संपादन और भूमिका लिखते समय उनके अवचेतन में एक मूर्ति नागार्जुन की थी, इसमें मेरे मन में कोई संदेह नहीं है।

पुस्तक में डॉ. पांडेय की भूमिका है : 'संकट तो है लेकिन'...। इस 'लेकिन' में निहित है संकट के बीच खड़े नागार्जुन की 1975 यानी आपात्काल की जीवन यात्रा। नागार्जुन की यात्रा का सूत्र है समूह-चेतना या वसुधा को कुटुंब बनाने की आस्था-भरी संस्कृति। नागार्जुन की जीवन यात्रा का यही स्रोत है। वास्तव में भावना और विचार से 1975 में नागार्जुन एक मुठभेड़ थे। 'नई कविता और अस्तित्ववाद'

1. 'संकट के बावजूद' सं. मैनेजर पांडेय, वाणी प्रकाशन, नई दिल्ली-2, मूल्य 175 रु.

पुस्तक में जहाँ डॉ. शर्मा अस्तित्ववाद के खतरे के हर मोड़ से हिंदी के नए कवियों को आगाह करते हैं, वहाँ वह सिर्फ नागार्जुन को देश की संकट की घड़ी के बीच खोजते और परखते हैं। अपनी आत्मकथा में वह यह बताते हैं कि निराला के बाद उन्होंने मुक्तिबोध की कविताओं की व्याख्या विद्यापीठ के विद्यार्थियों के सामने की थी।

मैंनेजर पांडेय ने आपातकाल और संपूर्ण क्रांति के बीच में कबीर को याद किया है, पर मार्क्सवाद और प्रतिबद्ध कवि के रूप में वह इस काल में नागार्जुन की खोज करते हैं, वह भी उत्तर आधुनिकतावादियों के रीतिवाद और निराशा के प्रतिमानों के सामने।

लेकिन...के बाद जो पुस्तक में अनकहा फैलाव है वह भारत में मार्क्सवाद और प्रतिबद्धता को खोजने का ही एक प्रयास है। नागार्जुन (या मुक्तिबोध कहीं अवचेतन में होंगे) हिंदी जगत में मार्क्सवाद की कसौटी भी है और पक्षधर कवि चिंतक की भूमिका भी। (देखें, पहल के मार्क्सवाद अंक में मेरा लेख)। मन में है उत्तर-आधुनिकता के सामने नागार्जुन की विचारधारा की घोषणा जिसका अंत कभी नहीं हुआ।

मैनेजर पांडेय ने लिखा है : 'रेमंड विलियम्स ने प्रतिबद्धता के साथ संबद्धता को जोड़कर उसे व्यापक बनाया है। नागार्जुन की एक कविता है : 'मैं प्रतिबद्ध हूँ।' उसमें प्रतिबद्धता के साथ संबद्धता और आबद्धता की बात की गई है। अगर रचना और रचनाकार के प्रसंग में प्रतिबद्धता के साथ संबद्धता और आबद्धता पर भी ध्यान दिया जाए तो साहित्य के स्वभाव को ठीक ढंग से समझने में अधिक मदद मिलेगी।' (पृष्ठ 29)

आज साहित्य के स्वभाव में विचार कम और बाजार ज्यादा हावी हो गया है। यह 98 वर्ष से आज की एक संकटापन्न सूचना है। दूसरी विडंबना स्वीकार की लीलाधर मंडलोई ने 98 वर्ष के अंत में बाबा नागार्जुन का जाना एक बड़ा आघात है। "बाबा के होने से यह उम्मीद बनी हुई थी कि वे कभी उत्तर पूँजीवाद के दुष्चक्र में उग रही पतनशील प्रवृत्तियों से आगाह करने, राजनीति के चरित्र से अवगत कराते और सदी के अवसान में साहित्य के लिए सही दिशा का संकेत देते। सूक्ष्म पर्यवेक्षण की इतनी कूव्वत अब दुर्लभ है। अलख जगाने की यह ताकत और सत्ता से टकराने का अदम्य साहस अब कितनों के अंदर है। स्थानीयता की देशज समझ से लेकर वैश्विक ज्ञान का वैज्ञानिक विस्तार बाबा में था।' (जनसत्ता : 27.12.98) यही 'प्रज्ञा-प्रयत्न' है नागार्जुन का। मनोहरश्याम जोशी जिसे नागार्जुन की 'भंगिमा' मानते हैं।

नागार्जुन 1975-98 तक संकट के दौर में नई पीढ़ी को पूँजीवाद के दुश्चक्र से आगाह जरूर करते रहे। पूँजीवाद के बदलते हुए संकट को नई पीढ़ी 'पतनशील प्रवृत्ति' कहती है, पर वह उस प्रवृत्ति या संकट से सतर्क रहने के लिए नागार्जुन

से संवाद नहीं करती थी। नागार्जुन से संवाद के बाद नई पीढ़ी संकट के बावजूद सूक्ष्म पर्यवेक्षण करना सीखती। मूल में जाकर नई पीढ़ी तब सत्ता से टकराने का अदम्य साहस जुटाती। नागार्जुन की 'तुम किशोर, तुम तरुण...' कविता का सूत्र है : 'सेतु बनो प्रज्ञा-प्रयत्न के मध्य'।

आर. लैंडर का कार्ल मार्क्स से साक्षात्कार इसी मानी में नागार्जुन के 'प्रज्ञा-प्रयत्न' की ही व्याख्या का एक सिलसिला हो सकता था। फ्रांस का एक 'घटिया नाटक' जिसे मार्क्स ने देखा था, और विश्वास के साथ यह बताया था "उस घटिया नाटक को देखनेवाले विवेकशील यूरोप को एक क्षण के लिए भी वास्तविक रूप के बारे में धोखा नहीं हुआ।" (पृष्ठ 39)

मार्क्स जैसे गढ़ी हुई कॉमेडी को एक भोंडा प्रहसन बताते हुए देखते और वास्तविक रूप और धोखा का फर्क बताते हैं, नागार्जुन आजादी के 50 साल में यही काम करते रहे। नाटक और चिंतन जैसे मार्क्स का प्रिय विषय था, नागार्जुन की हर कविता में एक नाटक रहता है, जो उनके चिंतन को परिवेश में विस्तृत करता है। यह इतिहास की जिरह है या उसका वर्णन है।

मार्क्स बताते हैं : "महान मुक्ति आंदोलन समय, स्थान और परिस्थितियों का न्यायोचित परिणाम है। इतिहास की इस प्रक्रिया को समझने के लिए एक विचारक बुद्धि चाहिए, जबकि अधिकारियों के पास केवल जासूस समझ है।" (पृष्ठ 40) अब नागार्जुन की विचारक बुद्धि और इतिहास की प्रक्रिया को समझने के लिए 1959 में लिखी 'तो फिर क्या हुआ ?' कविता पढ़ी जानी चाहिए। हिंदी का आलोचक (जो मुख्यतः सत्ताधारी आफ़िसर हो चुका है) इसे सिर्फ जासूस की तरह समझता है। क्योंकि वह वकील नागार्जुन के हैं : "नत नमन/मुदित मुख/प्रज्ञाकर/बैठे हैं, कुर्सी पर/मात्र वेतन से मतलब।" (पृ. 926)

इतिहास में 1935 से '50 तक रेमंड विलियम्स के सामने सोवियत संघ रहा था, या नहीं, पर नागार्जुन और मुक्तिबोध के सपने में एकमात्र परिकल्पना समाजवादी सोवियत संघ की थी। यह विडंबना ही थी भारत के वाम दलों की कि वह रहते थे पूँजीवादी भारत के उदयकाल में और सिद्धांत गढ़ते थे : 'संस्कृति के मार्क्सीय सिद्धांत में आधार और ऊपरी साँचें की सार्थकता का।' नागार्जुन चाहे *रतिनाथ की चाची* लिखें या *बलचनमा* वह जानते थे कि उन्हें अपने समानधर्मा की तरह समाज के नीचे तल में रहना है, और उस पूँजीवादी समाज के नीचे तल में जब आमूल परिवर्तन आएगा तभी उनकी 'अमूर्त दलीलें' मूर्तिमान होंगी इसी देश में।

यहाँ दो बातें रेमंड विलियम्स की मैं दे रहा हूँ। एक बात है : 'वर्ग और मानवीय व्यवहार की।' रेमंड का विवेचन नागार्जुन को समझने में मददगार होता है। लिखा है : "व्यवहार और अभिप्राय के कुछ ऐसे क्षेत्र होते हैं जो अपने सीमित स्वस्थ और चरित्र या विकृत रूप के कारण प्रधान संस्कृति की पहचान में ही नहीं आते। उदाहरण

के लिए लेखकों के साथ पूँजीवादी राज्यों के व्यवहार और वर्तमान काल में सोवियत संघ का अपने लेखकों के साथ व्यवहार का अंग देखने से यह बात स्पष्ट हो जाती है। चूँकि संपूर्ण मार्क्सवादी परंपरा में साहित्य को एक बहुत ही महत्वपूर्ण गतिविधि के रूप में समझा जाता रहा है, इसलिए सोवियत राज्य उन क्षेत्रों में अत्यंत शक्ति से जाँच-पड़ताल का काम करता है जहाँ व्यवहारों के भिन्न स्वरूप, मित्र के अभिप्राय और मूल्य रचने या व्यक्त करने के प्रयत्न हो रहे हैं।'' (पृष्ठ 136)

आजादी के पूर्व भी नागार्जुन व्यवहार और अभिप्राय के क्षेत्र में रचनाकार थे और आजादी के बाद के सोवियत संघ से अपने देश के लेखकों को आपात्काल संकट, 1975 से समझौता करने (माकपा सत्ता समझौते के कारण जनता से दूर हो गई। नागार्जुन जनता में बने रहे) या जोड़ने के बावजूद किसी मुगालते में नहीं रहे। वह राजनीति और साहित्य को व्यवहार के भिन्न स्वरूप और भिन्न किस्म में परखने लगे थे। नागार्जुन और यशपाल, नागार्जुन और कृश्नचंदर इसी मानी में अपने स्वभाव में भिन्न थे। यशपाल, अमृतलाल नागर स्वभाव के लेखक थे, कृश्नचंदर फिल्म उद्योग के लेखक। नागार्जुन आजाद भारत के बाद मात्र (कुछ सीयारामशरण गुप्त के करीब और एक सीमा में त्रिलोचन भी) किसान व्यवहार के भिन्न स्वरूप और भिन्न किस्म के लेखक रहे। अपनी मौत तक वह जानते रहे कि उनका किसानी जीवन पूँजीवादी समाज का दास है और उस दासता में (पुराने उपनिवेशवादी से भिन्न स्वरूप में) उनके लेखक का जीवन नाजी पूँजीवादी लेखकों से बदतर है और रहेगा। देश के इसी भिन्न स्वरूप और भिन्न किस्म में ही नागार्जुन की पक्षधरता है।

रेमंड बताते हैं : ''पूँजीवादी समाज में जब तक कोई चीज लाभ न कमाने लगे या व्यापक स्तर पर लोकप्रिय न हो जाए या केवल एक विकल्प के रूप में बनी रहे तब-तक उसकी उपेक्षा की जा सकती है, लेकिन जब व स्पष्टतः विरोधी बन जाए तब निश्चित ही उसके प्रति सतर्कता बरती जाती व उस पर आक्रमण भी किया जाता है।'' (पृष्ठ 136)

'60 तक नागार्जुन से सेठ और सरकार (पाल) लगातार जासूस की तरह सतर्क रही। निश्चित ही उनके प्रति प्रतिष्ठान (एस्टेब्लिशमेंट) की सतर्कता, उनके विचार और भाव, उनकी राजनीति और संस्कृति के आक्रामक चरित्र के कारण रहा। नागार्जुन जनवरी '44 में 'कौमी बोली' में एक नोट लिखते हैं, जो उनकी रचना और रचनाकार का आपात्काल और संपूर्ण क्रांति में आधार रहा। शीर्षक था : 'दिमागी गुलामी।'

पुराने साम्राज्यवाद के आज दो नए चेहरे हैं एक, अमेरिका का, दूसरा 'यूरोप' का। नागार्जुन इसी के विरोध में अपनी बात की शुरुआत करते हैं : ''जिस बात को आपका दिल कबूल करता है, जिसको आप ठीक मानते हैं, यदि उस पर आप अमल नहीं करते, यदि उसको आप अपने जीवन में नहीं उतारते तो यह आपकी दिमागी गुलामी है। दिमाग की यह गुलामी राजनीतिक गुलामी से कहीं ज्यादा खतरनाक

हैं।" (अन्नहीनम् क्रियाहीनम्, पृष्ठ 78)

आजादी के बाद सांस्कृतिक मोर्चे पर काम करनेवाले सत्ता प्रतिष्ठान के बुद्धिजीवी, लगातार राजनीति को संस्कृति से अलगाते रहे। यह बात आज जब नागार्जुन नहीं हैं, फोर्ड फाउंडेशन (भारी विदेशी अनुदान पर जीने वाले थे) के लेखक, बुद्धिजीवी, पत्रकार, रंगकर्मी बढ़े हैं, जो सिद्धांत के रूप में कुछ और मानते हैं परंतु आचरण से कुछ और चरित्र उनका है। ऐसे लोग नागार्जुन की राजनीति पर अकसर सत्ता के 'सुरक्षित' (कोने) स्थान से, आक्रमण करते रहे हैं। यह दूरदर्शन पर 'पत्रिका' (30-12-98) का परिसंवाद हो या 'सुबह सवेरा' (29-11-98) में अपनी गुलाम मनोवृत्ति की घोषणा। पूँजीवादी मीडिया 'संकट के बावजूद' नागार्जुन के, न तो करीब आता है, न उनसे आबद्ध होना चाहता है। नागार्जुन बताते हैं : "स्वाधीन मनोवृत्ति आंतरिक स्वस्थता का सबसे बड़ा लक्षण है। परंपरा का बोझ और धारणाओं का जाल हमें खुलकर समस्याओं का समाधान नहीं करने देता—यह बिल्कुल सत्य है।" (वही)

दूरदर्शन के प्रायोजित कार्यक्रम में लोग (यानी नामवर सिंह, कमलेश्वर, राजेंद्र यादव) कम खुलते हैं, फिर भी वह जानकर—विशेषकर अध्यापक वर्ग—सत्य (याद रखें 1975 में लिखी नागार्जुन की सात कविताएँ 1. सूरज सहमकर उगेगा, 2. वह सब क्या था आखिर, 3. अगले पचास वर्ष और, 4. अहिंसा, 5. सत्य, 6. खिचड़ी विप्लव, 7. धोखे में डाल सकें) नहीं बोलते। वह लंबे काल तक उच्छृंखलता और स्वाधीनता का जाल बुनता है, यह एक दिलचस्प अध्ययन होगा। पिछले दो साल के बीच का नागार्जुन न केवल उच्छृंखलता और स्वाधीनता में अपनी जमीन पर फर्क करते रहे थे, बल्कि वह हृदय और बुद्धि की स्वाधीनता की अपनी शर्तों पर जीते और खतरा उठाकर अपनी बात कहते भी रहे। लिखा है नागार्जुन ने "उच्छृंखलता और स्वाधीनता ये दो पृथक् वस्तुएँ हैं। दुर्बल हृदय के लोग शंका करते हैं कि दिमागी आजादी मानसिक उच्छृंखलता का ही रूपांतर हो सकती है। ऐसे व्यक्ति यह सोचते तक नहीं कि स्वतंत्रता की भावना एकांगी नहीं होनी चाहिए। आर्थिक, राजनीतिक, सामाजिक अथवा अन्य कोई भी स्वाधीनता जिस प्रकार आवश्यक है, ठीक उसी प्रकार हृदय और बुद्धि की स्वाधीनता आवश्यक है।"

रवींद्रनाथ, कालिदास, कल्हण, जयदेव, विद्यापति और प्रेमचंद से संवाद करने वाला नागार्जुन हृदय और बुद्धि की स्वाधीनता को चंद लकवाग्रस्त अध्यापकों से अच्छी तरह जानता था। चंद अध्यापक सुविधाजीवी हैं, और उनकी मनोवृत्ति सत्ता प्रतिष्ठान से ज्यादा पंगु हो चुकी हैं। नागार्जुन उनके चरित्र पर सीधी बात करते थे। जब वह कहते थे : "डांगे होगा, राजपाल" तब पंगु वाम बुद्धिजीवी नागार्जुन से खुद को प्रकट और प्रगतिशील मानते थे। केदारनाथ अग्रवाल पर नागार्जुन ने मित्र कवि की तरह कविता लिखी, पर वह जो बाँदा सम्मेलन पर सोचते थे, उसे (देखें, सर्वनाम) सोचकर केदारनाथ अग्रवाल शंका जाहिर कर चुके थे।

क्लासिक कविता का कवि क्यों नौकरशाह कवि की आज्ञाएँ बजाते रहे, यह समझने के लिए नागार्जुन पर कल्पना की नहीं, सत्य यानी स्वतंत्र बुद्धि की कसौटी चाहिए। नागार्जुन ने लिखा था : ''जिस व्यक्ति अथवा समाज की बुद्धि अन्य व्यक्ति या समाज पर निर्भर हो, समझना चाहिए कि उसकी मनोवृत्ति पंगु हो गई है। प्राचीन-से-प्राचीन धारणाएँ, बड़ी-से-बड़ी अनुश्रुतियों, वृद्ध-से-वृद्ध गुरुओं की आज्ञाएँ पहले स्वतंत्र बुद्धि की कसौटी पर कसी जानी चाहिए। अमुक ने ऐसा कहा है, अमुक ने ऐसा लिखा है, इसलिए ऐसा करना चाहिए। इसीलिए मैं ऐसा करता हूँ। इसलिए आप भी ऐसा कीजिए, ऐसा वे लोग कहा करते हैं जिनका दिमाग गुलाम है और जिनकी मनोवृत्ति पंगु है।'' ध्यान में रहे कि यही मनोवृत्ति बाणभट्ट में पं. हजारी प्रसाद द्विवेदी ने पेश की थी।

आजादी के पचास साल बाद एक गुलाम वर्ग का लेखक, 'कामाध्यात्म' से उत्तर-आधुनिकता तक यात्रा करते हुए आता है (अज्ञेय, दिनकर, निर्मल वर्मा) और इतिहास में अपने अंत की घोषणा करता है। दूसरा लेखक वर्ग नागार्जुन और मुक्तिबोध की तरह राजनीति, दर्शन, कला, साहित्य में अपनी स्वतंत्र बुद्धि की कसौटी तैयार करता है। नागार्जुन और मुक्तिबोध की आधुनिक-बोध की प्रगतिशील कसौटी जनता और खतरा उठाने की लेखक की आबद्धता, संबद्धता और प्रतिबद्धता में निहित रही है। आलोचक खुद से चलकर इतिहास में अपने अंत की घोषणा (यात्रा) करता है, वह कई तरह के आराम करने का बहाना तलाशता है, यानी गावतकिए लगा रहा है। एक, कविता का नया प्रतिमान, दूसरा तकिया है, दूसरी परंपरा की खोज का। यह तकिया लगाने की सभ्यता, नागार्जुन, मुक्तिबोध और रेमंड की नहीं रही। तीनों मार्क्सवाद में गहरे उतरते हैं और स्वीकार करते हैं।

'तात्पर्य यह है कि हमारे पास इस तरह की कोई निश्चित अविभाज्य क्रियाविधि नहीं है जो वस्तु के निश्चित स्वरूप से लक्षित हो सके। हमारे पास क्रियाशील व्यवहारों के संबंधों के सिद्धांत हैं तथा प्रधान, अवशिष्ट और उदीयमान संस्कृतियों की परिकल्पनाएँ हैं। लेकिन हम जिस चीज की सक्रिय खोज कर रहे हैं वह ऐसा वास्तविक व्यवहार है जो विच्छिन्न होकर वस्तु का रूप धारण कर चुका है और व्यवहारों की वे वास्तविक अवस्थाएँ हैं, चाहे वे साहित्यिक परंपराएँ हों या सामाजिक संबंध, जो विच्छिन्न होकर संघटक बन चुकी हैं या पृष्ठभूमि में छुप गई हैं। सामान्य मान्यता के रूप में तो यह केवल एक ध्यान आकर्षित करने वाली बात है, लेकिन मुझे ऐसा लगता है कि एक संस्कृति संबंधी मार्क्सवादी चिंतन परंपरा के सैद्धांतिक और व्यावहारिक गतिविधि के अंतर्गत हमसे पुरानी चिंतन-पद्धति से छुटकारा और नए चिंतन के प्रस्थान का सुझाव मिलता है।' (*अ लेफ्ट रिव्यू 82,* नवंबर-दिसंबर, 1973, पृष्ठ 142)

नागार्जुन और मुक्तिबोध, संस्कृति संबंधी पुरानी मार्क्सवादी चिंतन-पद्धति यानी

डॉ. रामविलास शर्मा से छुटकारा पाते हैं और हिंदी साहित्य के अस्सी वर्ष के इतिहासकार शिवदान सिंह चौहान को 'कटघरे' में खड़ा करते हैं। कैसे ? दोनों की पुरानी पद्धति और इतिहास दृष्टि में मुक्ति का भिन्न तरीका मुक्तिबोध और नागार्जुन का है। 'कवि', 'वसुधा', 'नया खून' और 'प्रतीक' के साथ मुक्तिबोध जुड़ते हैं। यह उनका पुरानी मार्क्सवादी पद्धति से प्रस्थान बिंदु का एक सूत्र है। दूसरे अपने अनुभव से दोनों नए चिंतन का सुझाव नई पीढ़ी को देते हैं। यही संवाद का चित्र है आलोचना के संकट का। डॉ. रामविलास शर्मा में अंत तक मुक्तिबोध, मानबहादुर सिंह से संवाद नहीं रहा।

डॉ. शर्मा समाजशास्त्री समीक्षक कहलाते हैं, पर नई पचास साल की पीढ़ी से नागार्जुन, मुक्तिबोध और रिचर्ड हागर्ट संवाद करते हुए साहित्यिक कल्पना और समाजशास्त्रीय कल्पना में फर्क बताते हैं।

नागार्जुन राजकमल चौधरी को प्रतिक्रियावादी, अराजक, अस्तित्ववादी जैसे खाते में फेंककर उसके कवि या कविता से हाथ नहीं झाड़ लेते, बल्कि नागार्जुन कविता लिखते हैं : "अच्छा किया, उठ गए हो दुष्ट।" नागार्जुन राजकमल चौधरी (धूमिल, पाश, गोरख पांडेय, महेश्वर और मानबहादुर सिंह) की 'कृतियों में समाज में सक्रिय लोकनिष्ठ प्रवृत्तियों की दिशा की पहचान (रिचर्ड हागर्ट की तरह) करते हैं। मुक्तिबोध, शमशेर के वैयक्तिक संवेदनात्मक लेख को वस्तुगत रूप के 'स्वरूप की अभिव्यक्ति का श्रेय' देते हैं। शमशेर, मुक्तिबोध के 'चाँद का मुँह टेढ़ा' की अंतर्दृष्टियों को परखते हैं। रिचर्ड हागर्ट बताते हैं : "साहित्यालोचन की दुनिया में भी अन्य व्यावसायिक दुविधा की भांति उसके अपने छल होते हैं तथा उसमें भी आत्म औचित्य प्रतिपादन के प्रयत्न दिखाई देते हैं। हम लोग बिना किसी ऐतिहासिक और समाजशास्त्रीय संचय और सामंजस्य के कृतियों में अन्यत्र शीघ्र मूल्य निर्धारक सामान्यीकरणों की खोज कर लेते हैं और अनेक सांस्कृतिक निष्कर्षों पर छलाँग मार देते हैं। हमारी सांस्कृतिक भावनाएँ अत्यंत सुविधापरक, सीमित और संकुचित होती है।" (पृ. 169)

हिंदी की मार्क्सवादी आलोचना, क्यों छल और छलाँग लगाते हुए सीमित होती गई, यह देखने के लिए भी नागार्जुन की 'अच्छा किया उठ गए हो दुष्ट' कविता के दोनों पक्षों को देखना चाहिए। एक, आत्म-समीक्षा का पक्ष है :

"दरअसल, हमीं ने बना दिया है। इनको पागल
छेक रखी है राह
न खुद बढ़ेंगे आगे
न औलाद को ही मौका देंगे
शासन और समाज और शिक्षा-केंद्र
वाणि श्रम और विलास, मठ और मंदिर...

सरकारी और गैरसरकारी प्रतिष्ठान...
बँधे हैं हमारी रगों के विकास के सूत्र" (पृष्ठ 180/(2)

दूसरा आत्मपीड़ा का बेबाक पक्ष है :

"अच्छा किया, उठ गए हो दुष्ट
खूब रहा...
पा गए हो छुटकारा भवसागर के थपेड़ों से
अपन तो भई, थेथर हैं...
निर्लज्ज, बेहया, कठजीव...
मरेंगे नहीं जल्दी। (1967/5-185/2)

इस स्तर की पीड़ा, न किसी आलोचक में पाश, गोरख पांडेय, धूमिल, सर्वेश्वर और रघुवीर सहाय पर मैंने देखी, न अपनी (कमजोरियों की) ऐसी निर्मम समीक्षा किसी आलोचक ने आज तक की है। यही नागार्जुन का सूत्र है : "दुःख सत्य है, सुख धोखाधड़ी।" यह सुख कैसी धोखाधड़ी है, आजाद भारत की संस्कृति की ? खुदगर्जी और ढोंग से भरा है यह पूँजीवादी समाज। यहाँ 'दुख सबको माँजता' है कहनेवाले अज्ञेय के छल नजर आ जाते हैं। नागार्जुन के शब्द को समझाते हैं रिचर्ड हागर्ट। लिखा है : "साहित्य साक्ष्य है, लेकिन ऐसा साक्ष्य जिसको अत्यंत कुशाग्र बुद्धि से समझने की जरूरत होती है, वह ऐसा साक्ष्य है जिसे कल्पनाओं या मिथकों तथा रूढ़ियों में खोजना पड़ता है, जिनमें परोक्ष रूप से अत्यंत गहरे स्तर पर तनावों और संघर्षों का रूपायन होता है।" (पृष्ठ 116)

नागार्जुन के लिए साहित्य कलावाद, कुशाग्रबुद्धि, कल्पना या मिथ, सब जन से जुड़ाव का मात्र एक साधन है, पक्षधर है। दूसरी ओर अधिकांश बुद्धिजीवी शीतयुद्ध के बाद पुरस्कार और सत्ता के सुख के मोहक भ्रम में जी रहे हैं। साहित्यानुशीलन में विचारधारा की स्थिति पर नागार्जुन जानते हैं कौन क्या खेल खेल रहा है।

नागार्जुन का पूरा साहित्य, वर्ग अभिप्राय को व्यक्त करता है। रिचर्ड हागर्ट की यह बात ध्यान देने की है कि : "जो आलोचना कलाओं की उत्पत्ति के पीछे सक्रिय ऐतिहासिक संघर्ष की अवहेलना करके केवल कलाओं की रूपात्मक सुसंगति, विरोधों के समाधान और इसी प्रकार के आडंबरी विवेक पर बल देती है वह एक समृद्ध और संस्थापित समाज के लिए विशेष उपयुक्त है। इस प्रकार की आलोचना निश्चित ही उस आलोचना से कम विचारधारात्मक है जिसके राजनीतिक विशुद्धता ही सौंदर्यबोधी मूल्य की कसौटी है। लेकिन ऐसी आलोचना में सामाजिक शक्तियों की अवहेलना का भी एक विचारधारात्मक पहलू है। वह वर्तमान वर्गविहीनता के भ्रम पर आधृत और उसी के पोषण में सहायक भी है। यह एक ऐसा गुरु है जिसके कारण ही छद्मवेशी बुद्धिजीवी वर्ग शासन में टिका हुआ है।" (वही, पृष्ठ 179)

छद्मवेशी बुद्धिजीवी के लिए 'कविता की वापसी' मात्र एक आडंबरी विवेक

रहा, जहाँ नागार्जुन की उपस्थिति का कोई सौंदर्यबोधी मूल्य नहीं है। आडंबरी विवेक का ही एक पक्ष है साहित्य अकादमी का पुरस्कार। अशोक वाजपेयी, लीलाधर जगूड़ी और अरुण कमल इस विचारधाराहीन राजनीति का ताजा छल हैं। छल भीतर-बाहर सत्ता में है। 'मंत्र' कविता 1969 में नागार्जुन ने लिखी थी। 'मंत्र' कविता कलात्मक है, और मजाक भी है उस कलावाद का। नागार्जुन उसमें 'छद्मवेशी वर्ग शासन' की पोल भी खोलते हैं। जैसे, 'औं इसी पेट के अंदर समा जाए सर्वहारा।'

जैसे : 'औं हमेशा हमेशा हमेशा करेगा राज मेरा पोता।'

जैसे : 'औं मार, मार, मार, वार, वार न जाए खाली/ओं अपनी खुशी/ यों दुश्मन का पामाली/ ओम्मार, मार, मार, मार, मार, मार/ ओं अपोजीशन के मुंड बनें तेरे गले का हार।

जैसे : 'ओं गुटनिरपेक्ष सत्तासापेक्ष जोड़-तोड़/ ओं छल-छंद। ओं मिथ्या ओं होडम-होड/ ओं बकवास ओं उद्घाटन/ओं पारण-मोहन-उच्चाटन (2 191/2)

ज्यों-ज्यों पूँजीवादी विश्व का संकट, मारक होता गया। नागार्जुन 'रहे गूँजते बड़ी देर तक' (1971) कविता लिखते हुए स्वीकार करते हैं : "भूल गया जाने क्यों मुझको अपना दुखद बुढ़ापा।" उन्हें ये आशा जीवित रखती है कि 'नवयुग के शिशु-दूत' 'बेबस विपत दिनों का कालिख धो देंगे।' नागार्जुन का आशावाद भविष्य की ओर देखता है। वह 1970 में लिखते हैं कविता : 'आज मैं बीज हूँ' :

बस, थोड़ी और उमस
बस, थोड़ी और धूप
बस, थोड़ी और पानी
बस, थोड़ी और हवा
बस, थोड़ा भुरभुरापन
—क्या देर है भला बाहर आने में
आज मैं बीज हूँ
कल रहूँगा अंकुर
बटुर-बटुर आएगी दुनिया, मुझे देखने को आतुर
आज मैं बीज हूँ
अलक्षित, नाचीज हूँ
गर्द हूँ धरती की जादुई कोख में।

यहाँ 'उत्तर-आधुनिकता' की 'जादुई' कला भी है। पूँजीवादी सभ्य विश्व के भटकाव की विडंबना भी है। मध्यवर्गी भुरभुरापन भी है। पर वहाँ नागार्जुन की धरती से अटूट लगाव, नागार्जुन का कुटुंब बोध, नागार्जुन का अलक्षित वर्ग से दोस्ती, ना-चीज नारी, दलित, युवा से संवाद का अटूट नाता भी है। इसलिए अरविंद, आनंदमूर्ति आदि का मुँह देखते कृष्णनाथ एवं स्व. शिवप्रसाद सिंह और निर्मल वर्मा यहाँ नागार्जुन

के लिए एक मूर्त मिथ हैं। देखें : 'लेटा है चित व्योमकेश त्रिलोचन धूर्जटि खाली है विशाल वक्ष' (मधप्रभुजार्सन पृ. 194/2)

यह हैरियवादी अघाए हुए बुद्धिजीवी का एक रूपक है, जो संकट आने पर 'खाली विशाल वक्ष' फैलाकर चित्त लेट जाता है संकटापन्न विश्व के वक्षस्थल पर। दूसरा बुद्धिवादी हैं 'तीनों बंदर बापू के' कविता का 'सरल सूत्र उलझाऊ'।

जब तक पंकज बिष्ट सरकारी नौकरी में थे तो इत्मीनान से वहाँ जमे रहे। वह महसूस करते रहे : 'सच बात तो यह है कि बाबा के सामने मैं कभी अपने को सहज नहीं पाता था। इसका एक बड़ा कारण उनकी और अपनी वेशभूषा का अंतर था। उनकी सामान्यता का मुझ पर संक्रामक असर हुआ करता था। (आजकल जनवरी 1999) पूँजीवादी समाज एक नदी है : 'सभी देखते हैं अपना अपना चेहरा/ नदी के पानी में।'

मंगलेश डबराल को पुरस्कार मिलना चाहिए यह अपना चेहरा आईने में देखकर अशोक वाजपेयी ने आज (30-1-97) कहा। कल वह खुद पुरस्कार की माला पहने हुए साहित्य अकादमी का पुरस्कार 'हस्तगत' कर रहे थे। पुरस्कार पानेवालों की एक सूची बनाकर अशोक वाजपेयी यह 'उद्घाटित' करते हैं : "यह रुचि या मानदंड की विभिन्नता का मामला नहीं हो सकता तब जब जूरी में भीष्म साहनी, केदारनाथ सिंह और विश्वनाथ त्रिपाठी हों। यह खुले तौर पर खास प्रगतिशील निर्णय है।" ('कभी कभार' जनसत्ता : 3.1.99) और कुछ शब्द जैसे 'रुचि, मानदंड, मामला और खास', यह बताते हैं कहीं 'कुछ भीतर गड़ रहा है, जिसे अशोक वाजपेयी कह नहीं पाए हैं। वह यह नहीं बताते क्यों नागार्जुन को खास राजनीतिक वजह से साहित्यिक अकादमी पुरस्कार से बाहर रखा गया ? क्यों कभी खासतौर पर सत्ता की राजनीति में जूरी ने उनको ही माला पहनाई थी ?

'कथादेश' में जब विश्वनाथ त्रिपाठी ने 'नए इलाके में' कविता पुस्तक में कवि अरुण कमल पर 'नोट' लिखा था, तभी मैंने छद्मवेशधारी वाम मामले को समझ लिया था। यह सत्तासापेक्ष चरित्र प्रगतिशील जगत में छिपा नहीं है। 'सत्ता का छद्म-छंद' भाकपा, माकपा की छाया में ऐसे ही लेखक सीख रहे हैं। क्या नागार्जुन सत्तासापेक्ष इस 'होड़म होड़' में कभी शरीक हुए ? क्या कभी नागार्जुन इसलिए 'प्रगतिशील' माने गए क्योंकि 'उद्घाटन' या 'अभिनंदन' करनेवाले 'माकपा' 'भाकपा' के इशारे पर वह 'नंगे' हुए थे? 'नंगा' होना एक तेजस्वी गुण है, कबीर, गालिब, निराला और मुक्तिबोध के गोत्र का। यह मैं नागार्जुन के जनवाद में बता चुका हूँ। फिर भी यह पूँजीवादी सत्ता की बकवास है जिसे सत्ता प्रतिष्ठान मानदंड बताकर खोटे सिक्के की तरह चला रही है। वामप्रतिष्ठान का यह एक बकवासी चेहरा है 'नटवर लाल'। कैसा है देखें :

दिल चटकीला, उजले बाल
नाप चुके हैं गगन विशाल
फूल गए हैं कैसे गाल
मत पूछो तुम इनका हाल...

ज्योतिस्वरूप सक्सेना को यह पुस्तक 'संकट के बावजूद' यों ही लेखक ने समर्पित नहीं की है, कहीं बाबा का 'खुलापन' और 'बेलाग व्यक्तित्व' उनमें भी है। अपने महत्वपूर्ण लेख : 'एक सांस्कृतिक नीति के आयाम' में लिखा है : "सांस्कृतिक वातावरण जहरीला और उबाऊ हो गया है, चीत्कार और थकान की मनोदशा का मेलजोल है। दुनिया की आधुनिकताओं और खुले भ्रष्टाचारों से विरक्त और अशांत मध्यवर्ग के चालाक और बुद्धिमान बुद्धिजीवियों को जब तक विश्वविद्यालय नाम की जर्जर डाँवाँडोल संख्या में शरण मिलती रहती है तब तक वे अपनी चेतना को अक्षत बनाए हुए सामाजिक जीवन की बहती गंगा में डूबते, तैरते या किनारे बैठकर काम चलाते रहते हैं। महाजनी सभ्यता के जिन ठेकेदारों के लिए संस्कृति का अर्थ विशेषज्ञों की कुशलता की खरीद-बिक्री और बुद्धि का बाजारूपन होता है उनके लिए ज्ञान नहीं, ज्ञानी व्यक्ति महत्वपूर्ण होता है।" (पृष्ठ 186)

पं. हजारीप्रसाद द्विवेदी ने अपनी 'ठेकेदारी' या 'विशेषज्ञता' का सबूत दिया था आपात्काल में। इंदिरा गाँधी को वह तब 'देश की धुरी' मानते थे। यों भी आजादी के बाद हिंदी का आलोचक पेशे से दलाल या ठेकेदार है, और उसकी बुद्धि का बाजारूपन टिका है उस के पेश पर। आजाद भारत में 'बुद्धि का बाजारूपन' उनके अलावा कम लोगों के हाथ लगा है। कोई सरकार हो वह कहीं प्रकट या अदृश्य रूप में खरीद-बिक्री की कुशलता दिखाते नजर आ जाएँगे। वह नागार्जुन की तरह 'शालवनों के निविड़ टापू में' प्रजातंत्र की तलाश में 'अपने इलाके में' कभी न गए, न नागार्जुन की तरह वह 'इतिहास और आलोचना' की गहराई में उतरे।

नागार्जुन का पूरा जीवन नीचे तल का भारतवर्ष है जिससे वह लगातार 'खुलकर बातें' करते रहे। 'संभवत' मनोहरश्याम जोशी का उतारा उनका शब्दचित्र, एक सृजनात्मक प्रतिभा का रचनात्मक विस्तार हो, पर यह यथार्थ को समझने में मददगार साबित होगा : 'बाबा की बातचीत दृश्य-श्रव्य दोनों आयामों में होती है। जुमला आधा-अधुरा कहा और अंग-संचालन किया भंगिमा-धारण से उसे पूरा कर दिया।' 'संकट के इस दौर' में नागार्जुन मनोहरश्याम जोशी और पंकज बिष्ट नहीं थे। कम-से-कम 'बौद्धिक चमत्कार चातुर्य की जगह ध्वस्त कर देनेवाली गँवई व्यावहारिकता और ठिठोलापन होता था' नागार्जुन में यह तो दोनों देख-पेख ही सके। यह इतिहास को देखना, उसमें गहरे जाकर उतरना, उसे आता है जो खतरा उठाता है, खुद को आग में झोंकता है और 'संकट के बावजूद नागार्जुन' बनकर सामने आता है। अपनी जनता के भीतर बस जाता है ऐसा नागार्जुन।

आजादी के पचास सालों में भीतर बसे हुए नागार्जुन का ही दो खंड या पक्ष है, एक साक्षात्कार, कार्ल मार्क्स, जार्ज लूकाच, इवान क्लीमा और रोवेर्तो फेनदिज रचनाकार हैं जिनसे नागार्जुन आज के कथानक, आज के अर्थ के आधार, आज की क्रांतिकारी पार्टी पर बातचीत करते हुए बताते हैं हम यानी पक्षधर कवि, कथाकार, विचारक कैसे जीते रहे।

दूसरा खंड या पक्ष है रेमंड विलियम्स, रिचर्ड हागर्ट, फ्रेडरिक्स और ज्योतिस्वरूप सक्सेना से (या इनके बहाने मैनेजर पांडेय से) अपने समय की सार्थकता, अपने प्रतिबद्ध और संबद्ध दौर या संघर्ष, की विचारधारा की स्थिति पर अपनी रचना और अनुभूति पर बहस-मुबाहसा करते रहेंगे, (मौत के बाद) संकट के हर मोड़ पर। यह है *संकट के बावजूद* पुस्तक से नागार्जुन का मनाधार। नागार्जुन के मनाधार का अर्थ है अपने पूर्वजों की उदारता से संवाद, 'अकाल, जर्जर मध्य वर्ग से दोस्ताना बातचीत, दुश्मन वर्ग की अकर्मण्य, आलसी, विलासी, भू-भारमात्र की कथा कहना, और संकट में जीते हुए इसी देश को बदलना।'

नागार्जुन के 'राष्ट्रीय मार्क्सवाद' की कसौटी

आज जब सोवियत समाज बिखर चुका है। 'मार्क्सवादी पार्टी' से जनता की दूरी बढ़ी है। जनता से लेखक अलग-थलग पड़ गए हैं। आलोचक और लेखक से असंवाद की स्थिति नजर आ रही है। ऐसी स्थिति में *नागार्जुन से संवाद* करना, कई बंद दरवाजों को एक-एक कर खोलने जैसा कठिन काम लगता है। डॉ. विजयबहादुर सिंह ने ही एक कोशिश की थी कभी। उनकी उस पुस्तक का नाम है : 'नागार्जुन संवाद'[1]। लेखक का नागार्जुन से चौबीस-पच्चीस सालों का अनुभव है। 'एक पकी हुई प्रतिभा की परिणतप्रज्ञा है नागार्जुन।'

पकी हुई प्रतिभा का एक स्वरूप है, 'नागार्जुन का' 'डेविएशन' का। उसे क्या समझती है :

> ''धर्मपत्नी
> आदरणीय श्रीमती
> अपराजिता देवी ! नागार्जुन उनके चंद लफ्जों के मुताबिक
> हम तो आज तक
> इन्हें समझ नहीं पाए।''

पकी उम्र का दूसरा आदमी है नागार्जुन का बौद्धिक। यह बौद्धिक नागार्जुन है जो स्वीकार करता है : ''सार्त्र वगैरह को इस बात की परवाह नहीं कि लोग क्या कहेंगे। सार्त्र ने भी तो रूढ़ियाँ तोड़ी हैं। दूसरे, वहाँ की सामाजिकता यह नहीं कि आप क्या खाते हैं, बल्कि आप किसके साथ खड़े हैं और क्या बोलते हैं। सार्त्र ने विद्यार्थियों का साथ दिया।'' (पृ. 22) नागार्जुन ने बुद्धिजीवियों की रूढ़ियाँ तोड़ीं। वह प्रेमचंद से आगे बढ़कर किसानों के साथ खड़े हुए। वह नारी की आजादी के पक्षधर रहे और विद्यार्थियों से उनका साथ मौत तक कायम था। इस माने में वह स्व. रामविलास शर्मा से भिन्न पक्षधर मार्क्सवादी थे।

1. **नागार्जुन संवाद** : विजयबहादुर सिंह, रामकृष्ण प्रकाशन, सावित्री सदन, तिलक चौक, विदिशा-464001, प्र. सं. 1994, मूल्य : 150 रु. पृष्ठ 160।

एक अनुभवी राजनीतिक योद्धा थे नागार्जुन। वह कहते हैं : "गाँधी परंपरा कई टुकड़ों में बँट गई है। मठी, परंपराबद्ध और कुजात। लोहिया बिगड़े हुए कुजात गाँधीवादी थे और वही अपने को कहते थे।...अपने यहाँ की सामाजिकता, सामंतशाही और पुरोहित शैली की संयुक्त सामाजिकता रही है और उसमें कोई फर्क नहीं आ रहा है। इतने दिनों में किसी ने इसको छुआ नहीं। केवल एक नेता रहा, वह था लोहिया। उसने ग्वालियर में एक मेहतरानी को खड़ा कर दिया रानी के खिलाफ। ...गाँधीजी को बाद में...पूँजीपतियों ने यूटीलाइज कर लिया। दरअसल हमारे यहाँ का निम्नवर्ग इतना कुचला हुआ है कि उसमें गोर्की नहीं पैदा हो सकता।" यह व्यावहारिक मार्क्सवादी नागार्जुन का सुचिन्तित अनुभव है।

त्रिलोचन के साक्षात्कार कई अखबारों में छपे। एक पुस्तक भी छपी है उनसे की हुई बातचीत पर। वहाँ यह नागार्जुन का अनुभवी राजनीतिक कमेंटेटर (टिप्पणीकार) नदारत है। 'मेरे साक्षात्कार' पुस्तक में डॉ. रामविलास शर्मा भी अपने किसान क्रांति के अनुभव में कोरे नजर आते हैं। निराला की तरह नागार्जुन मरे बैठे हैं। वह बताते हैं : "उत्तर भारत में बहुजन समाज के हितों की बात करने वाला वामपंथ भी पंगु वामपंथ है। हमारे आचरण सोशलिज्म से इतनी दूर चले जा रहे हैं कि वह फैशन हो गया है। इमर्जेंसी लगा रखी है, पर मंत्रियों ने अपने वेतन कम नहीं किए हैं। बिजली का खर्च कम नहीं किया। व्यक्तिगत पैमाने पर ठेकेदारी से पैसा बचा-बचाकर अपना बँगला बना लेने का कोई औचित्य नहीं। वेतन की, शिक्षा की, आवास की समानता सोशलिज्म है। समता और समाजवाद के कारणों से कहीं अधिक। इस बीच विषमता और असमाजवाद के कारण अधिक उभर आए हैं।" (पृ. 23) यह नागार्जुन हैं जो राहुल सांकृत्यायन की तरह जनता के अपने जननायक हैं।

'भागो नहीं दुनिया को बदलो' कहनेवाले या उसके मंत्रदाता राहुलजी थे। आज के ठेठ देहाती राष्ट्रीय मार्क्सवादी नागार्जुन ही हैं। आचरण में समाजवाद का पक्षधर। बाकी वामदलों और समाजवादी दलों और बुद्धिजीवियों में—एक खास ढंग का चेहरा उभर रहा है जिसे नागार्जुन ने सही रूपक देकर पहचाना है। 'यह तो ऐसा ही है कि कोई कोढ़ी आदमी चंदन लेप ले और घर से निकले।' (वही पृ. 23) चंदन तस्कर आज यही कर रहा है और सरकारें उसकी कठपुतली हो चुकी हैं।

बहुतेरे आलोचक, राजनीतिज्ञ, कवि और संपादक आजादी के बाद अलग-अलग खेमों में बँटे हुए हैं। कोई है मार्क्सवादी। कोई गाँधीवादी। कोई अवसरवादी। कोई सत्तावादी। इनके साथ नत्थी किया हुआ है उनका खेमा या उसके विचार। विजेंद्र और केदारनाथ सिंह शुद्ध कवितावादी हैं। वह कहाँ कविता के प्रयोजन में क्या भुला देते हैं क्या छिपाते हैं, इसे देखनेवाले अकेले नागार्जुन थे। स्व. रामविलास शर्मा ने पिछले '50 से 2000 तक किसी नए कवि, लेखक को नहीं पढ़ा। वह मुक्तिबोध की भाषा में नई पीढ़ी के लिए 'मृत ज्वालामुखी' थे। नागार्जुन के सब पर जड़े हुए नोट यहाँ

नत्थी किए हुए हैं। कोई मूल चिंतन को वह नहीं पकड़ते हैं। जैसे मार्क्सवादी सौंदर्य, पार्टी लेखक का अंतर्विरोध, अंतर्राष्ट्रीय कम्युनिस्ट नेतृत्व का संकट। पर जब वह कहते हैं : "गाँधीवादी कवि वणिक केंद्रित होने को बाध्य हैं। भवानी भाई इसके परम उदाहरण हैं। इसलिए राष्ट्रीय स्वयंसेवक संघ और बनियों—दोनों को प्रिय हैं। उनका मानवतावाद शोषण का उतना तीखा विरोध नहीं कर सकता।" क्यों वणिक केंद्रित अखबार को डॉ. शर्मा के 'ऋग्वेद, स्वदेशी, हिंदी जाति, जैसे विचार प्रिय हैं ? क्यों बनियों और राष्ट्रीय स्वयंसेवक संघ के बीच डॉ. शर्मा का 'इतिहास दर्शन' अधिक खप गया है ? क्योंकि उनका मानवतावाद शोषण का विरोध उतना तीखा नहीं करता जितना राहुल सांकृत्यायन, मुक्तिबोध और नागार्जुन करते रहे हैं।

अब सुविधावादी मंच के बिना नामवर सिंह जी नहीं सकते हैं। आज यह जातीय लेखक का या प्रगतिशील चिंतक का मंचन कम्युनिस्ट दलों के पास है, न सोशलिस्ट पार्टियों के पास। सिर्फ मंच मुहैया कर रही हैं केंद्रीय या प्रादेशिक सरकारें या दूरदर्शन के प्रायोजित कार्यक्रम। कौन आज सत्ता प्रतिष्ठा के कवि है ? जनवादी कविता के बाहर है ? और सत्ता के केंद्र में भी है। यह विपरीत जनपक्ष है। हिंदी साहित्य के अस्सी वर्ष के इतिहासकार शिवदान सिंह चौहान को 'कटघरे' में खड़ा करते हैं। नागार्जुन, सुरेश उपाध्याय और विजेंद्र पर मौलिक बातें कहते हैं। एक सवाल है नया कवि कविता-पाठ के वक्त किसे बोर करता है ? नागार्जुन बताते हैं : "सुरेश उपाध्याय जैसे कवि क्यों घंटों मंच पर सुने जाते हैं। उसका कारण उनका नाटकीय कथन है। उन्हें चाहे तो कथा-कथक कह सकते हैं। महाराष्ट्र में यह शैली खूब प्रचलित है।" जनपक्ष के मार्क्सवादी सौंदर्य का यह एक अनोखा सूत्र है : नाटकीय कथन। दूसरा सूत्र है जन-जन में प्रचलित लोक शैली का व्यवहार।

त्रिलोचन कहते हैं : "भाषाओं के अगम समुद्रों का अवगाहन मैंने किया।" पर वह किसी नए कवि से मलयाली, मराठी, गुजराती, मराठी और कन्नड़ जैसी 'नाटकीय कथन' शैली पर कोई खास बात नहीं बताते।" कथा-कथक 'जैसी महाराष्ट्र में खूब प्रचलित शैली पर अपने मौलिक विचार नागार्जुन इसलिए दे सके क्योंकि वह—वा.बे. कारंत की तरह—जनता में धुले-मिले राष्ट्रीय शैलियों के रंगकर्मी हैं।'

नागार्जुन कैसे रंगकर्मी कवि हैं ? इसे उनकी बात ही खोलती है : "एक तो वाचन (पाठ्य) के द्वारा ज्ञानार्जन की सुविधा जब से हुई तभी से रचना की मौलिकता, ताजगी और प्रखरता खत्म हो गई। मौलिकता किताबी ज्ञान में निहित नहीं रहती। वह कवि के व्यापक जीवन अनुभव और उससे पैदा होनेवाले साहस के भीतर से जन्म लेती है।... विजेंद्र लंबी कविताएँ लिखते हैं। अगर वे नाटक लिखते तो जनता का ज्यादा कल्याण होता।... कविता में श्रोतृत्व होना उसकी जन व्याप्ति के लिए जरूरी है। नागार्जुन की बात से सबक सीखकर कवि विजेंद्र ने काव्य-नाटक 'अग्नि पुरुष' लिखा है। (पहल 66) तुलसीदास जैसे बड़े कवि ने जब रामलीला शुरू करवाई

होगी तो सोचिए क्या प्लानिंग रही होगी। कविता के अनेक-अनेक स्तरों को अनेक-अनेक ढंगों से खोलने की जुगत थी यह। इसी योजना के तहत नवाह पराधन का विधान आविष्कृत हुआ।'' (पृ. 35) यह है एक देशी मार्क्सवादी की कविता की कसौटी।

समसामयिक कविता का वर्ग-आधार

समसामयिक कविता की हालत क्या आज 2000 में आपात्काल से कम बिगड़ी हुई है ? क्या 'दूसरी आजादी' के बाद कविता का अंतर्विरोध मीर, कबीर, ग़ालिब और रहीम की हद से गुजर चुका है ? इमर्जेंसी में ये सवाल श्रीकांत वर्मा के मन में नहीं पैदा हुए थे ! श्रीकांत वर्मा की भाषा इंदिरा गाँधी के दरबार में तब चमत्कार पैदा कर रही थी। 'दूसरी आजादी' के बाद अब 2000, जुलाई में—भाजपाई गठजोड़ की सरकार है। आज उसमें बड़े सेठों और बड़े जमींदारों और बहुराष्ट्रीय कंपनियों ने एक बड़ा दरबार लगाया हुआ है। अटलजी के दरबार में कविता की भाषा क्या चमत्कार पैदा कर सकी है—सतर्क विचारक इसकी अभी खोज कर रहे हैं।

आजादी के 53 सालों में महाजनी सभ्यता का असर धीरे-धीरे बढ़ा है। धीरे-धीरे पत्रकार बड़ा बुद्धिजीवी बना है। धीरे-धीरे उसे बड़े सेठों के बड़े 'चकलाघरों' की ताकत का पता लगा है। धीरे-धीरे हिंदी के पत्रकार भी बड़े सेठों के चकलाघरों के लिए खरीदे गए हैं ! अज्ञेय ने संपादक के पद पर आते ही पहला हमला अपने अखबार में मुक्तिबोध पर क्यों किया ? (इसका जवाब शमशेर, अज्ञेय की 'ठंडी भाषा' का अध्ययन करने के बावजूद कभी नहीं दे सके। अज्ञेय ने अपने अखबार में यह घोषित किया था कि 'मुक्तिबोध असफल कवि है।') क्या समसामयिक कवियों ने उसके बाद अज्ञेय को 'सफल कवि' मान लिया था ? रघुवीर सहाय ने मुझसे कहा था, "वह अज्ञेय के नहीं, शमशेर की जमीन के कवि हैं।"

हम शमशेर को जानते हैं। शमशेर, मुक्तिबोध की मौत के बाद एक बड़े हादसे को याद करके दुखी हुए थे। मुक्तिबोध पर शमशेर ने बार-बार बहस छेड़ी थी। जबकि शमशेर का मिजाज बहस छेड़ने का नहीं रहा। वह सामान्यतः बहस या स्पष्टीकरण से बचते थे।

हिंदी में दो मिजाज के कवि अब साफ-साफ पहचाने जा रहे हैं। एक मिजाज महाजनी सभ्यता में पैठने का है। दूसरा उसे तोड़ने का है। महाजनी सभ्यता के मिजाज का कवि चमत्कार पैदा करता है। उसे चमत्कार के लिए बड़ा दरबार पसंद

है। दरबार में ही उसके कद्रदाँ रहते रहे हैं।

दरबार के बाहर जनता है। जन आंदोलनों के बीच खोज होती है कि तालस्ताय का मुख्य अंतर्विरोध 'रिजरेक्शन में' क्या था ? उसका क्रांतिकारी जनता से किस तरह का लगाव था 1905 में।

ब्रिटिश दरबार के बाहर थे प्रेमचंद। यह जनता का क्षेत्र था। प्रेमचंद के वर्ग-संघर्ष की कसौटी थी घृणा। यह सामंत वर्ग और साम्राज्यवाद से घृणा की कसौटी, हमारी आजादी की कसौटी रही थी। यानी जनता के अपने वर्ग संघर्ष से प्रेमचंद ने जनवादी मिजाज का लेखन रचा था। महाजनी सभ्यता में प्रेमचंद का कोई दरबार नहीं था। न हंस में, न सरस्वती प्रेस में।

लंबे संघर्ष में दो बातें समसामयिक कवि को निराला ने याद दिलाई थीं। एक, महाजनी सभ्यता समर्थ रचनाकार को उनके स्वभाव या मिजाज के नाते दरबार से जबरन बाहर कर देती है। महाकवि ने लिखा था—"बाहर मैं कर दिया गया हूँ।" दूसरी बात निराला ने हमें बताई थी, कविता समग्र जीवन का राग है। उसे गाने वालों को खतरों का सामना करने को तैयार रहना चाहिए। महाकवि ने इस महाजनी सभ्यता से संघर्ष का बार-बार अनुभव किया था और व्यक्तिगतरूप से यह स्वीकार किया था—"भीतर, पर, भर दिया गया हूँ।" क्यों निराला जीवन-भर आजाद भारत में अकेले यातना भोगते रहे ? क्यों निराला की यह त्रासदीय चेतना आज के समसामयिक कवि की जिंदगी का एक बुनियादी सवाल बन चुकी थी ? यह हमारा आज का सवाल है जिन पर मैंने 'ग़ालिब और निराला : मेरा काव्यानुभाव' पुस्तक में कई स्तर पर विचार किया है।

प्रेमचंद और निराला ने हिंदी की प्रगतिशील चेतना को दरबार से बाहर निकाला था। निराला के बाद की प्रगतिशील कविता की त्रिधा आज भी है। समसामयिक कवि क्या उस त्रिया के क्रांतिकारी धरातल पर है ? पहले, हम यह समझ लें कि उस धरातल के कौन कवि हैं, जो हमारे समसामयिक हैं। उस धरातल में मुक्तिबोध और शमशेर एक स्तर के चिंतक कवि हैं। नागार्जुन भारतीय भावधारा के क्लासिक कवि हैं। नागार्जुन अपनी कविता की चेतना से सामूहिक राजनीति के प्रवक्ता कवि भी हैं और मानवीय गुणों को प्रस्तुत करनेवाले प्रस्तोता कवि भी हैं। यह समसामयिक कविता की त्रिधा परंपरा का परिष्कार आधुनिक जीवन में करती है। शमशेर में लोक चेतना की इच्छा, मुक्तिबोध में इतिहास दर्शन का ज्ञान और नागार्जुन में क्रांतिकारी भारत की कर्मशीलता है। त्रिधा के इन तीन कवियों में लोकजीवन की गति है, यानी इतिहास बोध की लोकधुन के नाते यह तीनों कवि आधुनिक और जीवंत कवि हैं। यह तीन धाराएँ, निराला के महासागर से ही निकली हैं। निराला इन कवियों की चेतना के स्रोत आज भी हैं। क्रांतिकारी विरासत का यह स्रोत इमर्जेंसी में भी सक्रिय था और उसके बाद भी उसकी चेतना विकसित हुई है। यह स्रोत

है जन-जीवन का मानवीय असंतोष, वर्ग-विभक्त समाज में तेज होती हुई लड़ाई और वर्ग-संस्कृति का लोक-आधार। यह समसामयिक कविता का स्रोत दूसरी आजादी के बाद 2000 में वस्तुवाद की ठोस जनता की अपनी धरती से निकला है। निराला को अपनी रचना-प्रक्रिया में, वर्ग-आधार और क्रांतिकारी विरासत को अलगाने की कभी आवश्यकता नहीं पड़ी थी। क्रांतिकारी विरासत निराला के सामने वही थी जो विकसित रूप से हमारे सामने है। निराला की क्रांतिकारी विरासत थी भारत के पाँच महाकवियों की शक्ति। ये महाकवि थे वाल्मीकि, कालिदास, भवभूति, कबीर और तुलसीदास।

आचार्य रामचंद्र शुक्ल ने देश की, लोक हृदय की परंपरा में लीन होकर ही इन्हीं महाकवियों को अपना आदर्श और आधार बनाया था। निराला उसी परंपरा की विभूति हैं। शुक्लजी की लोक परंपरा की व्याख्या करते हुए डॉ. रामविलास शर्मा ने लिखा है—"साहित्य में सदियों से प्रतिष्ठित "शृंगार रस" को एक कोने में ठेलते हुए उन्होंने 'भावमूर्ति भवभूति' के महामंत्र 'एको रस : करुण एव' का फिर पाठ किया। भवभूति का जन्म ऐसे समय में हुआ था। जब देश में चारों ओर दरबारी साहित्य का बोलबाला था। इसीलिए उस महाकवि ने क्षुब्ध होकर कहा था—"जो मेरे काव्य की उपेक्षा करते हैं, करें, वे भी कुछ जानते होंगे, लेकिन उनके लिए मैंने यह नहीं लिखा, काल अनंत है, पृथ्वी विशाल है, मेरा भी कोई समानधर्मा कहीं होगा या आगे पैदा होगा।" (*आ. रामचंद्र शुक्ल और हिंदी आलोचना,* पृ. 10)

यही चुनौती का स्वर ही शमशेर, मुक्तिबोध और नागार्जुन की शक्ति जीवन-भर रहा था।

कौन वर्ग निराला की जीवन-भर उपेक्षा करता रहा ? कौन वर्ग नागार्जुन को कविता के और जनता के बीच के मजबूत माध्यमों से बाहर निकालता रहा ? कौन वर्ग मुक्तिबोध को जिंदगी के चारों ओर घेरेबंदी में कसता रहा ? कौन वर्ग आजादी के बाद शमशेर को फाकेमस्ती के लिए अकेले जीवन से दूर करता रहा ? कौन वर्ग जनकवियों को जानकर आजादी के बाद—प्रकाशन और दूसरी सुविधाओं से—बाहर निकालता रहा ? यह सवाल समसामयिक कविता की विरासत का ही नहीं, उसके कवि के जीवित रहने का मूलभूत सवाल है। बड़े पुरस्कार खुद एक घेराबंदी हैं। काले धन के बड़े सेठ अपने वर्गहित के कवियों को पुरस्कार से सजाते हैं। जैसे दरबारी काव्य में शब्द और अर्थ को दरबार के लिए सजाया जाता था।

पंत, अज्ञेय, बच्चन क्या आज की समसामयिक कविता का आधार हैं ? इसे और गहराई में जाकर हम कहना चाहते हैं समसामयिक कविता का वर्ग-आधार लोक हृदय की क्रांतिकारी परंपरा है।

आजादी के बाद उच्च वर्ग ने प्रकाशन या दूसरे माध्यमों से दिनकर, बच्चन और अज्ञेय को ऊँचे ओहदे पर क्यों प्रतिष्ठित किया ? क्यों कि ये जनता के नहीं,

उच्च वर्ग के प्रवर्तक थे और आज भी उनका 'शाश्वती' का वर्ग-बोध क्रांतिकारी जनता का खाका खींच रहा है। दरबारी कवि अनंत काल से केवल अपना और अपने वर्ग का समानधर्मा होता आया है।

निराला से जुड़ी हुई प्रगतिशील कविता भवभूति की तरह जनजीवन के क्षोभ की कविता है। उसमें अटूट आशावाद है। वह जनता के ही संघर्ष को अपना समानधर्मा मानती है। दरबारी कविता या जनता की कविता, आज 2000 में भी वर्ग-संघर्ष का एक चुनौती-भरा सवाल है। यह वर्ग-आधार पर एक व्यक्ति को केंद्र में रखकर नहीं बना है। जैसी गलती निराला के आलोचक डॉ. शर्मा ने की है। इसमें केंद्र में है मानव-जीवन का विशाल अनुभव।

जनता की कविता का वर्ग-विश्लेषण हमें यह सिखाता है कि आजादी के बाद जिंदगी के चारों ओर की उच्चवर्ग की घेरेबंदी को तोड़ना है। जनता की कविता ने उच्च वर्ग की घेरेबंदी को सामान्य स्थिति में बदल देने के लिए बड़ी-से-बड़ी कुर्बानी दी है। जनता की कविता जन-संस्कृति का प्रयत्न होती है। अभी एक खतरा है, वामपंथी दलों में फूट और भटकाव का। दूसरा खतरा है, तथाकथित उच्च या मध्यवर्ग की क्रांतिकारी शक्तियों के सहयोग और आत्मसमर्पण का। दोनों तानाशाही के पैर जमाने और घटकवाद से जोड़-तोड़-भरे खतरों को बढ़ाती है। इसके विरुद्ध व्यंग्य और आक्रोश का तीखा, करुण, मानवीय स्वर जनता की कविता है। एक स्थिति राजनीति में उच्चवर्ग के सहयोग और आत्मसमर्पण की रही है। दूसरी राजनीतिक स्थिति निम्नवर्ग से सहयोग और उसके संघर्ष से जुड़ने की रही है।

जनता की कविता में आपात्काल के बाद एक बुनियादी फर्क नजर आया है। यह कविता जिंदगी की सारी घेरेबंदी के बावजूद असहाय खीझ या पराजय की मनोवृत्ति की कविता नहीं है। जनता की कविता में क्रांति की निश्चित विजय का विश्वास है। जनता की कविता क्रांति को मध्यवर्गीय बुद्धिजीवियों के उतावलेपन की दृष्टि नहीं बनाती है।

साठ के बाद, मध्यवर्ग में अनिश्चय और पराजय बढ़ा। स्त्री-पुरुष के संबंधों के टूटने और दिमागहीन आदिम भूख के सस्ते संस्करण बाजार में आए। बड़े विदेशी सेठ और देशी सेठ अपने-अपने ढंग से इन्हें बाजार में चला भी रहे हैं। वहीं मध्यवर्ग का एक जनवादी पक्ष एक पूरे हिंदी प्रदेश में—रतलाम से दरभंगा तक—छोटे-छोटे इलाकों में जागा है। मध्य वर्ग में अभी उतावलापन है और उतावलेपन की दृष्टि से कभी-कभी ये नए उत्साही कवि क्रांति को जल्दबाजी से हासिल करने का दिमागी खेल बना देते हैं। दूसरी ओर वामपंथी विकल्प को और तेज करनेवाली जनता की कविता सामने आई है। यह क्रांति को लंबे और गंभीर और धैर्यपूर्ण संघर्ष के रूप में देखती है। समसामयिक कविता के वर्ग-आधार को मुक्तिबोध और नागार्जुन ने ठोस जमीन दी है। यह ज़मीन है "आज की परिस्थितियों में विद्रोह का स्वर ही

यथार्थ का, जीवन का स्वर है, उस यथार्थ और जीवन का जो, मार्क्स के शब्दों में आज की विषम परिस्थितियों के गर्भ में विकसित हो रहा है, जन्म लेने की तैयारी कर रहा है।'' यह स्थापना आलोचना चंद्रबली सिंह की है।

दरबारी साहित्य का बोलबाला महाजनी सभ्यता के पिछड़े देशों में भी है और आजाद दुनिया में भी। भवभूति जिस सामंती दरबार से संघर्ष कर रहे थे, वह दरबार आज साम्राज्यवाद और पूँजीवाद का दरबार है। यह दरबारी सभ्यता हमारी जिंदगी के चारों ओर नाकेबंदी कर रही है। वह उसे गुलाम बनाती है और सैनिक अड्डों में मौत के घाट उतारती है। आधुनिकतावादी दरबारी कविता इसी अर्थ में साम्राज्यवाद की कविता है। दरबारी कवि आज भी कभी मानवीय अधिकार का मुखौटा लगाता है, कभी उत्तर-आधुनिकता का। कभी उसके मुखौटे टेंक बनकर बंगलादेश, सिक्किम, चेकोस्लोविया और कंबोडिया में उतरते हैं। कभी यह चेहरा ईरान, अफगानिस्तान और भारत जैसे अर्ध-सामंती और अर्ध-पूँजीवादी देशों में अपने दाँत गड़ाता है। उन देशों की महाजनी सभ्यता पहला काम करती है जन-माध्यमों पर कब्जा। रेडियो, फिल्म, दूरदर्शन, अखबार और प्रकाशन पर दरबारी साहित्य ही हावी है। वह जानकर बड़े बाजारों में शृंगार रस का सस्ता संस्करण या राजनीतिक ऊब का घटिया संस्करण चलाता या बेचता है। आज भी हिंदी प्रदेश में संघर्षशील भवभूति, प्रेमचंद और निराला की परंपरा इस बाजार से बाहर है। आज भी उस परंपरा का कवि-हृदय क्षुब्ध है। भीतर से भरा हुआ जनता का कवि क्षोभ की कविता लिखता है, जबकि दरबार का कवि समझौते की कविता लिख रहा है। देश के मजदूर और किसान जिस क्षोभ को रोज व्यक्त कर रहे हैं उसी मानवीय क्षोभ से आज जनता का कवि जुड़ा हुआ है। इसी अर्थ में वह मानवीय क्षोभ का समसामयिक कवि है।

इन्हीं सवालों को अगर कविता के धरातल पर हम खोजते हैं तो हमें शमशेर याद आते हैं। मुक्तिबोध की मौत के बाद शमशेर का एक नया जन्म हुआ है। आज का शमशेर समसायिक कवि से इसीलिए मुक्तिबोध पर बार-बार बहस करता है। (एक तरह वह अपने मार्क्सवाद पर भी बहस करता है।) वह बार-बार अनंतकाल की विशाल पृथ्वी पर निराला और मुक्तिबोध को क्रांतिकारी जनता की विरासत के रूप में याद करता है। आशा मेहता से बातचीत में शमशेर ने बताया है—

''मुक्तिबोध का 'कैनवास' बड़ा है। वे यथार्थ को पूरी समग्रता में पकड़ते हैं। उनमें जो 'फोर्स' है उसकी जड़ें अनेक अनुभवों और विचारों की गहराई में ढूँढ़ी जा सकती हैं। वे अपनी कविता में यथार्थ की एक ठोस वस्तुस्थिति पर दूसरी ठोस वस्तुस्थिति को जमाते चलते हैं—चट्टान पर चट्टान की तरह।'' यह अनुभव और विचार की एकाग्रता और गहराई ही नागार्जुन को चट्टान या जनाधार में दृढ़ता से स्थापित कर चुकी है। तारसप्तकों के बाहर यही नागार्जुन की कविता का ठोस यथार्थ है। (देखें : 'कला से होड़ लेता शमशेर' और 'मुक्तिबोध की आत्मकथा')

शमशेर फिर भी मुक्तिबोध से भिन्न मनःस्थिति के कवि हैं। वह काफी हद तक पाब्लो नेरूदा की जमीन के कवि हैं। आधे रोमानी, आधे वस्तुवादी। कैफ़ी आज़मी, शमशेर और शंकर शैलेंद्र भी मजदूर वर्ग के करीब आए थे। मजदूर वर्ग की पार्टी के साथ संघर्ष किया था, पर उनका आधा हिस्सा मजदूरों के साथ सोचता रहा और आधा हिस्सा मध्यवर्ग के उतावलेपन के घेरे में कसमसाता रहा, चाहे कलावाद का घेरा हो या व्यक्तिवाद का—घेरा रहता है। डॉ. रामविलास शर्मा ने 'नयी कविता और अस्तित्ववाद' पुस्तक में जहाँ मुक्तिबोध की वर्गभूमि की समीक्षा की है वहाँ एक बुनियादी सवाल भी सामने रखा था। यह सवाल आज की सामयिक कविता का भी सवाल है। डॉ. शर्मा ने लिखा था—"वह उन सभी लेखकों के लिए है जो बौद्धिक रूप से मार्क्सवाद अपनाते हैं, पर जिनके संस्कार संपत्तिशाली वर्गों के हैं या जिनके जीवन की परिस्थितियाँ ऐसे वर्ग के लोगों की परिस्थितियों से मिलतीं-जुलती हैं। यह कठिनाई मजदूरों के लिए भी है क्योंकि मजदूर होने से ही किसी का दृष्टिकोण अपने आप क्रांतिकारी नहीं हो जाता। शंकर शैलेंद्र समाज के निम्नतम अंत्यज वर्ण में पैदा हुए, वह मजदूरी करते थे, मार्क्सवाद की शिक्षा प्राप्त की, क्रांतिकारी मजदूरों के प्रिय कवि बने। फिर भी जीवन की परिस्थितियाँ बदलने पर उनका दृष्टिकोण बदल गया, जीवन क्रम बदल गया..." (पृ. 1, 6, 9) इसी दोहरे संकट के बीच मुक्तिबोध ने 'एक भूतपूर्व विद्रोही का आत्म-कथन' कविता लिखी थी।

पाब्लो नेरूदा की कविता निर्माता (Builder) है। इस कविता में भी दो विकल्प हैं और ये दोनों विकल्प मध्यवर्ग की इसी ठोस वस्तुगत स्थिति से पैदा हुए हैं। यह दो प्रकार के दृष्टिकोण हैं। एक दृष्टिकोण कवि को "स्वयं अपना भ्रम चुनने का विकल्प" देता है। दूसरा 'जमे हुए क्षार से' यानी वर्ग-संघर्ष में तपकर जीवित रहने का विकल्प बनाता है। पाब्लो नेरूदा चीली की क्रांति के बीच 'अकेलेपन की दीर्घ प्रभुता' को स्वीकार करने को विवश हुए थे, क्योंकि वह पहले भ्रम के अधीन, अपने ही भ्रम का विकल्प चुनते हैं। दूसरा विकल्प जर्मनी से निर्वासित होने के बावजूद बर्तोल्त ब्रेख्त का है। आज की स्थिति में तीसरा विकल्प पाब्लो के संघर्ष की परिणति के बाद शमशेर और समसामयिक कवि के सामने है, जिसकी चर्चा हमें समसामयिक काव्य के संदर्भ में बार-बार करनी है।

समसामयिक कविता का कैनवास किस अर्थ में बड़ा है ? अखबार पढ़कर कुछ कविताएँ समसामयिक कवि अजित चौधरी ने लिखी हैं। क्या अजित चौधरी का 'फोर्स'—शैलेंद्र, शमशेर और पाब्लो नेरूदा के अनुभव से सीखा हुआ उनकी अनुभूति का ठोस सवाल है ? क्या इस ठोस आधार को कवि ने निजी प्रतिक्रिया के रूप में चित्रित किया है या वामपंथी विकल्प के रूप में उसे यह अनुभव वर्ग-संघर्ष के साथ कात्यायनी की तरह कंधे-से-कंधा मिलाकर लड़ते समय मिला है। कम-से-कम मैं अनेक अनुभवों की इस जटिल कविता की संवेदना को दरबारी कविता के बाहर

की कविता मानता हूँ। दरबारी अनुभव में रहकर ऐसी कविता नहीं लिखी जा सकेगी। इस कविता की सादगी जनवादी कविता का आधार है। अकबर अली की तीन कविताएँ हैं—एक 'पहाड़ी मज़ार', दो 'आजादी' और तीन 'गाय'। कवि अकबर अली 'दूसरी आजादी' के बाद की कविता लिख रहे हैं। यह समसामयिक जनवादी विचारों की गहराई क्या निम्नवर्ग तक कवि को पहुँचाती है ?

'सोच' के प्रवेशांक में यह दो नाम अचानक याद आ जाते हैं। एक संवेदना के स्तर पर दूसरी आजादी के विकल्प पर व्यंग्य करता है, दूसरा कवि विचार के नाते मध्यवर्ग और निम्नवर्ग को सावधान करता है कि महाजनी सभ्यता 'मज़ार और सरकार' के बीच का कोई गुप्त समझौता है। यहाँ किसी एक कविता या किसी एक प्रवृत्ति की भूमिका कब अनिवार्य हो जाती है यह बताना संभव नहीं है। 'यथार्थ' लघु पत्रिका में ओम केवला दरबारी कविता के चरित्र पर सीधी बहस करता है। वह बताता है "दरबारी कविता" सम्राट बनाने के "नुस्खे" सिखाती है। दरबारी समझ के नुस्खे हैं, जनता की आँख, कान, वाणी और पूरे यथार्थ को "पागल घोषित" करना। ओम केवला जोर देकर बताते हैं, यह मानवीय संवेदना में "तेजाब मिलाने" का संकट है जो 'दूसरी आजादी' के बाद का ठोस यथार्थ है। जनवादी समसामयिक कविता इसी यथार्थ में हमें क्या सर्वहारा के करीब लाती है ? विश्व भावना की कविता 'उर्वर आक्रोश' में क्या धैर्य और गंभीरता से कमाया हुआ क्रांतिकारी अनुभव है ?

महाजनी सभ्यता योरूप में वामपंथ के भटकाव को एक संज्ञा देती है : यूरो-कम्युनिज़्म। हमारे यहाँ बुर्जुआ क्रांति के प्रवर्तन ने एक नया नारा दिया है—"संसदीय क्रांति कविता"। रोज ही अखबारों में किसे जीवित जलाया जा रहा है ? किस वर्ग को गोली से भूना जा रहा है ? किस वर्ग का व्यक्ति या समूह फिर भी महाजनी सभ्यता के इस संसदीय क्रांति के दुर्ग को तोड़ रहा है ? इस संसदीय कविता के भी दो चेहरे हैं। एक सामंती शोषण का अपराधी चेहरा। दूसरा पूँजीपति वर्ग के शोषण का घिनौना चेहरा। इसके विपरीत जनवादी कविता रोज ही अखबारों में पढ़ी जा रही है। संतोष निर्मल ने इस कविता को 'रक्त-बीज' कहा है। क्या शंकर शैलेंद्र के भटकाव से सीखकर संतोष निर्मल यह कह रहे हैं कि वह आज निम्न वर्ग के साथ है ? "रक्त-बीज" कविता में कवि वर्ग-आधार में उपस्थित रहता है—

हाथों में बगावत का परचम लिये
कसाइयों के बीच
निहत्था
उनके ही बाड़ो में
उनके खिलाफ खड़ा हूँ

बड़ी बात यह है जहाँ दरबारी कविता तानाशाही के दौर में श्रीकांत वर्मा की तरह ईमानदारी से आत्महत्या करना सिखाती है। जहाँ काले धन के शिखर पर अज्ञेय

दूसरी आजादी का प्रामाणिक अनुभव का सलीब अपने कंधे पर रखकर डूबते जाते हैं। वहाँ जनवादी कविता "सिर्फ अपने लिए नहीं, सारे देश के लिए" संघर्ष करने की दलील देती है। दरबारी कविता और समसामयिक कविता के जनवादी संघर्ष में बहुत से नाम अपने आप बुझ गए। बहुत से नाम बड़े सेठों के बाड़े में अभी अपनी-अपनी भूल सुधार रहे हैं। बहुत से व्यक्ति अपनी भूल को भी एक बचाव का अस्त्र बना रहे हैं। शमशेर के साथ कुछ लोगों ने—खासतौर पर नौकरशाह वर्ग ने देश के मुख्य अंतर्विरोध के बीच पुश्किन या मायकोवस्की के अलग-अलग अखाड़े खोल लिये हैं। इस अखाड़े या हंगामों से अलग जनता के कवि ने अपनी संघर्षशील अनुभूति से पुश्किन, निराला, मायकोवस्की और ब्रेख्त को हमारी जातीय चेतना में घुला-मिला दिया था। मायकोवस्की के समय यह भ्रम था कि मजदूर वर्ग में पैदा होने पर कवि, क्रांतिकारी बन जाता है। यह भ्रम ही मायकोवस्की, एसनिन, गोरख पांडेय को आत्महत्या से गुजरने को विवश करता है। पर दलित वर्ग में पैदा होने वाला कवि क्या 'चतुरी चमार' या 'हरिजनगाथा' लिख सका है, यह भ्रम भी नागार्जुन ने बदला है।

आशा मेहता ने शमशेर से पूछा था—"क्या हिंदी के किसी कवि को आप सबसे निकट पाते हैं ?" शमशेर का सीधा-सा जवाब था "निश्चित रूप से निराला को।" निराला और पुश्किन दोनों ही लोक-हृदय की एक परंपरा के कवि हैं। शमशेर ने बताया है "अगर वे (निराला) दस योजन हैं तो हम केवल एक योजन।" निराला के सामने मुक्तिबोध, नागार्जुन, शमशेर, त्रिलोचन, केदार, रामविलास शर्मा—सभी प्रगतिशील कवि केवल एक-एक योजन है। यहाँ शमशेर समसामयिक कवियों को तात्कालिक कविता के खतरे से सावधान भी करते हैं। (देखें, *काल से होड़ लेता शमशेर।*)

ग़ालिब, अकबर और सौदा को डॉ. रामविलास शर्मा ने सामंती सभ्यता के अंतर्विरोधों में (शमशेर की तरह) बड़ी सहानुभूति से पहचाना है। ग़ालिब की करुणा भवभूति की याद दिलाती है। निराला पीड़ा के समय गालिब के शेर अकसर गुनगुनाते थे। शमशेर और डॉ. रामविलास, निराला और ग़ालिब की जातीय चेतना को परखते हैं। उस समय दोनों एक-दूसरे के पूरक लगते हैं। शमशेर जहाँ सादगी में मीर के पड़ोसी कवि हैं, वहीं निराला को परंपरा की विभूति कह चुके हैं। वहाँ डॉ. रामविलास की तरह निराला की रचनाओं की बारीक सामाजिक भूमिका भी समसामयिक कवियों के सामने वे स्पष्ट करते हैं। मैंने इस बात को *काल से होड़ लेता शमशेर* में परखा है। निराला पर शमशेर ने कहा है "प्रेम के गीत उन्होंने भरपूर मन से लिखे हैं। वे अपना पूरा व्यक्तित्व अपने गीतों में उड़ेलते जाते हैं और उसके उपयुक्त जो भाषा चाहिए, वह उन्हें सहज ही प्राप्त थी। सच्चे अर्थों में निराला को ही आधुनिक हिंदी का 'प्रथम नागरिक' कहा जा सकता है।" ऐसे ही भरपूर मन के कवि मीर और

शमशेर भी थे।

समसामयिक कवियों के रचनात्मक श्रम या तैयारी के लिए यहाँ कुछ सवाल ग़ालिब और निराला के बाद मैं छोड़ रहा हूँ। हर नया कवि अपने युग में, अपनी कविता की आधारशिला अपने रचनात्मक श्रम से रखता है। रघुवीर सहाय और विजेंद्र की कविता की क्या आधारशिला है, यह आलोचकों ने नहीं खोजी। प्रेमचंद और नागार्जुन ने किसानों के अनुकूल 'अपना पूरा व्यक्तित्व' ढाल लिया था। वह किसानों की भाषा में सोचते थे। क्या समसामयिक कवि स्व. मानबहादुर सिंह, केदारनाथ सिंह और विजेंद्र ने अपनी जनता को पहचान लिया है ? क्या विष्णु खरे, मंगलेश डबराल, राजेश जोशी मध्यवर्ग से वर्गावरोहित हुए हैं ? क्या किसानों के साथ उनका 'भरपूर मन' का नाता है ? क्या क्रांति की रचनाएँ उन्होंने भरपूर मन से लिखी हैं ? क्या समसामयिक कवियो के जनवाद का आधार निम्नवर्ग का ठोस यथार्थ है ? ये सवाल इन कवियों को नागार्जुन की कविता की कसौटी पर कसते हैं और कटघरे में खड़ा भी करते हैं। हमें नागार्जुन और मुक्तिबोध के वर्ग आधार को बार-बार ठोस धरातल पर परखना होगा।

आज देश का माहौल बहुत हद तक मायकोवस्की के समय के रूस का है। बुर्जुआ कवि उस समय भी उच्चवर्ग से समझौते कर रहा था। इसके विपरीत समाजवादी कवि महाजनी सभ्यता को तोड़ रहा था। पुश्किन, भारतेंदु के समय के कवि हैं। पुश्किन और मायकोवस्की दोनों अपनी-अपनी कविता में अपने-अपने 'पूरे व्यक्तित्व को उड़ेलते' हैं। उनके परखने का आधार है लोक-हृदय। कवि अपने रचनात्मक श्रम से लोक-हृदय में लीन होता है।

लेनिन को अकसर जनवादी कविता के गलत संदर्भ में याद किया जाता है। लेनिन, पुश्किन बनाम मायकोवस्की का विवाद नहीं शुरू कर रहे थे। लेनिन क्लासिक कविता को समसामयिक स्रोत से सिर्फ जोड़ रहे थे। भारतेंदु (श्रीधर पाठक से नहीं) और निराला से हम आज उसी तरह जुड़े हैं जैसे रूस की क्रांतिकारी जनता और उसके कवि पुश्किन से। पुश्किन और निराला सच्चे अर्थों में आधुनिक कवि हैं। प्रेम और क्रांति के भाव एक-दूसरे के विरोधी अनुभव नहीं होते। पुश्किन, ताल्स्ताय के भी प्रिय कवि थे और दास्तोवस्की के भी। दर्द और करुणा के कवि के रूप में समसामयिक इनसान भवभूति और ग़ालिब, मीर और शमशेर, मुक्तिबोध और नागार्जुन को एक ही मानसिकता के धरातल पर पसंद करता है। प्रेम, क्रांति, दर्द और मानव की विडंबना के अनुभव मानव जीवन के टुकड़े नहीं हैं, यही मनुष्य की भरी-पूरी जिंदगी का यथार्थ है।

शमशेर ने इसी मानसिकता में आज के कवियों को यह सिखाया है कि "सृजन के दौरान रचनाकार पूरी ह्यूमन हिस्ट्री (मानव-इतिहास) का एक जीवित अंश होता है।" ग़ालिब और नज़रूल मुक्तिबोध और नागार्जुन आज हमारे मानव-इतिहास के

एक जीवित अंश है। किस कवि का नाम अचानक उनके पूरे अंतर्विरोधी के मानव-इतिहास को पढ़ते-पढ़ते याद आ जाता है। यही ट्रैजिक कविता के कवि का आधार है।

ग़ालिब को डॉ. रामविलास शर्मा ने *भाषा और समाज* पुस्तक में याद किया है। डॉ. शर्मा ने लिखा है : "उर्दू के सबसे बड़े कवि ग़ालिब हैं। उन पर सामंती संस्कृति का असर है, साथ ही उसका तीव्र विरोध भी है। वह बादशाह से अपनी तनख्वाह माँगते हैं, साथ ही शायरी की इज्जत का जरिया नहीं मानते। वह मुफलिसी और फ़ाकेमस्ती के गीत भी गाते हैं (जिन्हें स्वभावतः निराला जैसा हिंदी कवि अपनी परिस्थितियाँ देखकर गुनगुनाता रहा है)। उसमें रोमांटिक कवियों की आत्मविभोर गेयता है, अपनी व्यक्तिगत भावनाओं की जबर्दस्त रूढ़ि-विरोधी व्यंजना भी है। उनकी सबसे बड़ी विशेषता यह है कि भवभूति, दाँते और शेक्सपियर की तरह वह करुणा और दुख के अन्यतम कवि हैं। हैमलेट और मेकबेथ की तरह वह रात को सो न सकने की व्यथा पहचानते हैं। दरबार में मनोरंजन, और कामोद्दीपन की शायरी का बोलबाला रहता है। ट्रैजिक कविता दरबारों की विशेषता कभी नहीं रही। ग़ालिब ने मनुष्य की वेदना को बहुत गहराई से अनुभव किया है और उसे बहुत ही मुहावरेदार लाक्षणिक शैली में चित्रित किया है। उनमें सूफी परंपरा के अवशेष मौजूद है। इसलिए उनके काव्य में वेदांत से मिलते-जुलते विचार भी है।" (पृ. 312)

सवाल पैदा होता है, क्या समसामयिक कवि को किसी वामपंथी दल ने ट्रैजिक कविता के मानव इतिहास का पाठ पढ़ाया है या उसने खुद जिंदगी के वर्तमान अनुभव के बीच, आंदोलनों में या कुर्बानी देनेवाले साथियों के संघर्षपूर्ण अनुभव से, यह सीखा है।

ट्रैजिक कविता वह नहीं लिखता जो जनता से छल करता है। आपातकाल के बाद बहुत से छद्म कवि अपना ब्योरा विस्तार से प्रसारित कर रहे हैं। (देखें, धर्मवीर भारती) क्या उस कविता पर जनता ने कभी भरोसा किया था ? मैं अपने अनुभव से कह सकता हूँ कि जनता करुणा और दुख के अन्यतम कवि को प्यार करती है। क्योंकि वह जनता का अपना अनुभव है। वह जेल के अकेलेपन के नाज़िम हिकमत की 'आत्मविभोर गेयता' को भी गाती है, और दूसरे महायुद्ध के समय जर्मनी से निर्वासित बर्तोल्त ब्रेख्त की जबर्दस्त रूढ़ि-विरोधी कविता की तात्कालिक व्यंजना को याद रखती है। सवाल समसामयिक कवियों को खुद से पूछना है—क्या वह तात्कालिक 'मनुष्य की वेदना को बहुत गहराई से अनुभव' कर सकते हैं ? (यह सवाल राजेश जोशी के लिए मेरे मन मे रहा है।) क्या आकाशवाणी, प्रकाशक और नई फिल्म जैसे महाजनी सभ्यता के माध्यमों के 'बाहर' वह है ? जन-हृदय की क्या ट्रैजिक कविता का वह अन्यतम कवि है ?

शमशेर जब मुक्तिबोध पर सोचते हैं तो उनकी बेचैनी को क्या समसामयिक

कवि पूरी तीव्रता से अपनाता है ? कई अध्यापकों ने इधर मुक्तिबोध पर ग्रंथ लिखे हैं। वह कहीं न मुक्तिबोध के चिंतक कवि का वर्ग-आधार बताते हैं, न उनके विचार का स्रोत अंतर्राष्ट्रीय कविता में खोजते हैं। मुक्तिबोध शमशेर की तरह जब आहत होता है तभी वह शमशेर की 'दुनिया' में प्रवेश पा सकता है। उसी आत्मीय नाते के बाद शमशेर मुक्तिबोध के बाद उसके अपने कवि बन जाते हैं। जैसे निराला डा. रामविलास शर्मा के अपने कवि थे। शमशेर के करीब आने का अर्थ है मानव-इतिहास के एक जीवित अंश को प्यार करना। मीर और ग़ालिब उसी जीवित इतिहास की कड़ी थे। शमशेर की लिखी कविता की भाषा एक पूरी दुनिया है। वह दुनिया क्या शमशेर की निजी दुनिया है या वह हमारा अपना समसामयिक अनुभूति और विचार का संसार है ? ठोस संसार का कवि 'अनुभूति की वास्तविकता' पर जोर देता है। शमशेर जब कहते हैं "कविता मेरे लिए मेरे आंतरिक मनोवैज्ञानिक दबावों और तनावों से मुझे मुक्ति देने का एक माध्यम रही, मुख्य रूप से।" बिना व्याख्या किए, यही बात नागार्जुन की कविता-यात्रा से खुलती चलती है। क्योंकि वह किसान के आंतरिक मनोविज्ञान के कवि हैं।

क्या शमशेर की तरह समसामयिक कवि अपनी कविता के अपने समसामयिक आंतरिक मनोवैज्ञानिक दबाव और तनाव को समझते हैं ? मुझे कभी-कभी गोरख पांडेय और महेश्वर की मौत पर संदेह होता है। ऐसे समसामयिक कवि चीन की किसान-क्रांति या कंबोडिया पर वियतनाम के हमले पर बहस के इक्के-दुक्के टुकड़े अपनी कविता में टाँक लेते हैं। उनका यह जोड़, कभी उनकी कविता के 'फार्म' में, कभी बगावत की 'इमेज' से अलग से टका हुआ नजर भी आता है जैसे पाश। मुक्तिबोध की विराट कविता में यह जोड़ कहीं नहीं नजर आता। मुक्तिबोध 'यथार्थ को पूरी समग्रता में पकड़ते हैं।' यही समग्रता धूमिल में नजर नहीं आती। दूसरे महायुद्ध का देश का संकट और रूस में लड़ती हुई क्रांतिकारी लालसेना का हिटलर के खिलाफ मोर्चा दोनों पक्ष मुक्तिबोध और नागार्जुन की कविता का एक बड़ा अनुभव सत्य रहा है। वह लंबी कविता में वर्तमान संघर्ष के "एक ठोस वस्तुस्थिति पर दूसरी ठोस वस्तुस्थिति को जमाते चलते हैं—चट्टान-पर-चट्टान की तरह।" यह इतिहास- बोध का ठोस आधार है जिसके मुक्तिबोध विशिष्ट कवि हैं और नागार्जुन जनकवि।

मुक्तिबोध के कवि व्यक्तित्व में दो पक्ष समग्र रूप से घुला-मिला है। दो पक्ष है कविता में बिंब की रचना और सामाजिक संदर्भ के अनुकूल क्रांतिकारी रचना। आज के कवि में भी दो परस्पर विरोधी लगनेवाले गुण हैं...निराशा और पत्रकारिता। शमशेर के बिंब मानवीय संकट के गुण हैं, मूल्यवान सिनेमा की तरह—उनके बिंब हमें याद रह जाते है। मुक्तिबोध उन्हीं दृश्यों को दूसरे महायुद्ध के ही संदर्भ में खोलते हैं, यानी क्रांतिकारी संघर्ष की दार्शनिक भूमिका हमारे सामने रखते हैं। बिंब भी यहाँ देश के संकट का ही रूप है। यह नागार्जुन की कविता भी बताती है। इसी मार्ग

में नागार्जुन और मुक्तिबोध क्रांतिकारी कवि हैं। 'क्रांतिकारी दर्शन की' कविता भी देश का ही समसामयिक अनुभव होती है। ये दो पक्ष आज की कविता का जीवंत पक्ष नहीं है उनकी निराशा या पत्रकार कविता में।

मुक्तिबोध मानव-इतिहास की अनेक अनुभवों और विचारों की गहराई में जाने के लिए फंतासी रचते हैं और शमशेर मानव-इतिहास के स्थिर या गतिमान बिंब या प्रभाव के अनुसार सोचते हुए गतिचित्र देते हैं। रघुवीर सहाय की पत्रकार कविता में 'रामदास' की निराशा तो आई है, पर वह गतिमान जीवन का बिंब नहीं। वह एक पत्रकार कवि की रपट है। (देखें, सुल्तान अहमद की गाथा, सर्वनाम)।

कविता के बड़े कैनवास के लिए व्यापक अनुभव और क्रांतिकारी दल और कवि की अटूट निष्ठा आवश्यक है। अंग्रेजी भाषा गुलामी में अंग्रेज हिंदुस्तानियों को सिखाते रहे। अंग्रेजी सभ्यता का यह अतंर्विरोध था। क्योंकि अंग्रेज खुद अपनी गुलामी में फ्रांसीसी भाषा को अपनी सभ्यता के लिए स्वीकार करते हैं। अंग्रेजी भाषा भारत के कवि को पूरी जनता के मनोभाव का कवि नहीं बताती। यह सत्य भी सिर्फ नागार्जुन की कविता हमें बताती है। कवि की भाषा देश के भूगोल क़ी सीमा को बार-बार लाँघ जाती है। लेकिन वह भाषा कभी-कभी देश की आर्थिक माँगों के ज्ञापन का भी काम करती है। कविता को एक कवि वैसे ही अपने जीवन में उतारता है जैसे संगीतज्ञ संगीत के घराने से अपना एक निजी चरित्र बनाता है। मुक्तिबोध और शमशेर दोनों ही स्थापत्य कला, मूर्तिकला, चित्रकला और संगीत को अपनी कविता के बड़े कैनवास का हिस्सा बना लेते हैं। वहाँ सिर्फ ये सारी कलाएँ बर्तोल्त ब्रेख्त की कविता के कवि के जीवित रहने का फोर्स बन जाती हैं।

देश में हर समय कविता के फोर्स की व्याख्या तात्कालिक स्थितियों से रूपायित होती है। लेनिन जब जमे हुए ट्रेड यूनियन नेता की 'अर्थवाद' की लड़ाई की आलोचना करते हैं तो वह अपने अनुभव से ट्रेड यूनियन के उस समय के मुख्य अंतर्विरोध की समीक्षा कर रहे थे। उनकी समीक्षा का उस समय का व्यावहारिक पक्ष था क्रांति में निम्नवर्ग को आगे बढ़ाना। देश के आज के वामपंथी दलों की तरह लेनिन 'अर्थवाद' की माँग को क्रांतिकारी लड़ाई का फोर्स नहीं मानते थे। यहाँ एक खास बात हम अपने सौ वर्षों के अनुभव से यह देख रहे हैं कि कवियों में अगर सामाजिक और जनतांत्रिक पक्ष नहीं रहता, तो वहाँ एक शून्य नजर आता है। लेकिन यह शून्य देश के वामपंथी दलों का अपना शून्य है, इसकी व्याख्या अभी तक हमने इतिहास के संदर्भ में नहीं की है। नागार्जुन की कविता उस शून्य को भरती है। कविता के अनुभव से मुक्तिबोध इसी शून्य के खालीपन को उसके एक-एक अंतर्विरोधों को बारीक सूत की तरह हमारे सामने रखते रहे हैं। मुक्तिबोध का कविता का अनुभव मुझे अकसर क्रांति के समय के लेनिन के अनुभव-सा प्राणवान लगता है। लेनिन जैसे कभी बोलशेविक भटकाव के समर्थक नहीं रहे। यह उनका तात्कालिक फोर्स

हमारे लिए आज के भारत में भी प्राणवान अनुभूति है। आज के वामपंथी भटकाव के बीच मुक्तिबोध उपस्थित रहते हैं। एक सजीव चिंतक की तरह जोरदार बहस के साथ वे क्रांतिकारी पक्ष को ही बार-बार स्थापित करते हैं। आज के वामपंथी भटकाव के समर्थक मुक्तिबोध और नागार्जुन कभी नहीं रहे।

शमशेर, मुक्तिबोध और नागार्जुन कविता के ठोस धरातल पर दोहरी यात्रा करते हैं। एक, वह तात्कालिक क्रांतिकारी चिंतन को पहचानने की यात्रा करते हैं। दूसरी, वह जनवादी कवि के अनुभव की रचनात्मक भाषा की तलाश करते हैं। (हिंदी के आलोचक इस यात्रा में या तो क्रांतिकारी चिंतन से रूठकर, वर्तमान से पीठ फेर कर बैठे हैं या अपने ही वाक्जाल में उलझकर ठंडे पड़ चुके हैं।)

शमशेर अपनी सीमाएँ अपने पाठकों को बार-बार याद दिलाते रहते हैं। यह आत्म-समीक्षा नागार्जुन में कम है—बेहद कम। पाठकों के सामने अपनी 'जनता' की सीमा का हवाला देते समय, शमशेर भीतर-ही-भीतर अपनी सीमा को तोड़ते भी चलते हैं। यही ग़ालिब का परस्पर विरोध द्वंद्व है, जिसका जिक्र ऊपर हो चुका है। या 'ग़ालिब और निराला मेरा काव्यानुभव' पुस्तक में आया है। शमशेर के लिए यह द्वंद्व भाववादी उहापोह नहीं है, बल्कि वैज्ञानिक अुनभव-यात्रा का एक प्रयत्न रहा है। यह स्थापना मैंने 'काल से होड़ लेता शमशेर में' पुष्ट की है। शमशेर अपनी मुक्ति की वैज्ञानिकता पर जोर देते हुए लिखते हैं—"मार्क्सवाद का अध्ययन मैं बुद्धिजीवी प्राणिमात्र के लिए बहुत आवश्यक मानता आया हूँ।"

शमशेर यहाँ उन 'मार्क्सवादियों' की ओर संदेह प्रकट करते (मुक्तिबोध की तरह) हैं, जो एकांगी है, जिनका मानव-इतिहास के साथ व्यावहारिक अनुभव नहीं है। जो सिर्फ मार्क्स और माओ के उद्धारणों की चादर ओढ़ कर पैतरे भाँजते हैं, जो उतावलेपन के शिकार होने के नाते सिर्फ तर्कों का स्तूप कविता में खड़ा करते हैं। जो क्रांति का 'सरमन' बुद्धिजीवियों में बाँटते हैं ! माओ ने बार-बार ऐसे यांत्रिक मार्क्सवादियों की खबर ली है। शमशेर यांत्रिक विवाद के ऐसे ही अड्डों से उदासीनतापूर्वक वापस लौट आते हैं। मुक्तिबोध उनसे जिरह करते हैं। नागार्जुन उन्हें जनपक्ष का आख्यान सुनाते हैं। तीनों ने खुद को माओ या लेनिन या गोर्की कहलाने का भ्रम कभी नहीं पाला। वह अपने पाठकों के सामने, निराला की तरह ईमानदारी से अपने 'रूप और अरूप' को रख देते हैं।

शमशेर ने लिखा है—"मैं 'बेसिकली' कवि ही अधिक हूँ, और मेरी 'कविता की दुनिया' मुझे लगातार घेरे रहती है, और अपने अंदर समाएँ रहती है। एकांतप्रियता, तटस्थता, राजनीतिक हंगामों से धीरे-धीरे एक ऊब-सी, मेरे अंदर बढ़ती गई है। उम्र के साथ कई बातें आती है, बहुत सी सीमाएँ कार्यक्षमता आदि की। तथापि मानव कल्याण के लिए मार्क्सवाद का पथ ही एकमेव पथ है, यह निश्चित मानता हूँ।" यहाँ अकसर उनके ध्यान में मुक्तिबोध और नागार्जुन आते हैं।

यहाँ मैं 'राजनीतिक हंगामों से धीरे-धीरे' समसामयिक कवि के 'ऊब' के सवाल को पहले उठा रहा हूँ। 1920-35 तक वामपंथी दल कैसे थे ? क्रांतिकारी लेखन और क्रांतिकारी दल की क्या भूमिका रही है ? मानव कल्याण के लिए मार्क्सवाद और समाजवादी देशों की भूमिका पर उस समय जोरदार बहसें आयोजित की जाती थी। कैफ़ी आजमी ने अपने दौर की व्याख्या करते हुए लिखा है : "मैं अकसर रोमानी नज़्में लिखता था। जब मैं कम्युनिस्ट पार्टी के कारकुन की हैसियत से मज़दूरों में काम करने लगा तो मैंने महसूस किया कि उनके बीच में रहकर शायराना तकल्लुफ़ की ज़बान नहीं चलेगी। मेरे नग़मों को सहज और स्वाभाविक होना होगा। यानी ज़बान को उनके दिलों के और नज़दीक लाना होगा। मज़दूरों से मेरा बराहरास्ता राबता था : एकदम डायरेक्ट। 'झनकार' की बहुत-सी नज़्में कानपुर और लखनऊ के मजदूरों के बीच रहकर लिखी गईं। मुझे इसका एहसास होने लगा कि मेरे जज़्बात (भावनाएँ) कहाँ उनके इनकलाबी हितों का साथ देते हैं और कहाँ वो उनके खिलाफ़ पड़ सकते हैं। फिर, '44-45 में जब मैं बंबई आया तो मैंने मदनपुरा के कामगारों में काम करना शुरू कर दिया। शू-वर्कर्स की यूनियन बनाई।' *'आवारा सज्दे'* (भूमिका शमशेर बहादुर सिंह, पृ. 12-13) इसी दृष्टि से नागार्जुन हर बार जनकवि की तरह सीधे जनता से संवाद करते रहे।

एक समय वामपंथी पार्टी के कवि का अनुभव राजनीति और हंगामों में स्पष्ट फर्क करना जानता था। आज दो से 17 ग्रुपों की वामपंथी पार्टियों के बाद हंगामों की राजनीति और सही राजनीति का सवाल नए सिरे से पैदा हो चुका है। सही राजनीति का प्रगतिशील कवि निम्न वर्ग की राजनीति में हिस्सा लेता है। वही उसकी पाठशाला है। नागार्जुन इसी राजनीति पाठशाला के सबसे सशक्त कवि हैं। कात्यायनी उसी सामयिक कार्यक्षेत्र की कवयित्री हैं। नारीवादी नहीं, जनवादी हैं।

वामदल के कवि हैं नागार्जुन। उनकी कविता का तर्कशास्त्र राजनीतिक इतिहास का अनुभव है। वह राजनीति और समसामयिक जिंदगी के मुख्य अंतर्विरोध को शून्य में न खोजकर एक सही जमीन पर तलाशा करते हैं। नागार्जुन के तलाश का आधार है—कविता और सर्वहारा का वास्तविक जीवन संघर्ष रहा है। कविता और सर्वहारा को जोड़नेवाली एक कड़ी है राजनीति। जब-जब यह राजनीति बड़ी वामपंथी भटकाव से धुँधली हुई है कविता में हंगामों का जोर तभी से बढ़ा है। नागार्जुन ने यहाँ दो पक्ष दिए, एक कवि मनाधार के कवि होते हैं, दूसरे जनाधार के कवि हैं। बहुतेरे गैर-राजनीतिक कवि अपनी समझ से, बीट कविता, हंग्री कविता, भूखी पीढ़ी और अकविता का ताना 'शून्य' में बुनते रहे हैं। मुक्तिबोध की कविता पर बहस पहली बार शून्य से हटकर उनके 'विशिष्ट कवि' के व्यक्तित्व पर 1957 में *कवि* पत्र में शुरू हुई। विडंबना यह हुई कि मुक्तिबोध को 'चिंतक कवि' कहनेवाले आलोचक ने अपने नए-नए आयामों का 'शून्य' उसके बाद गढ़ा। आलोचना के इस 'शून्य'

में सर्वहारा की कोई जगह नहीं थी, राजनीतिक कविता के कवि नागार्जुन का विश्लेषण भी 'नए प्रतिमान' में नदारत था।

मध्यवर्ग की कविता के 'हंगामों' का काफी समय तक बिहार, राजस्थान, दिल्ली और मध्यप्रदेश में समय-समय पर आयोजन किया गया। लंबे आयोजनों में कला की सामाजिक मान्यताओं के साथ, देश की राजनीति का कोई वर्ग-आधार कभी नहीं खोजा गया। कवि राजकमल चौधरी बंगाल और अमरीका की कविता का ताना-बाना शून्य में बुनते रहे। उसकी कविता में आजादी के बाद बढ़ते हुए नौकरशाह वर्ग से भरपूर नफरत जरूर थी। नौकरशाह जिस भाषा को आसानी से समझाता है, राजकमल ने उसी भाषा में कविता का मोर्चा खोला। राजकमल का मोर्चा फिर भी राजनीति के बाहर का एक दूसरा शून्य था। कविता के इस शून्य में जो औरत थी वह माँ, बहन और प्रेमिका नहीं थी। केवल संभोग की वस्तु थी। राजकमल की 'औरत' औरत के बाजार—सोनागाछी की वस्तु थी। ठोस-वस्तुस्थिति से बाहर—ये कविता का 'शून्य' नारी की आजादी की जगह उसकी देह के भूगोल से भरा-पूरा भटकाव था। 'दास कविता' में भी सर्वहारा वर्ग की राजनीति का कोई सवाल कवि राजकमल के मन में नहीं था। कविता जहाँ 'शून्य' में नंगी होती रही, सर्वहारा वर्ग देश के राजनीति 'शून्य' को, सही राजनीति से लैस करता रहा।

कविता और राजनीति का एक अटूट संबंध प्रेमचंद से था। 'आयात-निर्यात' कविता में मैंने उसी समय याद किया था—

> "मेरे देश में प्रेमचंद ने समाजवाद का पहला पत्थर लगाया है
> जिस पर लिखा है :
> "मैंने अपने आपको उस इंद्रजाल से निकालने का
> निश्चय कर लिया है
> जहाँ धन का नाम मान है
> इंद्रियलिप्सा का सभ्यता
> और भ्रष्टता का विचार-स्वातंत्र्य।"

मध्यवर्ग के आलोचकों और कवियों ने उस समय कविता के हंगामों के सामने, कविता की समझदारी की—सर्वहारा चेतना की—जानकर उपेक्षा की। सर्वहारा वर्ग ने लेकिन अपने अधिकार की भूमिका पूरी की। प्रेमचंद की तरह साम्राज्यवाद के भ्रष्टता के विचार-स्वतंत्र का सर्वहारा वर्ग ने डटकर विरोध किया। नागार्जुन की कविता उस इतिहास का जीवन्त दस्तावेज है।

'आयात-निर्यात' कविता में न तो बिंबवाद का राजनीतिक कुहासा था, न देहवाद का भ्रमवाद। यह कविता के शून्य में तात्कालिक राजनीतिक सोच का कवि का एकमात्र प्रयत्न था।

राजकमल चौधरी की व्यक्तिगत प्रतिक्रिया के कवि हैं धूमिल। कविता के 'शून्य'

को धूमिल ने कैसे भरा ? नई कविता के अस्तित्ववादी दर्शन से, या बिंबवाद की राजनीतिहीनता से या अकविता के भ्रमवाद से ? ओजस्वी और तात्कालिक बिंब की जरूरत पर धूमिल क्यों बार-बार बहस करता रहा ? कविता के शून्य में धूमिल की बहस, एक ओर राजकमल के देहवाद को सामाजिक धरातल देती है, दूसरी ओर वह खुद के अकेले आक्रोश में घिरता गया। देर-सवेर यही परिणति नागरचेतना के रघुवीर सहाय की भी हुई। धूमिल की ऐकांतिकता में मध्यम किसान की उस समय की निराशा है। देश में सही राजनीतिक पार्टी के अभाव में धूमिल 'शून्य' में अराजकता की राजनीति और व्यक्तिगत कवि के विरोध-पक्ष की प्रक्रिया के स्फुट बिंब जीवन-भर रचता या भरता रहा। रघुवीर सहाय इसी ताने-बाने के बेचैन कवि हैं, न शहर को छोड़ते हैं, न गाँव से जुड़ते हैं। न नागर सभ्यता को क्रांतिकारी विश्व कविता से जोड़ सके।

आलोचक अभी तक अपने-अपने 'आयामों' की सुरक्षा का प्रयत्न कर रहे थे। देश के वर्तमान शून्य में एक आलोचक क्रांतिकारी विरासत की सुरक्षा का दावेदार था, दूसरा क्रांति को मध्यवर्ग की विडंबना से नेतृत्व देने का स्वांग रच रहा था। आज आलोचना के दोनों गढ़ उस समय की अपनी-अपनी 'शून्य' की बहस का दस्तावेज प्रकाशित कर रहे है। राजकमल चौधरी, धूमिल, रघुवीर सहाय और मुक्तिबोध अपने 'भीतर का आदतन क्रोधी अभाव' दबाए हुए हिंदी भाषा से विदा ले चुके हैं। कविता का 'शून्य' न डॉ. रामविलास शर्मा के *नयी कविता और अस्तित्ववाद* से भरा है, न डॉ. नामवर सिंह के दिमागी आयाम—*कविता के नए प्रतिमान* से वह श्रम पहचाना गया है।

मैंने 'मुक्तिबोध का रचनात्मक चिंतन और मार्क्सवाद का आधार' लेख लिखा था और उसी समय 'मुक्तिबोध की आत्मकथा' रची थी। मैंने लेख में लिखा था—"कि आलोचकों को अपनी तर्क-व्यवस्था से, अपने अलावा सभी व्यक्ति छोटे नजर आते हैं।" (राष्ट्रवाणी : जनवरी-फरवरी 1965)

अगर कवि दिमागी 'शून्य' में थे, तो आलोचक उसके बाहर नहीं थे। मुक्तिबोध, नागार्जुन और शमशेर कविता में वर्ग-संघर्ष का आधार अलग-अलग तरीके से खोज जरूर रहे थे, आलोचक शिवदान सिंह चौहान क्या क्रांति कर रहे थे ? वास्तव में वे अपने अहं में बंद होकर अपने 'मार्क्सवाद' का दिवाला पीट रहे थे। 1973 में बहुत समय बाद डॉ. रामविलास शर्मा जागते हैं। 'धर्मयुग' में अपना लेख वह उस समय लिखते हैं जब पूरा हिंदी जगत मुक्तिबोध को अपना बना चुका था। *सर्वनाम* —1973 में ही मुक्तिबोध के दोनों आलोचकों की खबर लेता है। अपने 'शून्य' से बाहर आकर डॉ. शर्मा 'नयी कविता और मुक्तिबोध का पुनर्मूल्यांकन' करते हैं। 1977 तक डॉ. शर्मा के वही निष्कर्ष थे, जिन पर हिंदी का आम मार्क्सवादी समझ का लेखक बहुत पहले से जोर देता आया था।

डॉ. शर्मा के निष्कर्ष हैं : "निस्संदेह मुक्तिबोध की कला उनकी मृत्यु तक निरंतर विकसित होती आई थी। उनके आत्म संघर्ष के अनेक स्तर हैं। एक स्तर है, निम्नवर्ग की भूमि को छोड़कर सर्वहारा वर्ग से तादात्म्य स्थापित करने का। दूसरा स्तर है, मन के दुःस्वप्नों पापबोध, मृत्युचिंतन, असामान्य मानसिक स्थिति से निकल कर स्वयं को और संसार को वस्तुगत रूप में देखने का। तीसरा स्तर है, अपनी काव्यकला को निरंतर विकसित करने का। मुक्तिबोध का साहित्य उस व्यक्ति का साहित्य है जो जीवन की अनिवार्य विवशताओं के बीच निरंतर अपने विवेक के अनुसार अपने व्यक्तित्व के निर्माण में प्रयत्नशील रहता है।" (पृ. 231)। काफी हद तक यही प्रवृत्ति शमशेर और नागार्जुन के विकास की भी रही है।

जब आलोचक अपने 'शून्य' में था (और है) कवि अपने शून्य में एक बड़ी बेचैनी का अनुभव कर रहा था। यह शून्य है देश में क्रांतिकारी दल के अभाव का। आलोचक भी मध्यवर्ग का व्यक्ति था और ज्यादातर कवि भी उसी वर्ग में पैदा हुआ था। 1917 की रूसी क्रांति के पहले तक आलोचक और कवि इसी 'शून्य' में थे। आलोचक प्रतिक्रांति का प्रवक्ता था और गोर्की जैसे क्रांतिकारी भी यह भ्रम पाले हुए थे कि क्रांति मध्यवर्ग के बुद्धिजीवी ही कर सकते हैं। लेनिन ने क्रांति के दौरान इन दोनों के भ्रमों का खंडन किया था। भारत में यह भ्रम सोवियत विघटन के बाद तक कायम है। शमशेर के राजनीतिक हंगामों से ऊबने का यह एक सार्थक और व्यावहारिक आधार है।

शमशेर की 'कविता की दुनिया' जहाँ उन्हें घेरे रहती है वहाँ नागार्जुन का 'बेसिकली' कवि सारे देश के मानचित्र को अपनी दुनिया मानता रहा है। वह प्रेमचंद की तरह के किसान हैं, जो महाजनी सभ्यता को लंबे संघर्ष से समझाते आए हैं। अपने निश्चय में दोनों सर्वहारा वर्ग के निश्चय को, अपनी अनुभूति और विचार से सही राजनीति में बदल देते हैं। मुक्तिबोध को शहर के शून्य में 'छोटा अमेरिका' अपने देश के मानचित्र में बसा हुआ नजर आता है वह उससे संघर्ष करने के लिए कहानी लिखते हैं : 'क्लाड इथरली' और अपनी बेचैनी में सर्वहारा से कटा हुआ महाजनी सभ्यता के 'शून्य' का खतरा देखते हैं। 'शून्य' कविता में उसी खतरे का खाका मुक्तिबोध खींचते हैं। मध्यवर्ग की सभ्यता में "भीतर जो शून्य है, उसका एक जबड़ा है, जबड़े में मांस काट खाने के दाँत है।" यह दाँत केवल मध्यवर्ग के आदमी को ही नहीं, उच्चवर्ग के शोषक और दलित चरित्र को भी खा जाएगा धीरे-धीरे। यहाँ तक मुक्तिबोध और नागार्जुन की मानसिकता सर्वहारा वर्ग के निश्चित संघर्ष की भूमिका पूरी करती है।

'एक मित्र को पत्र' कविता में नागार्जुन, प्रेमचंद की 'पूस की रात' कहानी के किसान की तरह सोचते हैं :

यदि कदाचित्
जेठ औ आषाढ़ के बोझिल दिनों की
यह सिसकती साँझ
तुमको स्मृति दिलाए
... ...
तो तुम्हारे कंठ से ही
महाकवि मेरा गरजने जा रहा है :
दूत बन कर मेघ विरहिन को न आगे ठग सकेगा
नहीं कविकुल गुरु धरा की ठोस मिट्टी छोड़ नभ को ढंक सकेगा
मंद क्रम के छंद वे हो जाएँगे अब तीव्रगामी
नहीं होंगे दास, होगा नहीं स्वामी

नागार्जुन किसान हैं जिस पर 'सीधे पड़ी है गरीबी की मार'। मुक्तिबोध शहर के नागरिक थे, जो थकान की जिंदगी से टूटकर यह समझते थे—"सुविधा-प्राप्त लोगों ने सदा समझा, है सर्वहारा वर्ग को, भू-भार।" दोनों को क्रांतिकारी विरासत 'व्यास और वाल्मीकि' की परंपरा से मिली। यह यथार्थवाद की कविता है। दोनों को जीने का महाजनी नया संसार मिला है जिसमें लिख-लिखकर प्रेमचंद और निराला और राहुल यही सोचते रहे "भागो नहीं दुनिया को बदलो।" 'कलम घिस्सुओं' की बड़ी बिरादरी गोर्की, लूशुन, पाब्लो नेरूदा, और ब्रेख्त की थी। यह कलम घिस्सुओं का स्वभाव है दरबार को तोड़ने का। कबीर, तुलसी, सूर और निराला में दरबार के बाहर जनता का स्वाभिमान नजर आता है। यह क्रांतिकारी विरासत की फाकेमस्ती थी, जो यही सोचना सिखाती है, "किसी भी श्रीमंत से क्या माँगता हूँ भीख ?" शमशेर, नागार्जुन, मुक्तिबोध की जीविका रही है : कलम घिसकर कमा लेता रोज पैसे चार। दोनों का मानचित्र एक ही लक्ष्य की ओर ले जाता है : लेखनी ही है हमारा फार।

धरा है पट, सिंधु है मंसि पात्र
तुच्छ से अति तुच्छ जन की जीवनी पर हम लिखा करते
—कहानी, काव्य, रूपक, गीत
क्योंकि हम को स्वयं भी तो तुच्छता का भेद है मालूम...

जो सवाल जीवन-भर नाजिम हिकमत के सामने रहा, वही सवाल नागार्जुन की क्रांतिकारी विरासत के समसामायिक कवियों के सामने है। कम-से-कम यही सवाल 1957 ये 2000 तक मेरे भीतर गड़ता रहा। 'यही तो एक सवाल है' कविता में नाजिम हिकमत खुद से भी बहस करते हैं और सर्वहारा के साथ खड़े मध्यवर्ग से भी पूछते है : तुम धोखा खाओगे या नहीं ?

मानव मात्र को कौन धोखा दे रहा है ? 'पृथ्वी का सारा धन किसकी प्यास नहीं बुझा पाता है ?' महाजनी सभ्यता के बाजारों के बीच उच्चवर्ग संसदीय क्रांति

का ढोल पीटता है, वर्ग-विभक्त समाज में अहिंसा का चमकीला झूठ दौड़ाता है, और घटकवाद के नट का खेल दिखाता है संसद के अंदर।

आजादी के 53 साल बाद हम मध्यवर्ग के इनसान इसी नट के कौशल या झूठ को सत्य मानने को विवश हैं। जनवाद की कविता इसी दरबारी झूठ का मुखौटा तोड़ती है। एक जनवाद ब्रिटेन, अमरीका और टूटते हुए सोवियत संघ यानी साम्राज्यवाद का है जो झूठ ओढ़ता है, झूठ का सौदा करता है, झूठ को कायम रखने के लिए सैनिक नाकेबंदी करता है, झूठ का प्रजातांत्रिक ढोल बजाकर संसदीय तंत्र का प्रचार करता है। दूसरा जनवाद है, समाजवादी विश्वास का तीसरी दुनिया की आजादी का संघर्ष। समसामयिक कवि यदि नागार्जुन, मुक्तिबोध और शमशेर से जिरह करता तो वह इसी विश्वास को बेचैनी से अनुभव करता। पाब्लो नेरूदा की कविता 'सारांश' में तीसरी दुनिया के संघर्षशील जनवाद की ही आस्था है :

> जिंदगी में इतने सारे दायित्व मैंने लिये...
> इस पर मुझे खुशी है—मेरी जिंदगी में
> बड़ी अचरज-भरी चीजें एकत्र हुईं :
> मधुर-स्वभाव प्रेत जिन्होंने मेरा सर्वनाश किया,
> आग्रही खनिज श्रम,
> शब्दातीत ऐसी वायु जो मुझे उद्विग्न करती है,
> क्षत करने वाले चुंबनों का दंश,
> अपने बांधवों का कठोर सत्य,
> हमेशा जागते रहने की हठपूर्ण मेरी विवशता,
> यह प्रेरणा कि जो हूँ मैं वही रहूँ,
> सुख भोगने की अपनी दुर्बलता में भी वही रहूँ।
> यही वह वजह है कि—पत्थर पर पानी—
> मेरी जिंदगी हमेशा ही
> उत्सव और दायित्व के बीच गाती रही।...

(अनुवादक : चंद्रबली सिंह)

समसामयिक कवियों के जिरह का यही आधार है। मुक्तिबोध और नागार्जुन के सामने हर वक्त और शमशेर के सम्मुख कभी-कभी तीसरी दुनिया का बहुत बड़ा कैनवास रहा है। इसी दौर में बर्तोल्त ब्रेख्त बहुत बड़े सर्वहारा वर्ग के 'फोर्स' के कवि रहे हैं। यह 'फोर्स' जिंदगी के बड़े दायित्व का फोर्स है। यह फोर्स हमेशा जागते रहने की हमारी हठपूर्ण विवशता से हमें जोड़ता है। किसान नागार्जुन अपनी जमीन पर चिंतन, निर्मम बोध, शमशेर आधुनिकता बोध की प्रगतिशील भूमिका के लिए बार-बार प्रयत्न करते हैं। उनके प्रयत्न के दो हिस्से थे। एक सुख भोगने की अपनी दुर्बलता से आत्मसंघर्ष का। दूसरा वर्ग-संघर्ष के अनुभव में इस बात की प्रेरणा कि

'जो मैं हूँ मैं वही रहूँ।'

आज के विद्रोही, कल अवसरवादी नहीं बनेंगे यही दोनों पक्ष का निष्कर्ष है। कई नाम आज सामने हैं। यह देखना एक संगठित जनशक्ति यानी वामपंथी दल का दायित्व है। शर्त यही है, अगर वामदल खुद क्रांतिकारी भूमिका निभा रहा हो तो। क्रांतिकारी अनुभव में ही कविता 'उत्सव और दायित्व' का दोहरा गान गाती है। उत्सव में आदमी-आदमी के करीब आता है और दायित्व के साथ आदमी यह सोचता है कि भिलाई का गोली से मरा मजदूर या कानपुर में सीधी जवाबी कार्रवाई करनेवाला मजदूर वर्ग हमारी क्रांतिकारी शक्ति है। इसी दायित्व से मजदूरों और किसानों के बीच से कवि पैदा हो रहे हैं। यही जनता की कविता की पहली विजय है।

नागार्जुन किस 'गोत्र' के लिए प्रगतिशील थे

आज जब नागार्जुन का पार्थिव शरीर पंचतत्व में विलीन हो गया है, मैं उन लोगों को गौर से देख रहा हूँ जो जीवन-भर नागार्जुन से बिदकते रहे। वही लोग 'साहित्य अकादमी', 'जनवादी लेखक संघ', 'जनसंस्कृति मंच' और 'सादतपुर' में अब फूल-मालाएँ चढ़ा रहे हैं, बाबा नागार्जुन की तस्वीर पर। चंद लोग जार-जार रो भी रहे हैं। ये वे लीलापुरुष हैं जो सरकारी और सेठाश्रयी संस्कृति के उत्सव-पुरुष रहे हैं। नागार्जुन अपनी बेधक आँखों से जब उन्हें देखते-भर थे, उनकी 'अपरंपार लीला' उखड़ने लगती थी। क्या बात थी नागार्जुन की बेधक आँखों में ?

वह पहले उनको, उनके 'गोत्र' का हवाला देते थे। फिर उनके 'हौसले' की पोली जमीन दिखाकर, बेतहाशा उन पर हँस पड़ते थे। नागार्जुन की बेधक आँखें कबीर की तरह यही उन्हें 'देखना' सिखाती थी। कबीर 'आँखिन देखी' अपनी हर बात कविता में उतार देते थे और 'मौकापरस्त' उन कविताओं से डरते थे, बिदकते थे, खार भी खाते थे। पर बोल नहीं सकते थे इस कबीर से। निराला ने ऐसे लोगों को बार-बार देखकर कहा था : "आँख-से-आँख मिलाओ।" क्यों हिंदी का आलोचक, हिंदी क्षेत्र का बुद्धिजीवी, हिंदी क्षेत्र के वाम दलों के नेता, केवल नागार्जुन से डरता था, उससे आँख नहीं मिला पाता था ?

13-2-1972 के दिन बाबा पटना में थे। नई दिल्ली में मुझसे वह किसी सिलसिले पर बात करना चाहते थे। बातचीत का जरिया था (पत्र लिखा था नागार्जुन ने)।

" 'प्रकाशकों' की तरह चालू साहित्यकारों की भी लीला अपरंपार है। उच्चपदस्थ आफिसर साहित्यकार उतने घातक नहीं होते जितने कि दलाल गोत्र के और विभागाध्यक्ष गोत्र के साहित्यकार... इस सिलसिले में तुमसे भला क्या छिपा है ?"

अब आप सिर्फ दिल्ली, पटना, कलकत्ता और मुंबई में देख आएँ, कौन है चालू साहित्यकार ? वह कितने चालू हैं—अनुदान पोषित संस्थाओं में ? सरकारी अनुदान पोषित प्रतिष्ठानों में वही साहित्य, जनसंस्कृति और जनचेतना के आयोजनों में धीरे-धीरे हावी होते जा रहे हैं। साहित्य के स्वास्थ्य के लिए वह घातक हैं, जनसंस्कृति

को बिगाड़ने में वह गोत्र खतरा है। टेक्सबुक का जोड़-तोड़ बैठाता है, विभागाध्यक्ष गोत्र का साहित्यकार। नेताओं का अभिनंदन करता है दलाल गोत्र का साहित्यकार। आफिसर इधर पुरस्कारों का सट्टा खेलता है।

नागार्जुन का मन ऐसे चालू साहित्यकारों के साथ नहीं मिलता था। वह प्रकाशकों, सरकारों और सेठों के दलाल गोत्र के साहित्यकारों से बराबर दूर रहते थे। वह पटना, दिल्ली, भोपाल और लखनऊ में चौकन्नी आँखों से उच्चपदस्थ आफिसरों की हरकतें देखते थे, और दलाल गोत्र के साहित्यकारों से उनका फर्क भी बताते चलते थे।

दलाल गोत्र सत्ता के भ्रष्टाचार का लेखक होता है। वह भ्रष्ट प्रतिष्ठान को और भ्रष्ट बनाता है, क्योंकि उससे ही उसे 'पुरस्कार' की राशि मिलती है, मिलती है सरकारी कुर्सी या पद। सत्ता संस्कृति यहाँ सेवा के रास्ते उसे मिलता रहा पुरस्कार था। नागार्जुन का गोत्र इनसे प्रेमचंद और मुक्तिबोध की तरह भरपूर नफरत करता था।

नागार्जुन का मन गरीब झोपड़ी, छोटे मध्यवर्ग की कोठरियों, गंदी बस्तियों और साधारण घरों में खूब रमता था। चुनाव की 'धमाचौकड़ी' करनेवाले दलाल बुद्धिजीवियों में आज अलग रंग या गोत्र के लेखक हैं।

नागार्जुन देश के नितांत परिचित वातावरण के कवि थे। उनकी कविताओं में भी काफी मनलग्गू परिवेषण है जैसे जेल में 'नेवले' का नाटक। जैसे 'हरिजन गाथा'। जैसे 'शोले और आग' का ताप से भरा जन आंदोलन का परिवेश। जैसे मेघों से बतकही।

नागार्जुन को सुनते हुए लगता था कि अभी भी कहीं यह जीवन ही महाकाव्य है। उसे सुनना महाकाव्य से गुजरना था। यह बात भी सरकारपाल ने न सुनी, न महसूस की। यह 'दो बरसों में शिमला के इंडियन इंस्टीट्यूट ऑफ एडवांस स्टडी में द नेशनल फेलो के रूप में रह बुद्धिजीवियों को सुनते और सराहते रहे। सौंदर्य के साथ-साथ बात करनेवाले अर्जेंटीना के कवि युआन जेल्मैन का चेहरा ही सरकारपाल को चौंकाता है, पर 'अन्नहीनम् क्रियाहीनम्' की स्मृति और सौंदर्यबोध उसमें नागार्जुन के गोत्र का नहीं है। वह अपने गोत्र में जीते हैं, अपने गोत्र की सुध-बुध लेते हैं। स्मृति और सौंदर्यबोध में नागार्जुन का वर्ग है। बिचौलिया वर्ग को नागार्जुन लिजलिजा या 'बबुआ वर्ग' कहते थे। ऐसे लोग उनकी भाषा में सरकारपाल वर्ग के होते थे जैसा कुलपति है। जिस विश्वविद्यालय का कोई चेहरा नहीं है, टिकनेवाली छवि नहीं है।

नागार्जुन की एक बात जरूर अशोक वाजपेयी भी इधर मानने लगे हैं : 'कुछ चेहरे हैं जो थोड़ी देर दृश्य पर दमकते हैं और फिर हमेशा के लिए गायब हो जाते हैं। अकसर ऐसे चेहरे कुछ राजनेताओं और अफसरों के होते हैं जो कुछ देर के

लिए संस्कृति में सत्तासीन होते हैं और संस्कृति में सक्रिय होते हैं और वहाँ से हटते ही संस्कृति से भी अपदस्थ हो जाते हैं।' यह 'कभी-कभार' समझ का एक प्रामाणिक दस्तावेज है।

नागार्जुन की स्मृति और सौंदर्यबोध में उनका विवेक हर क्षण जागता रहता है। वैसे वह याद कर रहे हैं भोटिया चेहरा और बता रहे हैं अपने पाठक को उसका फर्क। एक सौंदर्य दृश्य : 'चंचल आँखे रह-रह कर तन जाने वाली भौंहें, कनस और बाल सुलभ ठहाका मारना—कुल मिलाकर लवरङ् राजा मुझे बिहार के लिए उन्मद जमींदार का फोटो मालूम हुए।' (अन्नहीनम् क्रियाहीनम्, पृ. 23) यह चेहरा अपने वर्ग चरित्र की याद दिला देता है। नागार्जुन की आँखें अपने गोत्र को देखती हैं और आपको अपने गोत्र से मिला भी देती हैं।

'देख, गोरे-गोरे मनोहर लड़के पीठ पर ऊनी रस्सी के सहारे लटकी हुई बाल्टीनुमा टोकरी में, बोझ डाले, टेढ़ी-मेढ़ी चक्करदार पगडंडियों से चढ़-उतर रहे हैं, अंगुलियों से भवें पोंछते तो 'तड़-तड़' करके पसीने की बूँदे गिर पड़ती हैं। दस-दस कदम चलें कि फिर रुके, दम लिया। इस तरह वे हमारे यहाँ रेलवे जंक्शनों के कुलियों की भाँति आध-एक फर्लांग ही नहीं, कोस-के-कोस, पड़ाव-के-पड़ाव चले जाते हैं। इतनी मशक्कत करने पर भी, देखा, उनमें से एक का भी पाजामा साबित नहीं था। बंडियाँ बिना पैबंद की नहीं थीं। हाँ, स्वास्थ्य उनका जरूर...' (वही, पृ. 17)

मशक्कत की दुनिया में रहनेवाले गोत्र के हैं नागार्जुन, इसीलिए उनकी आँखों का सौंदर्यबोध—राजा, जमींदार और कुली में फर्क करना सिखाता है अपने गोत्र के लेखकों को। नागार्जुन का जिंदगीनामा कृष्णा सोबती का नहीं (याद करें, नामवर सिंह और कमलेश्वर के भावुक शब्दचित्र या संस्मरण) उनके गोत्र का जिंदगीनामा है। देखें : ''इन्हीं दिनों मौसी धात्री (आँवला) के उस जवान पेड़ की छाया में बैठकर खुद रसोई तैयार करेंगी। वह हर साल ऐसा करती आई हैं, इस बार भी नहीं मानेंगी। सुजन परिजन को अपने हाथों परोस-परोसकर केले के पत्तों पर कच्ची रसोईवाला खाना खिलाएँगी और बीच-बीच में मैं याद आऊँगा तो मौसी की आँख डबडबा आएँगी। छोटी नतनी पूछ देगी—क्या हुआ नानी ?

''कुछ नहीं, कहाँ कुछ हुआ है रे—संभलकर मौसी कहेंगी छोकरी से—भला मुझे क्या होगा ? मैं तो भगवान के लेखे भी पहाड़ हूँ न ?'' (वही, पृ. 43)

नागार्जुन का गोत्र, उनका स्वजन-परिजन आज भी पहाड़ है, और उन्हें याद करने पर हर घर में बैठी बावी की आँखें डबडबा जाती हैं। यह है नागार्जुन के गद्य में आई उनके गोत्र की कहानी, रेखाचित्र, शब्दों की यात्रा। उनकी तरह ये सब यात्रा करते हुए नजर आते हैं।

उस दिन आपातकाल में मैंने कविताएँ लिखी थी। सुनाने गया था नामवरजी को ज.ने.वि. में। पर जब सरकारी निगाह से बचाकर उसे छापा था, तो पुलिस प्रेस

में खोज कर रही थी पांडुलिपि, अधिकारी मेरी ट्रेन पर खानातलाशी ले रहे थे, और बाबा 'तत्काल' की कविताएँ पढ़कर लिख रहे थे मुझे पोस्टकार्ड।

2/10

प्रियवर बिस्नू,... लगभग तीन-चौथाई देख गया हूँ.../अद्‌भुत कोटि की प्राणवंत एवं संघर्षधर्मी रचनाएँ हैं ये तो।... विस्तारपूर्वक पत्र लिखनेवाला इस संकलन के बारे में। बस चले तो मैं शेष आयु तुम्हें ही अर्पित कर जाऊँ।

नागार्जुन, तुम्हारा

यह है नागार्जुन की अपने बाद की पीढ़ी से पक्षधर दोस्ती।

राजीव गाँधी को 'बिचौलिया' शब्द बहुत प्रिय था। उन्होंने अपनी सत्ता संस्कृति में बिचौलिए गोत्र के ही बुद्धिजीवी, पत्रकार, व्यापारी और वैज्ञानिक बनाए। इस दलाल संस्कृति के विरुद्ध नागार्जुन ने अपने गोत्र के लेखक बनाए। मेरे मित्र स्व. मनमोहन ठाकौर अकसर मुझसे कहते थे, "भाई, यह राहुल, मुक्तिबोध, नागार्जुन, शमशेर, त्रिलोचन के नाम अब अपने लेखों में न लिया करें।" मैं यह कैसे करूँ, मैं उसी गोत्र का हूँ, मेरी स्मृति और सौंदर्यबोध में वही रचे-बसे हैं। (देखें : 'हम अकेले कहाँ हैं मनमोहन ठाकौर' पुस्तक) दूसरे गोत्र के वे कवि हैं जिनको राजकमल प्रकाशन छापता है, आधार प्रकाशन उछालता है और किताबघर जिनका सट्टा खेलता है। मैंने अपने संग्रह में 'नागार्जुन' कविता लिखी थी कि वह पक्षधर आलोचक हैं, दोस्त समीक्षा हैं और हैं सजीव आस्था की संस्कृति। 'याद आते खत' मेरे लेख में, वही अंश मेरे गोत्र का पता देते थे जो वहाँ नहीं छपे :

"बाबा कहीं छोटे हैं : सागर तट पर दबी हुई शिला !
बाबा कहीं खोटा दर्शन है : मायूस जीवन का हाहाकार।
बाबा कहीं औरत हैं : रतिनाथ की चाची, उगनी : बेड़ियों को
तोड़ती आवाज आजादी की।
बाबा अगर घटिया कहीं लगते हैं, घटिया समाज में
बेर-केर दोनों ही होते हैं। बेर फल देता है :
चिकनी भूलों को केर हवा में लहराकर खुद टूट जाता है।
अकसर मैं बाबा को शब्द, रूप, रस, गंध, स्पर्श का पाँच दरवाजा
खोले सहस्रनेत्र भारतवर्ष कहता हूँ।
अकसर मैं बाबा की भूलों से लड़ता हूँ।
अकसर मैं बाबा के साथ-साथ बढ़ता हूँ।
उड़ते हुए हंस-सा सागर से सरोवर तक।
अकसर मैं बाबा के भारत का सपना देखा करता हूँ।"

मैंने सामाजिक धरातल पर चीली और भारत के पाब्लो नेरूदा और नागार्जुन में खोट देखी थी। दोनों ने अपनी भूलों से सीखकर मार्क्सवाद को नई ऊँचाई दी

भी थी। दोनों ने यह नहीं कहा या माना था कि वह इस भूखंड के अंतिम मार्क्सवादी हैं।

नागार्जुन इसी तरह यशपाल को निकट से देखते हैं (ऐसी निकटता स्व. रामविलास की आलोचना में नहीं मिलती है)। वह उनके मार्क्सवाद पर संदेह नहीं करते। न उनकी 'साहबियत' पर कटाक्ष करते हैं। वह मार्क्सवादी विचारक की तरह (लेनिन ने जैसे तोलस्तोय को परखा था) देखते-परखे हैं यशपाल को : ''आकर्षक व्यक्तित्व, सलीके के रहन-सहन, बातचीत क़ा नागरिक लहजा, व्यवहार का खरापन, श्रमशक्ति के प्रति अपार आस्था, अग्राम्य विनोदवृत, कल्याणमय दूरदृष्टि, अदम्य संकल्प...ये ढेर सारी खूबियाँ थीं, जिन्होंने हिमाचल प्रदेश (तब पंजाब) के जिला कांगड़ा निवासी एक अल्पवित्त खत्री नौजवान को, पहले तो क्रांतिकारी और बाद में विश्वविख्यात महान भारतीय कथाकार यशपाल के रूप में विकसित किया...'' (वही पृ. 115) (इसी गोत्र के लेख हैं, सुधीर विद्यार्थी अपनी 'पहचान बीसलपुर' पुस्तक में।)

किसी आलोचक ने इतनी खूबियाँ यशपाल में नहीं खोजी, न आत्मकथा में किसी प्रगतिशील गोत्र का रेखाचित्र उतारा। यह अपने गोत्र की प्रगतिशीलता भी है और जिंदगीनामे की कसौटी भी है।

नागार्जुन का सौंदर्यबोध

'टुकड़े-टुकड़े दास्तान' सुनाती हुई नागार्जुन की कविता ही है उनकी आत्मकथा। इस दास्तान पर बात करने का अर्थ है नागार्जुन के सौंदर्यबोध को इस बाजार संस्कृति में फिर से तलाश करना। बाजार में रहने के नाते नागार्जुन, कालिदास की सौंदर्याभिरुचि को पूरा पसंद नहीं करते। बाजार में वह विद्यापति के रतिकर्म पर भी प्रश्नचिह्न लगाते हैं। एक सीमा तक ही वह मिथिला संस्कृति के सहयोगी हैं। सामंतवाद से बाहर आकर नागार्जुन विद्यापति से अपने बाजार में अपनी पहचान का सौंदर्यबोध उन्हें कराते चलते हैं।

एक अनूठा सवाल, वह विद्यापति, अज्ञेय और बच्चन से पूछते हैं। ये सवाल है—मध्यवर्ग के कवि आज के बाजार के 'शोरूम' के कवि हैं। बाजार में अपनी सौंदर्याभिरुचि के पसंदीदा ग्राहकों, (पाठकों) से नागार्जुन संवाद करनेवाले कवि हैं। शास्त्र के अलंकरण नहीं हैं वह।

'जी हाँ हुजूर मैं गीत बेचता हूँ' कहनेवाले भवानीप्रसाद मिश्र भिन्न अभिरुचियों के ग्राहकों को 'कई मजेदार' चीजें बाजार में पेश करते हैं। नागार्जुन परंपरा और आधुनिकता के बीच खुद की वास्तविकता को कभी नहीं भूलते। यह न भूलना उनके सौंदर्यबोध की सच्चाई ही है। उनका बाजार ग़ालिब और निराला के बाजार से अधिक सख़्त है।

ग़ालिब जैसे दिल्ली के बाजार में खड़े थे और सोच रहे थे :

एक-एक क़तरे का मुझे देना पड़ा हिसाब।
ख़ूने-जिगर बदीअते-मिज़गाने-यार था।
गलियों में मेरी लाश को खैंचे फिरो कि मैं,
जां दादहे-हवा-ए-सरे-रहगुज़ार था।
कम जानते थे हम भी ग़में-इश्क़ को, पर अब।
देखा तो कम हुए पे ग़मे-रोज़गार था।

समन्वय से *मतवाला* आने पर निराला जिस कलकत्ता के बाजार में घूम रहे

थे, वहाँ 'अध्यात्म' और 'आजादी' दो कतरे थे जिनका अभी हिसाब वह यारों को दे रहे थे। ग़ालिब जिस 'मामूरा' यानी बस्ती में दिल्ली में रहते थे, वहाँ कोई...यार नहीं था। बस एक सवाल था इस बाजार में खड़े तो हो, खाओगे क्या !

है अब इस मामूरा में कहते ग़मे-उलफ़ते, 'असद' !
हमने ये माना कि दिल्ली में रहें, खावेंगे क्या ?

निराला जिस लखनऊ में रह रहे थे, वह ग़ालिब की दिल्ली की तरह का एक बड़ा बाजार था। वहाँ एक-एक कतरे का हिसाब वह दे रहे थे। ग़ालिब के यारों की पहचान उनकी शायरी के भीतर छिपी भी थी और खुल भी रही थी : 'यानी मेरे जिगर का खून माशूक की पलकों की अमानत था, उसे अदा करने के लिए एक-एक बूँद बहा देना पड़ा।' यार की बात ही निराला की कविता में भी है :

यह है बाजार,
सौदा करते हैं सब यार।
धूप बहुत तेज थी, फिर भी जाना था,
दुखिया को सुखिया के लिए तेल लाना था

धूप ही तेज नहीं है, बाजार के संकट का एक मसला भी है, "टूटा रुपया खर्च होते लगेगी न बार।" पर बाजार है और रुपया खर्च होते देर नहीं लगती। दूसरा मसला है, "ब्याही और बैठाली औरत" के नाते का—

बैठाली क्या जाने ब्याही का प्यार ?

धूप तेज है फिर भी सभी की तरह सौदा करना है इसी बाजार में। सोचते हैं :

पिछली बातों का अगली बातों ने घोटा गला,

ग़ालिब जिस लाश को गलियों में खैंचे जाते देख रहे थे,

वह निराला और ग़ालिब की ही लाश नहीं थी, दुखिया से सुखिया के नाते की भी लाश थी जो बाजार में पड़ी थी।

ग़ालिब सफाई देते हैं :

"माशूक़ के रहगुज़र की इच्छा में मैंने जान दे दी,
अब मेरी लाश को दफन न करो, बल्कि गली-गली लिये फिरो।"

ग़ालिब की तर्क-पद्धति उनकी कविता में एक नया माहौल बना रही थी, निराला की तर्क-पद्धति में कुछ यादें, कुछ चेहरे, उनके सामने ला रही थीं, वह उन्हें देख रहे थे। लोग सौदा करते हैं—मूल्यों का, प्रेम का, बहुत कुछ का। फिर भी निराला और ग़ालिब का अपना-अपना 'गुंबदे-बेदर' यानी आकाश खुला था। यह दूसरी बात है वह अपने-अपने बाजार में खड़े थे। कई मसले उनके उसी सौदे में उलझे या अटके हुए थे। निराला ने रवींद्रनाथ की कल्पना में जीने वाली नायिकाओं के सामने इसी बाज़ार में 'विजयलक्ष्मी पंडित', 'महादेवी वर्मा' के साथ एक परी-पैकर यानी

परी जैसा रूपवान माशूक अपने भीतर भी देखा था। वह कहीं 'मिथकीय' रूप में उनके सामने लक्षित थी : युवती। उसके :

वर्तुल उठे उरोजों पर पड़ी थी निगाह,
चोंच जैसे जयंत की, नहीं जैसे कोई चाह
देने को मुझे और,
कैसे भरे दिव्य स्तन, हैं ये कितने कठोर।
मेरा तन काँप उठा, याद आयी जानकी,
कहा, तुम राम की,
कैसे दिए हैं दर्शन।

चित्रकार हुसैन ने 'सरस्वती' की जो पेंटिंग बनाई है, वह इससे अधिक नंगी नहीं है। सौंदर्य की चाह निराला, ग़ालिब, वॉनगॉग, हुसैन और नागार्जुन—सभी में एक-सी थी। पर अपने 'काँप उठने का बोध' सिर्फ कवि-कलाकार को ही होता है। निराला की कविता में सौंदर्य की जो तर्क-पद्धति है, वहाँ राम-सीता के बीच जयंत का एक मिथकीय प्रसंग है। निराला अपनी सौंदर्य की चाह को भी नहीं छिपाते हैं—'स्फटिक-शिला' कविता में और जयंत के सीता के कठोर स्तन पर चोंच मारने की 'कुंठा' को भी अपने में टटोलते हैं। कारण, ग़ालिब, हुसैन, निराला, कालिदास, नागार्जुन लंपट नहीं थे, वे 'दिव्यता में भरे स्तन' का अर्थ भी खोजते थे, इसलिए वह उसे अपनी भूख का उपकरण नहीं, 'राम की सीता' कहते हैं, उसके दर्शन पर अपने भीतर झाँककर 'संस्कृति के पावनतम' स्वरूप की पहचान कराते हैं। निराला की कविता बाजारू नहीं थी, न वह बाजार में अपनी कविता का सौदा कर रहे थे, वह सिर्फ बाजार में खड़े अपने चरित्र की शव-परीक्षा कर रहे थे।' (यह है बाजार सौदा करते हैं सब यार (15.11.96) ग़ालिब और निराला : मेरा काव्यनुमान' पृ. 135-137)।

बलचनमा पटना आकर 'संस्कृति के पावनतम' रूप को भी बचाता है और उनको उधेड़ता-बुनता भी है। क्या नागार्जुन, पटना, कलकत्ता, मुंबई और दिल्ली के बाजार में आकर निराला और ग़ालिब की तरह सौंदर्य की अपनी चाह पर सोच नहीं रहे थे—वह मिथिला की 'सिंदुर तिलकित भाल' से भिन्न 'कठोर स्तन' की शहरी युवतियों को देखने जरूर लगे थे। यह सौंदर्य को देखना ही हुसैन की पेंटिंग-सा सौंदर्य का संसाधन करना था।

जैसे 'अनामदास' और हजारीप्रसाद द्विवेदी दोनों एक ही हैं। वह सौंदर्य के संधान का ही एक पोथा था। कभी वाणभट्ट और हजारीप्रसाद द्विवेदी सौंदर्य के ऐसे ही समानधर्मा कवि थे। हजारीप्रसाद द्विवेदी ने नागार्जुन में बैठे कालिदास और विद्यापति को क्यों नहीं परखा। जबकि 'अनामदास का पोथा' वास्तव में हजारीप्रसाद द्विवेदी की ही उत्तरगाथा है। रैक्य का भौतिकदर्शन, लोकरंगमंच का अनुभव, ध्वनिविज्ञान और निजंधरी कथा का ताना-बाना वास्तव में एक बहाना है। वास्तव में रैक्य, नागार्जुन

और हजारीप्रसाद की सौंदर्याभिरुचि का ही एक पोथा है। हजारी प्रसाद द्विवेदी फिर भी रेणु और नागार्जुन से कम आधुनिक हैं। पर तीनों का सौंदर्यबोध का आधार-परंपरा और आधुनिकता से भिन्न आज के बाजार की सभ्यता की एक प्रक्रिया हैं। उसे देखा जाना चाहिए। आधुनिकता की यह प्रक्रिया-बाजार की प्रक्रिया होती है। हजारीप्रसाद द्विवेदी—शांति निकेतन में एक पर्दा लगाकर गुरुदेव से मिलते थे। इसी नाते प्रेम और सौंदर्य या अपने-अपने काँप उठने के बोध जैसे—ठोस अनुभव से वह जीवन में अंत तक भागते रहे। यानी बहाना—मिथ या पुराकथा का ढूँढ़ते रहे। नागार्जुन ने कालिदास या रवि ठाकुर से बात करते समय वह पर्दा या आड़ या बहाना—उतार फेंका था। वह टैगोर के सामने सीधे किसान थे इसी देश के। थोड़ा संस्कृत पाठशाला से काव्य का कला-विनोद जान-बूझ लिया था इस किसान ने। नागार्जुन याद करते हैं :

"पिताजी पढ़े लिखे नहीं थे। चाचा और नाना संस्कृत साहित्य के अच्छे पंडितों में से थे। संस्कृत के छंदों का अभ्यास मुझे अपने गाँव के सुकवि श्री अनिरुद्ध मिश्र 'काव्यतीर्थ' की कृपा से हुआ था। उन्होंने अनुष्टुप, उपजाति, वसंत-तिलक आदि दस-पाँच छंदों के क्रम विन्यास बतला दिए थे। समस्यापूर्ति का तरीका बतला दिया था। अपनी देख-रेख में आरंभिक कवि-कर्म की अभिरुचि मेरे अंदर उन्होंने अच्छी तरह जगा दी थी।

संस्कृत मध्यमा की परीक्षा उत्तीर्ण करने के बाद काशी रहने लगा। वहाँ मामा के रूप में मुझे ऐसे अभिभावक मिले जिन्होंने काव्य-रचना के प्रति मुझे लगातार प्रोत्साहित किया और मैथिली के प्रख्यात कवि आचार्य श्री सीताराम झाजी से मिला दिया।

झाजी रचना प्रक्रिया में मेरे लिए दूसरे गुरु प्रमाणित हुए। आप ने मेरे अभ्यास-क्रम को भाषिक छंदों की ओर मोड़ दिया। दोहा, सोरठा, रोला, छप्पय, सवैया, कवित्त जैसे छंदों के नाम मैंने पहले नहीं सुने थे। वर्षभर के अंदर गुरुजी (झा जी) ने मुझसे सौ समस्याओं की पूर्ति करवाई थी।

काशी में रहनेवाले एक मैथिल छात्र से चाचाजी को मेरी कवि कीर्ति के प्रसंग में मालूम हुआ तो वह बड़े ही कुपित हुए। मेरे पिता से उन्होंने कहा "लड़का चौपट हो गया। काशी में आपने उसे क्या यही सब करने के लिए रख छोड़ा है ?" मेरे पिताजी नाम मात्र के लिए साक्षर थे। उनके लिए इतना ही काफी था कि बेटा काशी में रहकर पढ़ाई कर रहा है। उनकी समझ में नहीं आया कि काशी में रहते हुए लड़के ने ऐसा कौन-सा बुरा काम किया है... अचंभे में हकलाकर उन्होंने कारण जानना चाहा। चाचा ने बतलाया, "गोकुल भाई, आपका लड़का वहाँ पढ़ाई नहीं कर रहा है। वह तो दिन-रात रजनी-सजनी में लगा रहता है..."

रजनी-सजनी से तुकबंदी का मतलब था। कोई छात्र पढ़ाई-लिखाई छोड़कर

रजनी-सजनी के पीछे लग जाए तो वह विद्वान कैसे होगा, और काशी वर्षों रहकर यदि कोई छात्र विद्वान न हुआ तो उसका काशी निवास व्यर्थ होगा...। अपठित रहने पर भी मेरे पिताजी को यह तो भासित हो ही गया कि लड़का आवारागर्दी की तरफ कदम बढ़ा रहा है। चाचा उम्र में छोटे थे फिर भी व्याकरण के विद्वान थे।...सीधे-सीधे चाचा ने या पिता ने मुझे कुछ नहीं कहा। इससे मेरे मन पर यह छाप पड़ी कि कवि-कर्म कोई कुकर्म नहीं है।..." (विषकीट, मई-जून 1999, *समकालीन भारतीय साहित्य*)।

यह कवि-कर्म का अनुभव हजारीप्रसाद द्विवेदी और नागार्जुन का जीवन में एक-सा रहा। दोनों संस्कृत-हिंदी की काव्य-रचना या सौंदर्य को एक कला-विनोद मानते रहे।

नागार्जुन का अभी तक कला-विनोद था कविता लिखकर यश और धन का उपार्जन करना। दूसरे महायुद्ध तक राजा-रानी का आश्रय कवि-कर्म का एक हिस्सा था। नागरी प्रचारिणी सभा, 'हिंदी शब्द सागर' के लिए राजाश्रय खोज रही थी और नागार्जुन और हजारीप्रसाद द्विवेदी खोज रहे थे, कथावाचक का सहारा। काशी में अपने आरंभिक कवि-कर्म में उन्हें याद रही—महारानी लक्ष्मीवती। क्यों याद रहा यह नाम। सुने नागार्जुन से :

"महारानी लक्ष्मीवती को कभी मैंने देखा नहीं, परंतु आवेदन पत्र देने पर उनके यहाँ से जाने कितनी बार मुझे सहायता मिली होगी। संस्कृति एवं मैथिली भाषा में लिखे गए उन छंदोबद्ध आवेदन पत्र ने मुझे कभी निराश नहीं किया।... एक आवेदन पत्र में गुंफित होनेवाली दस पंक्तियाँ (पाँच दोहे) मुझे दो रोज बाद तत्काल बिना झमेले के दस रुपए का नगद अनुदान दिलवाती थीं और अब पचास पंक्तियों की एक कविता पाठयक्रम में स्वीकृत होने पर भी सौ रुपए प्राप्त करने में डेढ़-दो वर्ष लगा देती है।" यह सामंती और पूँजीवादी बाजार दर का फर्क था, जिसे नागार्जुन ने बार-बार समझा और परखा था।

यह उस दौर का बाजार था जहाँ कवि-कर्म—राजा और सरकार के बीच और, जीवनयापन का एकमात्र कला-विनोद था। नागार्जुन को बाद में भी मुंबई और कलकत्ता के सेठों ने कभी-न-कभी 'गुप्तदान' दिया था उनकी कविता सुनकर। कवि-सम्मेलन और अखबारों को नागार्जुन अभी आय का जरिया नहीं बना सके थे। कारण था नागार्जुन के कवि का 'विषकीट' चरित्र या स्वभाव। सुने उनसे एक प्रसंग विषकीट होने का : (इसे ही वह निराला और प्रेमचंद का गोत्र भी कहते हैं।)

"श्री सियारामशरण गुप्तजी ने मुझसे एक बार कहा था, "आप को देखता हूँ तो शंकित हो उठता हूँ। लगता है, विष का मटका इधर डोलता हुआ आ रहा है..." उन्होंने बतलाया था *हंस, नयापथ, नया साहित्य* आदि में प्रकाशित रचनाएँ देखने के बाद दो-एक बंधुओं से मेरे बारे में पूछताछ की थी... संयोगवश, उस समय आदरणीय श्री मैथिलीशरण गुप्तजी भी अपने अनुज की ये बातें सुन रहे थे। उन्होंने

अपने अनुज से कहा, "संस्कृत का विद्वान होने पर भी इसके अंदर इतना जहर भरा है... ब्राह्मण वंश में जन्म हुआ, विद्यापति की मिथिला में पैदा होने से अमृत इसके लिए सहज लभ्य था, किंतु, यह तो विषकीट निकला।" मैंने सहज मुद्रा में कहा, "आप यदि अमृत की एकाध बूँदे मेरे लिए टपका दें तो मेरा आमूल परिवर्तन हो जाए।" इस पर महाकवि मुस्कुराकर बोले, "नहीं, अब कुछ नहीं होगा... अब आजीवन तुम को विषकीट बनकर ही रहना होगा...।"

"हो सकता है, वैष्णवी साँचे में यदि मैं कुछ लिख पाता तो वह रचना उन्हें पसंद आती। फिर मुझे गुप्तजी से अच्छा प्रमाण पत्र मिलता।"

अखबारों या पैसे देनेवाली पत्रिकाओं से नागार्जुन को कभी अच्छे कवि का प्रमाण पत्र फिर भी नहीं मिला। भारतीय ज्ञानपीठ, बिरला फाउंडेशन और मोदी जैसे कुशल व्यापारी घरानों ने भी नागार्जुन को 'पुरस्कार की अच्छी रकम से नमाज़ा नहीं'। एक 'आधुनिकतावाद' का बाजार 'प्रतीक' से इसी देश में बना था। अज्ञेय ने सियारामशरण गुप्त को संपादक मंडल में शुमार किया था। नागार्जुन यहाँ भी संकट का सामना करते हुए आधुनिकताबोध के कवि बने रहे।

क्या है आधुनिकताबोध का सौंदर्य ? घर और बाहर का भद्रलोक का सलीका ! देश-विदेश का रोमांचकारी अनुभव ! प्रेम और स्वतःस्फूर्त सौंदर्य की लालसा ! कालिदास, विद्यापति, उनकी अलमारी में हो ! या नृत्यांगनाओं का कला-विनोद हो। नागार्जुन के सौंदर्यबोध में उनके किसान की आवेगधर्मिता है। असहनीय पीड़ा का तनाव या दबाव है। बेहद अभाव में भी तीव्रता की गहरी अंतर्दृष्टि है। नागार्जुन जितने जयदेव, विद्यापति, जायसी, सूर और कालिदास के साथ अपने मानवीय आवेगधर्मिता का बोध करते हैं, उससे अधिक वह प्रेमचंद, कबीर, तुलसी, निराला, राही मासूम रज़ा, अमरकांत, शेखर जोशी के यथार्थ की बार-बार तलाश करते हैं। इसे वह अपना मनाधार कहते हैं। उनके गोत्र का यह मनाधार कबीर और प्रेमचंद से उन्हें मिलाता है। जीवन की तलाश ही उनके अंदर एक सात्विक क्षोभ पैदा करता है। देखें, वे इसे बताते हैं :

"दानवीय अत्याचारों के प्रति विक्षोभ न होता तो रामचरितमानस की एक पंक्ति कवि के हृदय से बाहर नहीं आई होती। परंतु आवेगधर्मिता, असहनीयता, तीव्रता की दृष्टि, यों एक जैसे लगने पर भी विक्षोभ के आलंबन पृथक्-पृथक् होंगे। मेरे अंदर विक्षोभ तब फूटता है जबकि लगातार बढ़ती हुई महँगाई के मारे लोगों को परेशान पाता हूँ। परम मेधावी बालक और बालिकाएँ गरीबी के चलते अपनी पढ़ाई बीच में छोड़ने को बाध्य हो जाते हैं, धूर्तों की जमात वर्ष-दो वर्ष के भीतर ही लाखों की रकम बटोर लेती है, मेहनत की कमाई खानेवाला रिक्शा मजदूर महीनों फटी बनियान पहनता है...किसान, खेतिहर, टीचर, किरानी... कौन नहीं है संकट का शिकार ? ये वे नहीं हैं जो कवि सम्मेलनों की अगली कतारों में बैठते हैं। यह सभी

विक्षुब्ध है। इन्हीं का विक्षोभ पूंजीभूत होकर मेरी रचनाओं में फूटता रहता है। प्राइमरी स्कूल का वह मास्टर मुझे कभी नहीं भूलेगा जिसके परिवार का, भूख के मारे सफाया हो गया था और अंत में स्वयं भी काल-कवलित हुआ। उसी की पीड़ा ने मुझ से 'प्रेत का बयान' जैसी तिक्त रचना तैयार करवा ली थी। उच्च वर्ग के रहन-सहन के ढंग को, प्राचार्य और उच्च शिक्षाधिकारी की व्यक्ति-केंद्रिकता को, नेताओं के बहुरूपियापन को मैंने कभी क्षमा नहीं किया। ऐसा नहीं कि मैंने अपना मखौल न उड़ाया हो..."

यह विक्षोभ के समाजशास्त्र, वर्ग-संघर्ष की रोजमर्रा की सच्चाई यानी जनता का पूँजीभूत विक्षोभ ही नागार्जुन का सौंदर्यबोध है और वह जन जितना आधुनिक है, नागार्जुन के आधुनिकताबोध में भी जनता का पूँजीभूत विक्षोभ का सौंदर्यबोध उतना ही आधुनिक है।

मार्क्सवाद का संकट आजादी के बाद जितना गहरा होता गया, भारत या विघटित सोवियत संघ या तीसरी दुनिया में नागार्जुन का सौंदर्यबोध उतना ही तीव्र, उतना ही आवेगधर्मी होता गया। यह अनुभव का व्यापक संसार जिस व्यक्ति केंद्रित मध्यवर्ग से प्रायः लुप्त होता गया। नागार्जुन वहीं से अलग नजर आते हैं। पूँजीभूत विक्षोभ की अपनी कविता की परंपरा और आधुनिकता पर अपने पाठक को सोचना सिखाते हैं :

"मुझे स्पष्ट भासित होता है कि आचार्य श्री रामचंद्र शुक्ल मेरी इन रचनाओं को बेहद पसंद करते। काव्य-तत्व को वस्तुनिष्ठा के तराजू पर तौलनेवाला वैसा कोई मनीषी भारत में नहीं पैदा हुआ। भारतेंदु के साथ प्रतापनारायण मिश्र, बालकृष्ण भट्ट, बालमुकुंद गुप्त की रचनाओं का बार-बार पारायण करने पर सर्वसाधारण जनता के प्रति मेरी पक्षधरता परिपुष्ट होती आई है। कबीर से मैंने दो टूक अक्खड़पन लिया और निराला से स्वाभिमान का संस्कार।" (मई-जून 1999, *समकालीन भारतीय साहित्य)*।

नागार्जुन का कवि कर्म अक्खड़ और स्वाभिमानी कवि का कवि-कर्म है। 1935 से 1998 तक यह कवि-कर्म फैला है। इसी दौर में मार्क्सवाद का हिंदी क्षेत्र में पैर भी जमा था।

नागार्जुन, भारतेंदु मंडल के पंत्रकार कवि थे जो विक्षोभ के हर हिस्से की खोज-खबर कविता में उतार देते थे। इसीलिए जब सोवियत संघ, उनके जीवन काल में ही बिखर गया, नागार्जुन की निगाह मिथिला, अवधी, भोजपुरी, मराठी की 'अन्नहीन' जनता पर दृढ़ता से टिकी रही। 'औरों के लिए मार्क्सवाद बुद्धिजीवियों के 'शोरूम' की वस्तु बनता गया, नागार्जुन के लिए वह 'काव्य-तत्व की वस्तु-निष्ठा के तराजू' पर तौलने का एक वैज्ञानिक साधन बना रहा। उनके सपने में सोवियत संघ का जनपक्ष का सौंदर्य था, और जीवन में वह अपनी 'जनता के प्रति पक्षधरता'

के प्रतिबद्ध कवि थे। इसी माने में वह हजारीप्रसाद द्विवेदी के पड़ोसी कवि हैं। दोनों 'संस्कृति की पावनता' के हिमायती रहे। हजारीप्रसादजी ने अपनी कहानी नहीं लिखी, कहीं 'मेघदूत : एक पुरानी कहानी' में छिपा या नत्थी कर दी थी उन्होंने अपनी पीड़ा। कहीं रैक्य से संलाप करते हुए वह अपने आखिरी दौर पर एक त्रासदीय सौंदर्य को—अनामदास के पोथे में पुनर्नवा करते हैं। नागार्जुन ने सामंती सौंदर्य के कालिदास को नकारा और बताया प्रियेषु, सौभाग्य उनका, उनकी जमीन की जनता है—उसी में है उनके विक्षोभ की 'चीरुता' यानी सौंदर्य दृष्टि।

यह तर्क-पद्धति नागार्जन ने अपने सौंदर्य बोध को समझने में बार-बार इस्तेमाल की। स्वयं अर्जित की यह सौंदर्य को परखने की दृष्टि। यह सौंदर्य उनके ही मूल्यों और प्रेम का अर्थ खोलते हुए सर्वहारा संस्कृति की लोकदृष्टि में परिभाषित होता है। 'संस्कृति के पावनतम' मूल्यों को वह परंपरा में खोजते हैं और वर्तमान की विडंबना में उसे बचाते चलते हैं।

'हरिजन गाथा' या 'नेवला' में यही उनका कला-विनोद है। वह 'सुअरी' को भारत की जननी का दर्जा देते हैं। क्योंकि वह खुद पूँजीवाद से नहीं बहुराष्ट्रीय कंपनियों के दबाव के बीच अपने कवि की पहचान बाजार की सभ्यता में करते रहे और गर्व से कहते हैं : यह पिछड़ा हुआ भारत मेरी कविता का भारतवर्ष है।

इसी पिछड़े हुए भारतवर्ष के भीतर से उदीयमान पूँजीवाद की कहानी 'रंगभूमि' में प्रेमचंद ने लिखी थी और 'गोदान' में 'महाजनी सभ्यता में किसान की विडंबना' की कहानी लिखी थी। नागार्जुन का दिमाग किसान का दिमाग है जिसकी 'खोज' अभी तक नहीं हुई है। वह बुद्धि नहीं है, न मौखिक या वाचिक परंपरा के नाते संस्कृति के स्रोत से अनजान रहे। डॉ. रामविलास शर्मा ने भारतीय नवजागरण की खोज कालिदास और विद्यापति में इसी लोकदृष्टि से की है। नागार्जुन उसी परंपरा में मिथिला के किसान सौंदर्यबोध के बेजोड़ कवि हैं।

पूँजीवाद अब अपने ही अंतर्विरोध में समाप्त हो रहा है। उसे समाप्त किया है बाजार की संस्कृति के इसी अंतर्विरोधों ने। बहुराष्ट्रीय कंपनियाँ यह सवाल पैदा कर चुकी हैं कि 'अब तेरा क्या होगा पूँजीवाद ?' 21वीं सदी में मनोहरश्याम जोशी ने लिखा है : "अब तो बुद्धि की जरूरत है। यह नई सूझ-बूझ के युवा वैज्ञानिक ही कल नई सूझ-बूझ के युवा किसान वैज्ञानिक बनेंगे।" नागार्जुन का सौंदर्यबोध उनके हाथ में सुरक्षित भी होगा और विकसित भी। मनोहरश्याम जोशी ने लिखा है : "यह नया बुद्धिवाद एक ऐसी संस्कृति को जन्म देने को जुट गया है जिसमें सरस्वती, लक्ष्मी की दासी नहीं होगी और वसुधा को सचमुच एक कुटुंब माना जाएगा। ऐसी संस्कृति ही आनेवाले दशकों में हमारी पृथ्वी को और हमें बचा सकेगी।" (हिंदुस्तान 9.1.200) नागार्जुन का सौंदर्यबोध उसी संस्कृति का सौंदर्यबोध है और रहेगा।

●●●